두려움에 맞서

Face your fear

*이 책은 NORLA의 번역지원금으로 번역 출간되었습니다.

두려움에 맞서

초판 1쇄 인쇄 2012년 09월 10일
초판 1쇄 발행 2012년 09월 17일

지은이   레기네 스토케
옮긴이   이지혜
펴낸이   신종호

펴낸곳   까만양
출판등록   2012년 4월 17일 제 315-2012-000039호
이메일   kkamanyang33@hanmail.net
전화   031)672-7214

디자인   인챈트리 _ 02)599-1105
인쇄   세연인쇄 _ 031)948-2850

일원화공급처 북파크
주소   경기도 고양시 일산서구 가좌동 540-22
대표전화   031)912-2018
팩스   031)912-2019

ISBN 978-89-97740-04-8 03040

잘못 만들어진 책은 바꿔드립니다.

두려움에 맞서
Face your fear

레기네 스토케 지음 ◆ 이지혜 옮김

서문

"내가 죽은 뒤에 내 블로그의 글이 책으로 남겨지기를 바랍니다."

2009년 11월 5일, 열여덟 살 소녀가 블로그에 남긴 말이다. 4주 뒤에 소녀는 부모님과 여동생 엘리세(Elise), 그리고 고양이 요세피네(Josefine)가 지켜보는 가운데 고요히 숨을 거두었다. 레기네라는 이름의 이 소녀는 그 이전 해 〈두려움에 맞서(Face your fear)〉라는 블로그를 개설하며 다음과 같이 말문을 연 바 있다.

"나는 골수이형성증후군(Myelodysplastic syndrome, MDS) 및 급성골수성백혈병(Acute myeloid leukemia, AML)을 앓고 있습니다. 여기에서 나는 이 병을 안고 살아간다는 게 어떤 것인지, 치료 과정은 어떤지 여러분에게 알리고자 합니다."

이후로 수백만 명의 사람들이 레기네의 행보를 지켜보았다. 처음에 레기네는 병원에서 1인실을 배정해주지 않는다고 불평하는 평범한 십대 소녀였다. 그러나 차츰 상황의 심각성을 깨달으며 자신의 삶 및 친구들과 가족이 보여준 애정을 소

중히 여길 줄 아는 젊은이로 성장해 갔다. 레기네의 글과 사진들은 수 없이 많은 사람들에게 감동을 주었다. 레기네가 세상을 떠나던 날까지 그녀의 블로그 방문자 수는 거의 50만에 달했으며, 모든 글에 총 4만 2천 개가 넘는 댓글이 달렸다.

이 책에는 레기네가 블로그에 쓴 이야기가 고스란히 들어 있다. 더불어 지금까지 공개되지 않았던 레기네의 글과 선별된 사진들, 다른 블로거들이 남긴 댓글, 그리고 레기네의 가족 및 친한 친구들의 추모사를 추가로 실었다.

사람들은 "그녀가 오래 살았더라면 큰 인물이 될 수도 있었을 텐데."라고 쉽게 생각할지도 모른다. 그러나 잊지 말아야 할 사실이 있다. 레기네는 이미 큰 인물이었으며 스스로도 몇 번이고 그것을 증명해 보였다는 점이다. 레기네가 남긴 기록과 사진들은 삶이 얼마나 소중한 것인지, 그에 비하면 죽음이란 얼마나 보잘 것 없는 존재인지 우리에게 분명히 보여준다. 이 책을 세상에 내놓게 된 것을 우리는 자랑스럽고도 기쁘게 생각한다.

2010년 3월 17일, 오슬로에서 편집부원 일동

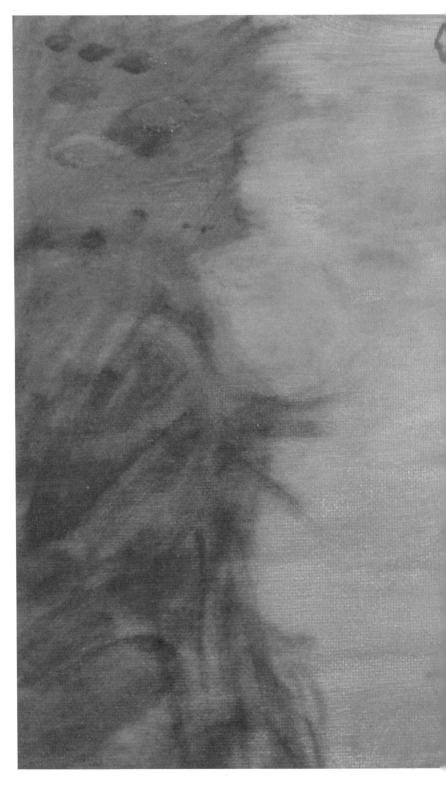

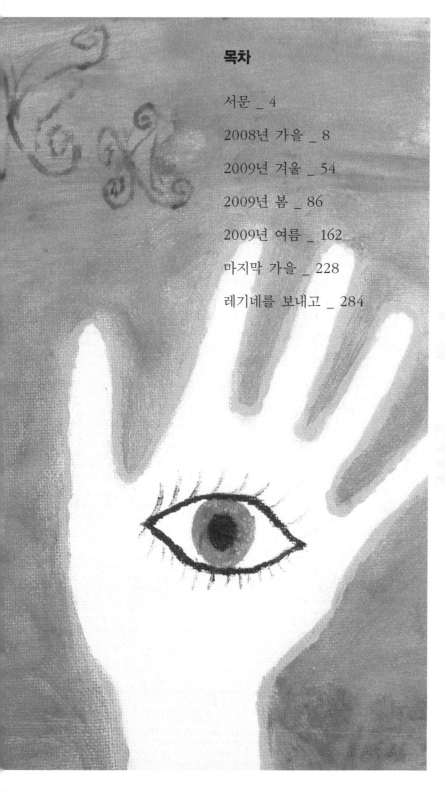

목차

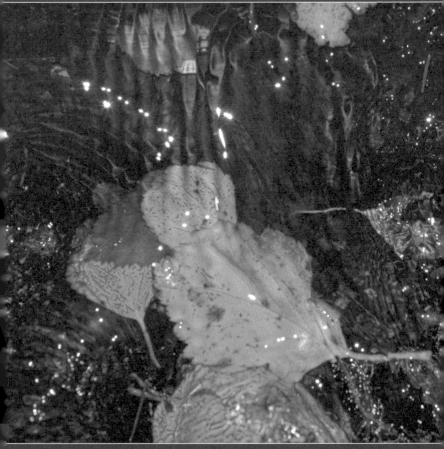

우리가 죽음이다

2008년 가을

나는 어디에

2008년 가을

이 블로그에서 나는 난치병을 앓는다는 게 어떤 건지 이야기하고자 합니다. 그것은 희망과 두려움, 삶과 죽음에 대한 고독하고 절박한 성찰이겠지요. 갑작스럽게 찾아온 낯선 삶이 예전에는 미처 알지 못했던 일상의 소중함을 일깨워 주고, 막연하기만 했던 사랑과 우정에 대해 깊은 이해를 갖게 해줍니다. 그 이야기를 여러분과 함께 나누고 싶습니다. 삶은 언제나 아름답습니다.

8월 22일 금요일, 모든 것이 시작된 날

나는 방금 학교에서 돌아온 참이었고, 어떤 나쁜 일이 벌어질 거라고도 예상치 못하고 있었습니다. 그러나 엄마가 내 방으로 뒤따라 들어오시는 것을 보며 뭔가 잘못되었다는 것을 즉시 눈치 챘지요. 엄마의 눈에는 눈물이 가득했습니다. 의사에게서 전화가 왔는데 내가 백혈병에 걸린 것으로 추정된다고 했답니다. 그러니 최대한 빨리 병원으로 가서 골수천자를 받아야 한다고요.

그 순간 내 삶이 무너져 내리는 듯한 느낌을 받았습니다. 나는 넋이 나갈 정도로 울었습니다. 감정이란 감정이 모두 한꺼번에 나의 내부로 휘몰아쳤지만, 그 중에서도 가장 강한 것은 어마어마한 두려움이었습니다.

크리스티안순(Kristiansund)의 병원에 도착하는 즉시 나는 검사를 받았습니다. 골수검사란 정말이지 유쾌하다고는 할 수 없는 것이었어요. 유쾌하기는커녕 어마어마하게 아팠습니다. 그 다음에는 세 시간 동안 표본검사결과를 기다려야 했고요. 엄마 아빠와 함께 병원에 앉아서 의사가 나타날 때까지 하릴없이 기다린 겁니다. 의사를 보는 순간 긴장감과 두려움이 덮쳐왔습니다. 설명하는 동안 의사는 눈물을 억누르고 있었습니다. 그는 내가 백혈병, 정확히 말해 급성골수성백혈병에 걸렸다고 했습니다. 그 말을 듣는 순간 두려움이 순식간에 온 몸을 휩싸며 나를 충격에 빠뜨렸습니다. 내가 암에 걸렸다니. 우리 모두는 완전히 망연자실한 상태였습니다. 내가 지금 사형선고를 받은 걸까? 이 생각이 끝도 없이 내 머릿속을 맴돌았지요.

8월 25일 월요일, 우리는 내가 치료받게 될 병원이 있는 트론하임(Trondheim)으로 출발했습니다. 나는 아동병동이 아닌 일반병동으로 보내졌어요. 거기서 먼젓번 것보다 광범위하다는 골수천자검사를 또 한 번 받았습니다. 골수생검[1]이라는 검사였어요. 의사가 골수를 한 조각 뽑아내는데, 아, 무지막지한 아픔이었습니다! 뽑히는 느낌이 생생하게 전해지고 내 몸뚱이가 골수를 채취한 의사 쪽으로 튕겨질 정도였습니다. 의사도 한껏 힘을 주어야 했어요.

그 다음에는 병동으로 안내되었는데, 나는 지옥에 온 것이 아닌지 의심이 들었습니다. 좁은 복도에는 노인들이 진을 치고 있었고 젊은 사람이라고는 단 한 명 열아홉 살 남자 환자뿐이었습니다. 불쌍한 친구 같으니, 라는 생각이 머릿속을 스쳤습니다. 의사는 내가 1인실을 배정받지 못할 거라고 이야기했지요. 제기랄! 눈물이 왈칵 쏟아졌습니다. 하지만 결국에는 어찌어찌 1인실을 쓰게 되었어요. 병실은 좁디좁은데다 낡아빠져 있었습니다. 여기서 어떻게 그리 오랜 시간을 보낼 수 있을지 의문이었습니다. 우리는 의사에게 아동병동으로 옮길 수 없는지 물었습니다. 그는 안 된다고 했지만 우리는 포기하지 않았지요. 세 번째 요청한 끝에야 그는 그렇게 되도록 힘써보겠다고 대답했습니다. 그리고 결국에는 성공했어요! 그러니 모든 것은 삼세번이라는 말이 있는가 봅니다.

마침내 나는 아동병동으로 옮겨왔습니다. 그리고 이곳 입원환자의 나이제한이 만 열여덟 살이라는 이야기를 들었지요. 그럼 대체 왜 나를 성인병동으로 먼저 보낸 거냐고요! 그 생각만 하면 울화통이 치밉니다. 그리고 내가 아직 열여덟 살이 안 되었다는 사실이 얼마나 다행스러웠는지!

아동병동은 훨씬 편안했습니다. 깨끗이 보수된 건물에 공간도 훨씬 시원스럽게 나뉘어 있었어요. 병실들도 넓은데다 평면 텔레비전까지 구비되어 있고 가족이 머물 공간도 있었습니다. 나는 여전히 무척이나 침울한 상태였지만 기분은 조금 나아졌습니다.

다음은 레기네가 트론하임의 병원에 입원하고 며칠 뒤인 8월 29일 금요일, 레기네의 모친 율리안네가 쓴 일기이다.

---

[1] 골수는 혈액함량이 많은 액체 상태이기 때문에 바늘을 찔러 넣어 소량의 골수를 흡인할 수 있다. 이를 골수흡인(bone marrow aspiration) 또는 천자라 한다. 간혹 골수 내 백혈병 세포의 발생 여부 또는 그 범위를 진단하고 치료의 예후를 판단하기 위해 보다 큰 골수조직을 채취해야 하는 경우가 있다. 이때 좀더 굵은 특수 천자침을 사용해 골수로부터 실린더 형태의 조직 표본을 채취하는데, 이를 골수생검(bone marrow biopsy)이라고 한다.

병원에서의 닷새째 날이 밝았다. 오늘은 레기네가 급성백혈병 진단을 받은 지 꼭 일주일째 되는 날이다. 우리에게 이런 불행이 닥칠 것이라고 누군들 생각이나 했으랴! 그처럼 행복하고 근심 없던 우리 가족에게 절망과 두려움, 그리고 부정이 휩쓸고 간 폐허와 같은 느낌만이 남아 있게 되리라고는…… 상상조차 못했던 무언가가 우리가 가장 사랑하는 존재를 ― 사랑하는 훌륭한 딸을, 파리 한 마리도 해치지 못하는 착한 아이를 ― 덮칠 줄이야! 선량하고 또 선량한 한 인간을 말이다. 적어도 내가 아는 한 레기네는 그런 아이다. 동시에 이 모든 사건이 어쩐지 비현실적으로 느껴지기도 한다. 이게 정녕 사실이란 말인가? 이 고통이 그야말로 나를 갈기갈기 찢어 놓는다.

우리 가족의 일상은 이렇게 순식간에 뒤집혀 버렸다. 아무리 해도 납득이 가지 않는 일이었다. 어마어마하게 많은 생각들이 머릿속을 스치고 지나간다. 이처럼 혼란스러운 생각의 더미는 사람을 녹초가 되도록 짓밟는다.

트론하임의 성 올라브스(Olavs) 병원으로 향하기 전날 레기네와 나는 〈맘마미아(Mamma Mia)〉를 보러 영화관에 갔다. 뭔가 즐거운 일을 함께 하며 잠시나마 생각을 다른 데로 돌려 보기 위해서였다. 하지만 영화에 집중하는 것도 쉽지 않았을 뿐더러 결혼식 장면이 나오는 동안에는 울지 않을 수 없었다. 너무나 아름다운 웨딩드레스를 입은 신부를 보며 나는 레기네가 그런 드레스를 입은 모습을 상상했다. 아, 언젠가 레기네가 저런 모습으로 서 있는 모습을 볼 수만 있다면!

성 올라브스 병원 입원을 앞두고 함께 보낸 마지막 주말에 우리는 너무나 많이 울었고, 잠도 거의 이루지 못했다. 나는 우리 앞에 벌어질 일들과 레기네가 헤쳐가야 할 일들이 두려웠다. 레기네는 얼마나 큰 절망에 빠져 있을지!

8월 25일 월요일, 병원에 도착하자마자 레기네는 또 한 번 골수채취를 받아야 했고 연이어 골수생검이 이루어졌다. 검사는 고통스럽고 잔인했지만 레기네는 이를 악물고 신음소리 한 번 내지 않았다. 의문의 여지없이 레기네가 급성골수성백혈병에 걸렸다는 선고가 또 한 번 내려졌다. 이리저리 옮겨 다닌 끝에 레기네는 수요일 오전 11시 30분에 아동 종양 병동에 들어갈 수 있었다. 이곳 사람들은 우리를 더 할 나위 없이 친절하게 안내하고 돌봐주었다. 앞으로도 우리는 다른 의사들과 여러 차례 면담을 나누어야 한다.

어제 레기네는 또 한 번의 골수채취 외에도 히크맨 카테터(Hickman Catheter) 삽입 시술을 받았다. 히크맨 카테터는 흉부 벽의 피부 아래에 삽입하는 가느다란 관으로 심장 가까이의 굵은 정맥으로 연결된다. 정맥 내로 항암제를 주입하는 화학요법[2]이 이 카테터를 통해 이루어지며 채혈도 여기서 하게 된다. 이곳 아동병동에서는 카테터를 삽입할 때 전신마취를 하는데, 이 과정은 모두 순조롭게 끝났다. 깨어난 뒤에도 약간 마취 기운이 남아 있던 레기네는 우리에게 몇 가지 사실을 고백했다. 가령 실리에 L.(Silje L.)과 함께 주류 찬장에 있는 모든 술을 종류별로 조금씩 맛보았다는 이야기도 있었다. 그 와중에 코냑 한 병을 떨어뜨릴 뻔했다고 했다. 마취제의 여파 때문에 쉰 목소리로 느릿느릿 늘어놓는 레기네의 이야기가 어찌나 우습게 들렸는지 라세(Lasse)와 나는 도저히 웃음을 멈출 수 없었다. 레기네는 또, 엘리세가 이곳으로 이사 와서 트론하임에서 무용 강습을 받은 뒤 〈유 캔 댄스(You Can Dance)〉에 출연신청을 할 수 있을 거라고도 했다. 그러나 의사에게 자살할 수 있는 처방전을 부탁해 달라는 말에서는 더 이상 웃을 수가 없었다.

레기네의 심리상태는 롤러코스터를 타는 것처럼 아슬아슬했다. 때로는 이 모

---

2) 화학요법이란 세포 분열에 관여하여 암세포를 파괴하거나 적잖이 감소시키는 다양한 세포독(항암제)의 합성물을 사용해 치료하는 방법을 말한다. 항암화학요법에는 정제나 주입 혹은 주사로 투여하는 방법이 있다.

든 고통을 겪지 않아도 되도록 당장 죽고 싶어 하는가 하면, 또 다른 때(거의 항상)는 낙관적인 태도로, 얼마나 많은 사람들이 자신을 사랑하는지 떠올리며 모든 것을 극복해내겠다고 다짐하기도 했다. 우리가 자신을 그렇게 빨리 '보내게' 되지는 않을 거라고 딸아이는 스스로 이야기했다. 레기네의 평정과 강인함은 나를 감동시켰다. 그 아이는 매우 침착했고 자신의 병에 관해 의사와 간호사, 다른 환자들이나 가족들과도 열린 자세로 대화를 나누었다. 레기네, 네가 자랑스럽다. 너 같은 아이는 세상에 단 하나뿐이야. 엄마는 너를 너무나 사랑한단다!

오늘은 처음으로 화학요법을 받았음에도 레기네의 기분상태는 괜찮았고 식욕도 있었다. 저녁에는 엘리 안(Eli Ann)과 안네 마르테(Anne Marthe)가 문병을 왔다. 소녀들은 레기네의 병실에 앉아 피자와 레모네이드를 먹고 마시며 즐거운 한때를 보냈다. 그리고 가져온 사진들로 병실을 꾸몄다. 안네 마르테의 부모님은 레기네에게 단것을 한 바구니 가득 선물로 보내셨다. 그렇게 오늘 하루는 무사히 지나갔다. 레기네는 기분이 좋았고(다량의 마취제 덕택에) 덕분에 우리의 기분까지 밝게 물들었다.

다음은 9월 7일 레기네가 어머니의 일기장에 쓴 글이다.

잠이 오지 않아 일기장에 뭐라도 써야겠다고 생각했다. 오늘은 입원하고 처음으로 혼자 맞는 밤이다. 지금까지 모든 것이 순조로웠는데도 나는 너무나 불안하다. 갑작스럽게 패닉상태에 빠지지 않기만을 바랄 뿐이다. 하지만 병원 사람들은 아주 세심하게 나를 돌봐준다. 지금 나는 여러 가지 이유 때문에 울고 있다. 첫째로 엄마가 쓴 일기를 읽었기 때문이다. 그 글이 내 심금을 울렸다. 그리고 나니 이 힘든 시기에 나를 응원해주는 수많은 사랑하는 사람들, 가족들과 친구들이 생각났다. 마틴(Martin)은 벌써 두 번이나 장미꽃다발을 보내 주었다. 내가 그에게 그만큼 중요한 존재라는 뜻이다. 그렇게 해 줄 남자 친구는 많지 않을 것이다.

모두들 내가 다시 건강해질 거라고 말해주지만 난 그 말을 믿기가 힘들다. 죽음에 대한 두려움이 좀처럼 사라지지 않는다. 내가 이걸 극복해내지 못한다면? 내가 죽는다면……. 나는 죽는 게 무섭다. 미래 계획을 그렇게도 많이 세워 놓았는데! 누구도 고작 열일곱에 죽어야 할 이유가 없는데!

지난 이틀간 내 상태는 지독했다. 열 때문이었다. 항생제를 복용하자 조금씩 나아지기는 했지만 기복이 심했다. 친척들은 모두 내 병 이야기를 듣고 충격을 받았다고 한다. 그게 나까지 불안하게 만든다. 내가 살아남을 게 확실하다면 그들도 그렇게 두려워하지는 않을 테니까. 내가 죽는다면? 그들은 그 상황에 어떻게 대처해야 한단 말인가? 내 죽음 때문에 모두들 무너져 버릴지 모른다.

예전에는 왜 모든 것을 당연하게만 여겼을까? 삶이 얼마나 소중한 것인지 깨닫기 위해 이렇게까지 멀리 와야만 했을까? 나는 겨우 열일곱 살이다. 이건 너무나 부당하다!

내가 겪어야 했던 일들
2008년 11월 5일 13시 30분, 병원일지

모두가 알고 계시겠지만 화학요법은 갖가지 부작용을 일으킵니다. 나는 그 중에서도 가장 독한 항암제를 맞았습니다. 적어도 내가 알기로는요. 치료에는 엿새가 걸렸고, 사실 매우 성공적이었습니다. 화학요법을 할 때는 패혈증이 발생할 - 내 경우처럼 - 경우를 염두에 두어야 합니다. 이 콜라이(E. coli)[3]가 혈액으로 침투하는 경우도 더러 있지만 나는 그에 대비해 항생제를 복용했기 때문에 괜찮았어요. 열이 41도까지 오르고 오한이 나는 상태로 드러누워 나는 혈액수치가 다시 올라가기만을 기다렸습니다. 운 나쁘게도 혈소판 수치[4]가 너무 낮아 비장출혈이 일어났어요. 통증이 어찌나 심했는지 꼼짝없이 침대를 지켜야 했습니다.

그 무렵에 나는 예상치 못한 이야기를 듣게 되었습니다. 의사들은 내내 내가 앓는 급성골수성백혈병이 어떤 종류의 것인지 밝혀내려 애썼는데 - 그걸 구별해내는 게 아주 어려웠던 모양입니다 - 그들 말로는 내 병이 매우 드문 종류의 것이랍니다. 처음으로 골수천자를 받은 지 3주 만에 결과가 나왔습니다. 내 병의 이름은 MDS, 정확히 말해 골수이형성증후군이라고 하더군요.

골수이형성증후군은 혈액세포가 망가져 더 이상 제 기능을 하지 못하게 되는 병입니다. 여기에 7번 염색체 결실이 동반되었답니다. 골수이형성증후군은 갑작스

---

3) 에스케리키아 콜라이(Escherichia coli, 대장균의 일종) 감염
4) 미성숙한 백혈병세포가 혈소판(트롬보키나아제) 생성을 억제할 경우 출혈증상이 심해진다. 트롬보키나아제는 혈액응고 및 상처의 회복을 돕는다.

럽게, 그리고 백퍼센트 우연에 의해 발병했다고 하네요. 내가 어떻게 이 병에 걸리게 됐는지 아무도 모르는 셈이지요. 이 병은 이론상으로는 암으로 불리지 않지만 그에 못지않게 중한 병일뿐더러 암과 똑같은 증상을 유발하고 치료방법도 암과 똑같습니다. 치료하지 않으면 결국 급성골수성백혈병으로 진행되지요. 골수이형성증후군은 극도로 희귀한 질병인데다 젊은 사람들에게 나타나는 경우는 더욱 드물다고 합니다.

애초에 의사들은 병이 아주 느린 속도로 진행되고 있기 때문에 더 이상 항암제를 맞을 필요가 없다고 했지요. 그런데 하루는 한 의사가 심각한 표정을 한 채 병실로 들어서는 것이었습니다. 그는 내 체내에 돌연변이 백혈구[5]가 단시간 내에 급속히 증식했다고 전했습니다. 병이 퍼지는 것을 막기 위해서는 화학요법이 시급히 필요했습니다.

나는 경악했습니다.

신체가 제 기능을 하려면 운동이 필요한 법인데, 통증이 너무나 심해서 조금만 움직이는 것도 힘이 들었습니다. 나는 폐에 물이 차도록 누워만 있었습니다. 의사들은 항생제가 도움이 될 거라고 했지만, 그게 도리어 상태를 악화시킨다는 것이 이내 드러났습니다. 폐수종이 더 심해지고 극심한 통증이 왔으며 숨 쉬는 것조차 힘들었어요. 상태가 점점 악화돼서 얼마 안 가 나는 중환자실로 옮겨야 했습니다. 그곳 간호사들은 너무나 유능하고 친절했어요! 통증이 너무 심해서 모르핀과 무슨 수면제를 맞았습니다. 물을 빼내기 위해 폐에는 배수관을 꽂았고요. 그러나 종국에는 숨쉬기가 너무나 힘들어 호흡기를 달아야 할 지경에 이르렀습니다. 그렇게 나흘이 흘렀습니다. 잠에서 깨어날 때마다 공기를 들이쉴 수 없다는 느낌이 드는 게 가장 괴로웠습니다. 내 처음 반응은 목에서 호스를 뽑아 버리는 일이었지요. 말도 할 수 없었습니다. 그 좌절감이라니! 글을 써 보려 했지만 수많은 약 때문에 그것도 어려웠습니다.

영양공급은 위장관을 통해 이루어졌습니다. 그나마도 위장이 점점 팽창되는 바람에 중단할 수밖에 없었어요. 설상가상으로 장염에 걸려 먹지도 마시지도 못하게 되었습니다.

---

5) 백혈구(leukocyte)는 돌연변이를 일으켜 암세포로 진행된다. 정상적인 백혈구는 면역세포로서 면역체계의 일부를 구성하며 우리 몸을 병원(病原)으로부터 보호하는 역할을 한다.

얼마 뒤 나는 아동 중환자 병동으로 보내졌습니다. 뭐라고 설명할 길이 없지만 여하 간에 그때 내 상태는 지독히 나빴습니다. 이삼 주 동안 움직이지도 못했어요. 먹는 것도 이 기간 내내 허락되지 않았습니다. 이때가 지나고 나서야 조금씩이나마 뭘 먹을 수 있었어요. 하지만 식욕이 전혀 나지 않았기 때문에 하루에 담백한 과자 두 조각을 먹은 게 다였습니다. 그 이상의 음식은 어차피 위장이 견뎌내질 못했어요. 게다가 내 혈액에서 또다시 이 콜라이가 발견됐습니다. 끔찍할 정도로 오한이 나서 온 몸이 사시나무 떨듯 떨렸습니다. 다행이도 항생제가 신속하게 효과를 발휘해 주었어요. 그러나 진짜 충격적이었던 건 누군가 내 수면제의 용량을 착각하는 바람에 원래 맞았어야 하는 양의 열 배로 맞은 일이었습니다. 그들이 금세 알아챈 게 천만다행이었지요! 구구절절 설명하지는 않겠지만, 그 병동에서 일어나는 많은 일들 중에 다수가 원래는 절대 일어나서는 안 되는 일이었습니다.

상태가 충분히 호전되자 나는 다시 아동 종양 병동으로 옮겨졌습니다. 이제야 좀 살만하겠구나! 나는 생각했습니다. 그리고 일주일을 그곳에 누워 보낸 끝에 마침내 퇴원 허락이 내려졌어요. 정말 집에 가게 된다니. 충격적일 정도로 기쁜 소식이었습니다. 무려 열 주 동안이나 집에 가지 못했으니까요. 내 주치의와 간호사들도 매우 기뻐했습니다. 나 자신은 말할 것도 없었고요! 그런데 내 몸이 모르핀에 중독되어 버려서 퇴원한다는 게 말처럼 쉽지 않았습니다. 먼저 금단현상과 싸워야 했지만, 다행이도 결국에는 별문제 없이 귀가할 수 있었어요.

골수이식을 받아야 하기 때문에 내일은 사전 안내를 들으러 오슬로에 가야 합니다. 아직 공여자가 나타나지 않았지만 의사들은 시간이 조금 걸릴 뿐 공여자를 찾기는 어렵지 않을 거라고 합니다. 그 사이에 나는 분명 화학요법을 받으러 다시금 트론하임에 가야 할 테지요.

오슬로에서의 상담
2008년 11월 8일 13시 35분, 병원일지

처음에는 다 괜찮아 보였습니다. 대기실에 앉아 있는 우리에게 어떤 여자 분이 미소를 지으며 다가왔어요. 검사에 동행하실 거라 했습니다. 갖가지 행사가 나를 기다리고 있었어요. 심장검사를 하고 뢴트겐 촬영을 하고 치아검사도 해야 하며, 의사들 및 간호사들과 면담하고, 폐 기능을 점검하고 이미 골수이식을 받은 사람과 대화를 나누는 등 끝이 없었습니다. 이 모든 것을 이틀 안에 마쳐야 한답니다.

의사에게서도 좋은 인상을 받았지만 그건 첫인상으로 그쳤습니다. 골수이식에 관한 설명이 진행되는 동안 의사는 부정적인 사항만 언급했거든요. 일어날 수 있는 모든 종류의 감염 및 부작용에 관해 늘어놓더니 무엇 무엇으로 인해 사망할 수 있다고까지 했습니다. 게다가 머리카락이 다시 자라날지도 확신할 수 없다니……. 하지만 나는 머리가 다시 날 거라고 믿는다고요! 급기야 의사는 대부분의 환자가 골수이식에서 살아남기는 하지만 갖가지 장애물을 넘어야 한다고까지 말했습니다. 아하, 좋은 말씀 감사합니다! 좋았던 첫인상은 어느새 사라지고, 이곳에는 한시도 더 있고 싶지 않아졌어요!

오후에는 또 한 번 골수를 채취했습니다. 나는 통증이 좀 덜하도록 마취주사를 맞을 것으로 기대했지요. 트론하임의 주치의가 그 문제로 별도로 편지까지 써 주었거든요. 그런데 생각했던 것과는 달랐습니다. 말도 안 되는 디아제팜(diazepam, 항불안제의 일종 -역자 주)이 전부였는데, 이 약은 나를 전혀 진정시켜 주지 못했습니다. 나는 간이침대에 누운 채 커다란 바늘이 골반에 꽂히는 순간 덜덜 떨며 울었습니다. 지옥 불에 덴 것처럼 아팠어요! 통증이야 항상 있지만 이런저런 검사를 받느라 지금은 통증에 특히 민감한 상태거든요. 무감각하기 짝이 없는 의사들이라면 이제는 지긋지긋하기 짝이 없습니다!

다음날 상담에서 나는 내 골수에서 백혈병 세포가 발견되었다는 소식을 들었습니다. 나는 헷갈리기 시작했습니다. 그러니까 지금 내 병이 정확히 뭐라는 건지? 골수이형성증후군? 아니면 급성골수성백혈병? 의사의 설명에 의하면 그들은 내 병을 아직 완전히 통제하지 못했으며 강력한 화학요법이 더 필요하다는 것이었습니다. 젠장! 어쨌든 그들은 내게 또다시 항암요법을 쓰려는 참이었고, 다만 이번에는 전처럼 심한 부작용은 없을 거라고 예상했습니다. 부작용이라면 나도 더 이상 견뎌내지 못할 것 같고요. 상태가 괜찮다면 크리스마스를 집에서 보낼 수는 있다고 하네요. 골수이식은 새해가 밝으면 바로 받게 될 거랍니다. 그리고 골수이식이 가능한 공여자를 찾은 것 같다고, 여러 명 중에서 선택할 수 있다고 했습니다. 드디어 말이지요!

앞으로 얼마간은 분명 두렵고도 긴장된 시간이 될 테지요. 그러나 이 한 가지 생각만은 내 머릿속에 뚜렷이 새겨져 있습니다. '나는 할 수 있어!'

의사들과 간호사들은 골수이식 직후 한동안은 거창한 계획을 삼가라고 당부했습니다. 하지만 그들이 뭐라 하든 상관없이 나는 내 계획들을 지켜 나갈 것입니다. 내 열여덟 번째 생일에는 마틴과 함께 저녁을 먹으러 갈 생각이고, 8월에는 다시 학교에도 나갈 겁니다. 머리가 다시 자라면 어떤 헤어스타일을 할 것인지도 벌써 생각해 두었어요.

오슬로에 잠시 들른 뒤에는 다행히 집으로 돌아가도 되지만, 오는 일오일 저녁에는 다시 트론하임에 가야 합니다. 그래도 집에 머무는 하루가 내게는 황금보다도 소중하답니다.

2008년 11월 9일 11시 30분, 일기

일요일입니다. 이 날이 영원히 오지 않기만을 바랐습니다. 그러나 오고야 만 날. 또 한 번의 입원이 기다리고 있습니다. 오늘 저녁이면 나는 이미 이곳에 없을 테지요. 이번에는 얼마나 오래 병원에 머물게 될까요? 그보다 중요한 건, 어떻게 그 시간을 극복할 수 있을지? 그토록 지독한 화학요법을 내가 정말 견뎌낼 수 있을까요?

푹 쉬고 이제 막 몸을 추스른 참입니다. 다시 평상시처럼 걷게 되었을 뿐 아니라 금세 기진맥진하지 않고 '좀더 먼' 거리를 걸어갈 수도 있답니다. 그런데 그들이 다시 내 기를 꺾으려 한다니. 사는 게 그렇죠, 뭐……

치료를 마치고 나면 불임이 될 가능성이 크기 때문에 의사들은 내게 난소조직을 냉동해두자고 제안했습니다. 솔직히 나는 어찌해야 할지 모르겠습니다. 내가 장래에 뭘 어떻게 하게 될지는 아직 모르지만 그들이 이런 가능성을 제공해주는 건 물론 좋은 일이지요. 또 나도 안 하고 후회하느니 하고 나서 후회하는 게 낫다는 생각입니다. 난소조직을 냉동시켜두는 방식이 아직 시험단계에 있긴 하지만요. 다시 말해 이 방법으로 임신을 시도한 전례가 아직 없다는 뜻입니다. 필요할 경우 시험관 수정이 이루어질 텐데, 난소조직에서 백혈병 세포가 완전히 제거되었다고는 의사들도 장담하라 수 없기 때문에 인공수정을 시도할 경우 암이 재발할 가능성도 있다고 합니다. 하지만 10년이나 15년 뒤에는 의학도 더 발달해 있겠지요. 그 전까지는 어차피 나와는 상관없는 사항이고요. 언젠가 상관있게 될 날이 오기나

한다면 말입니다. 도대체 난 어떻게 해야 하지요?

늘 그랬지만 지금 나는 허영심에 부풀어 예전의 내 모습이 어땠는지 되돌아보고 있습니다. 내 옛 모습, 그 중에서도 머리카락이 특히 그리워요. 머리가 다시 자라지 않으면 어쩌지요? 그런 경우는 극히 드물다는 것을 알면서도 걱정되는 건 어쩔 수 없군요. 내 인생도 걱정스럽습니다. 모든 것이 다시 평범해질 날이 오기는 할까요? 다시 예전과 똑같아지길 바랄 뿐입니다. 모든 게 달라진다면 내가 그걸 제대로 받아들일 수 있을지 모르겠습니다. 물론 이런 생각을 하는 것조차 어리석은 짓이지만. 그 전에 골수이식에서 살아남아야 하니 말입니다. 하지만 나 자신을 고스란히 돌려받고 싶은 마음은 어쩔 수 없네요!

전쟁을 준비하며
2008년 11월 10일 20시 40분, 병원일지

11시 30분

지금 나는 트론하임의 병실에 있습니다. 다음 화학요법을 미처 시작하기도 전인데 상태는 나빠졌습니다. 화학요법이 진행되는 내내 속이 울렁거리고 끝도 없이 토하게 되면 어쩌지요? 제발 그러지 말았으면! 21시에 지옥행입니다. 끔찍할 정도로 무섭습니다.

방금 병원 측에서 나를 위해 목요일에 극장의 상영관 하나를 임대했다는 이야기를 들었습니다. 너무나 자상한 배려이지만, 솔직히 말해 거기에 갈 만큼 기운이 날지 모르겠습니다. 어쨌든 노력은 해 볼 테지만요. 오늘도 이미 골수채취를 마치고 척수에 항암제를 주사했습니다. 최소한 마취는 하고 맞았어요. 깨어날 때 머리가 깨질 듯 아팠는데 지금까지도 두통이 가시지 않네요. 오늘 상태는 지독합니다. 이제 의사들과의 면담만 남았어요.

20시 30분

이제 겨우 반시간 후면 화학요법이 시작됩니다. 지난번보다 몸 상태가 훨씬 나으니 이번에는 치료도 더 순조로울 거예요. 지난번엔 고열에다 비장경색, 폐수종까지 일어난 채로 화학요법을 받았거든요. 지금은 그런 증세는 없습니다. 그러니 이

왼쪽부터 레기네, 로아르 스트란(Roar Strand), 페르 실리안 셸브레드(Per Ciljan Skjelbred), 스테펜 이베르센(Steffen Iversen), 마렉 사파라(Marek Sapara).

번 치료는 더 잘 될 거라고 믿는 수밖에요.

의사가 왔을 때 엄마와 아빠, 그리고 나는 수많은 질문을 던졌습니다. 의사는 염색체 변이가 발생했기 때문에 내 급성골수성백혈병이 악성이라고 설명했습니다. 구체적으로 말해 7번 염색체가 결핍된 데다 3번 염색체는 망가졌답니다. 암세포가 매우 공격적이라 이것이 과도하게 증식되지 않도록 막아야 한다고도 했습니다. 골수이식을 하고 그 뒤에도 항암제를 맞아야 하기 때문에 그에 앞서 강력한 화학요법을 사용해 병세를 호전시켜 두어야 한답니다. 의사들의 결정이 옳은 것이라고 믿고 있습니다. 혹시 병이 갑자기 악화되어 수많은 암세포가 골수에 퍼진다면 병세를 호전시키는 것 자체가 어려울 테지요. 오슬로에서 만났던 의사가 노르웨이 최고의 의사라니까, 자신이 하는 일에 확신이 있다는 걸 의심할 필요는 없을 듯합니다. 의사가 원하는 것도 결국은 내가 건강을 회복하는 일이니까요. 그래서 새해에 받을 골수이식을 준비하기 위해 사전치료를 받도록 하는 거지요. 치료가 소용없다고 여긴다면 시키지도 않았을 겁니다. 이렇게 어려운 치료를 그냥 할 사람은 없잖아요.

내 병이 악성이라는 의사의 말을 듣는 순간 끔찍한 공포를 느꼈지만, 이내 나는 의사들이 상황을 잘 통제할 거라는 믿음을 갖기로 결심했습니다. 1차 계획안은 완성된 셈이고 이제 2차 계획안이 남아있습니다.

내일은 로센보르그 트론하임[6]이 병동을 방문합니다. 로센보르그는 내가 제일 좋아하는 팀이랍니다. 이런 우연이! 내일 내 상태가 너무 나쁘지 않았으면 좋겠는데, 사실 그런 일은 없을 거라 믿어요. 이 상태로 그들을 만난다는 게 이루 말할 수 없이 창피하긴 하겠지만, 그래도 아주 멋진 일이에요! 우린 선수들과 피자를 먹기로 했어요. 카메라와 사인을 받을 노트를 챙겨두라고들 당부하더군요. 내 일상에도 이렇게 빛나는 순간은 있답니다.

좋은 시간과 나쁜 시간
2008년 11월 12일 22시 37분. 병원일지

이번에 받은 화학요법은 잠깐 동안이었지만 정말이지 나를 짓이겨 놓았습니다. 걱정했던 대로였습니다. 속이 뒤집히고 구토가 나왔어요. 하지만 운 좋게도 내내 그러진 않았답니다! 의사들 말로는 내일 벌써 치료를 중단해도 될 것 같다고 하네요. 원래는 엿새 일정이었거든요. 다시 말하지만 의사들이 확신을 가지고 치료하는 것이기를 바랍니다. 하지만 화학요법은 내게 지독한 부작용을 안겨 주었습니다. 이제 좀 살만해져서 얼마나 행복한지 모르겠습니다. 음식도 먹을 수 있고 사람들과 어울릴 수도 있을 정도였어요. 파트리크(Patrick)라는 너무나 착한 친구의 병실에도 다녀왔어요.

오늘은 우리 병동의 어느 환자가 골수이식을 받고 어제인가 돌아왔다는 소식을 들었습니다. 이식이 잘 끝났다니 얼마나 축하할 일인지! 이렇게 비교하기는 어렵겠지만 그 환자도 나와 거의 같은 병을 앓고 있었답니다. 현재 상태도 매우 좋을뿐더러 골수이식 후에도 오슬로의 병원에 겨우 5주 머물렀다고 하네요. 사람마다 상황이 전혀 다를 수는 있지만 그래도 이 소식이 내게 희망을 줍니다.

---

6) 노르웨이의 챔피언 축구팀

오늘은 병원의 담임목사님과 이 모든 일에 관해 대화를 나누었습니다. 누군가와 대화를 나누고 싶은 마음이 간절했는데, 지난번에 만난 심리학자는 헛소리만 늘어놓다가 갔기 때문에 이번엔 다른 사람을 찾았지요. 간호사들은 목사님과의 대화가 즐거울 것이며 직업대로 설교나 늘어놓는 분도 아니라고 확신시켜 주었답니다. 기독교 이야기는 한 마디도 하지 않으실 거라고요. 그래서 저도 이분을 만나는 데 동의했어요. 지나가며 들은 바로는 이분이 청소년 환자들에게 인기가 좋다고 하더군요. 우리는 흉금을 털어놓고 대화를 나누었습니다. 목사님은 내가 지금껏 전혀 알지도 못했던 생각들을 내 안에 일깨워 주셨습니다. 나는 또 죽음에 대한 두려움과 앞으로 일어날지 모를 모든 일들에 대한 두려움을 말로 표현하는 데 성공했습니다. 우리는 죽음이란 무엇이며 우리가 죽음에 대해 어떤 상상을 하는지에 관해, 그리고 자신이 세상에 더 이상 존재하지 않는다는 게 어떤 건지 알 수 없기 때문에 인간이 그토록 죽음을 두려워한다는 등의 이야기를 나누었습니다. 가시기 전에 목사님은 내가 특별하다고 말씀해 주셨어요. 그것도 여러 번 반복해서요. 목사님은 또 내가 내면에 품고 있는 생각들을 훌륭하게 표현할 수 있다고 하셨답니다. 나는 기분이 좋아졌습니다. 대화가 끝난 뒤에도 나는 한동안 깊은 생각에 잠겨 있었습니다.

어제는 로센보르그와의 만남이 있었습니다. 사실 나는 선수들을 보러 아래층에 있는 홀까지 내려갈 수 있을 만큼 상태가 좋지 못했기 때문에 그들을 만날 기회를 놓쳤다고 생각했지요. 그렇게나 학수고대했건만, 정말 실망스러웠습니다. 그런데 간호사가 병실로 들어오더니 원한다면 선수들을 여기까지 불러오겠다고 하는 것이었어요. 그럴 수만 있다면야! 그리고 선수들이 병실 문을 들어서는 순간 내 컨디션도 다소 나아졌답니다. 페리 실리안 셸브레드, 로아르 스트란, 스테펜 이베르센, 그리고 마렉 사파라가 왔어요. 딱 내가 보고 싶어 했던 선수들이 온 거예요! 거북한 침묵이 감돌면 어쩌나 걱정했는데 전혀 그렇지 않았습니다. 사람들이 아주 진국인 데다 대화하기도 아주 편했어요. 기분이 어떠냐고 내게 묻기에 지금까지 겪은 일들과 앞으로 이겨내야 할 일들에 대해 짧게 이야기했습니다. 그리고 크리스티안순 팀에 져서 우승컵을 놓친 걸 좀 놀려 주었지요. 틀림없이 그걸 마음에 두고 있진 않았을 거예요. ;)

복잡한 상황

2008년 11월 13일 20시 16분, 일기

이상한 생각인지는 몰라도 지난 며칠간이 내 삶에서 최고의 나날들이 될 것 같습니다. 어느새 나는 삶의 사소한 것을 소중히 여기는 법을 배웠습니다. 내가 현재 처해 있는 상황이 이 지경인데도 나는 행복했지요. 어제 대화를 나눴던 크누트 (Knut) 목사님께도, 따지고 보면 기뻐할 상황이 아닌데도 어째서 이따금씩 기쁜 마음이 드는 건지 여쭈어 보았습니다. 하지만 기쁜 데 항상 이유가 있어야 하는 건 아니잖아요?

나와 같은 상황에 처하면 삶을 전혀 다른 눈으로 보게 됩니다. 그런 눈을 뜨게 만드는 다른 방법이 있다면 더 좋기야 하겠지만요. 어쩌면 그런 방법이 있는데 내가 몰랐을 뿐일 수도 있고요. 삶이 이따금 우리를 속일지라도 여전히 그것을 소중히 여기는 법을 모든 사람이 배우기를 바랍니다. 삶으로부터 너무 많은 것을 바라는 태도는 버려야 합니다. 원하는 것을 모두 가질 수는 없는 법이니까요. 그럼 인생이 그저 그렇게 흘러간다면 어떨까요? 예전에는 나도 결코 그런 삶을 원치 않았지만, 지금은 그저 그런 인생이라도 감사하기만 할 것 같습니다. 투병생활이 끝나고 내가 다시금 평범한 삶을 되찾는다면 나는 이전과는 다른, 더 나은 삶을 살 것입니다. 전처럼 매사에 불만을 품지도 않을 거고요. 물론 누구나 불평하는 때는 있고 이는 지극히 자연스러운 일입니다. 하지만 예전처럼 자주 불만을 터뜨리지는 않을 거예요. 그리고 삶의 하루하루를 소중히 여길 겁니다. 삶은 그토록 귀한 존재니까요.

사소한 것을 소중히 여기는 태도를 배우는 일은 하나의 기술입니다. 적어도 예전의 내게는 그랬지요. 그때는 모든 것을 당연하게만 여기던 내가 이제야 그 기술을 배웠습니다. 오늘은 영화관에 다녀왔는데, 그 자체만으로도 나에게는 멋진 경험이었지요. 심지어 오늘은 지난 며칠을 뒤돌아보며 눈물이 나려는 것을 참아야 했습니다. 다름 아닌 기쁨의 눈물을! 로센보르그 트론하임 소속 선수들을 만났고 매우 특별한 분과 내 생애 최고의 대화를 나누었으며 영화관에도 다녀왔으니 얼마나 멋진가요. 정말 오랜만에 맛보는 기쁨이었지요! 게다가 오늘은 내일 집에 갈 수 있을지도 모른다는 이야기를 들었습니다. 생각도 못한 일이었어요! 다만 내일 혈액검사 결과에 따라 사정은 달라질 수도 있습니다. 가더라도 집에 오래 머물지는 못할 테지만, 집에서 보내는 하루하루는 뭐랄까, 금쪽같은 시간이랍니다!

화학요법도 드디어 오늘 끝났습니다! 사실 치료는 놀라울 만치 순조롭게 진행되었고 오늘은 불편한 데도 전혀 없습니다. 다만 내 면역체계가 완전히 파괴된다면 무슨 일이 벌어질지 궁금합니다. 진짜 문제들은 그때 가서야 드러날 테니까요.[7] 생각만 해도 무섭습니다. 죽음에 대한 공포는 내내 머릿속 깊숙이에 도사리고 있습니다. 이따금씩 그게 구체적인 생각으로 불쑥 솟아나긴 하지만, 어쨌든 오늘은 좋은 하루였어요.

같은 날 레기네의 할아버지는 사랑하는 손녀에게 편지를 썼다. 편지에서 그는 레기네가 백혈병에 걸리기 직전에 찍어 액자에 넣어 둔 부모님의 결혼기념사진에 관해 언급한다.

레기네에게

8월 4일을 아직 기억하고 있니, 레기네?

네가 갓 결혼한 네 부모님의 사진을 찍던 그때는 아직 모든 것이 괜찮았단다.

너희들 중 누구도 무슨 일이 닥쳐올지 모르고 있었겠지. 너희는 함께 휴가를 보내기로 하고 남쪽에서 보낼 즐거운 나날들을 생각하며 행복해 했단다.

개학을 앞두고 집으로 돌아와 있을 무렵부터 너는 몸에 이상을 느꼈지.

그리고 8월 22일, 별안간 암흑이 덮쳐왔다.

세상은 무너져 내리고 시간이 멈춰 버린 듯했다.

지금 무슨 일이 벌어진 걸까?

이게 정말 현실이란 말인가?

그래, 현실이었다!

마른하늘에 날벼락처럼 네게 병마가 덮쳤구나. 그날부터 우리에게는 하루하루가 지옥이다. 너와 엘리세, 네 어머니와 아버지, 할머니와 할아버지, 외할머니와 외할아버지, 그리고 다른 모든 친지들에게도 말이다. 네게 닥친 불운에 친척들 모두가 슬픔에 빠져 있단다.

---

7) 골수이식 전에 쓰는 고용량 항암제는 환자의 면역체계를 파괴한다. 이식된 골수에 면역체계가 거부반응을 나타내는 일을 방지하기 위해서이다. 대신에 환자는 저항력이 약해져 온갖 병원(病源)에 쉽사리 노출된다.

하지만 터널의 끝에 한 줄기 빛이 비치는구나. 우리는 그것만 바라보고 있다. 그 빛은 바로 너의 자유란다! 네가 겪어야 했던 고통에 이제 보상이 주어질 것이다. 모든 것이 다시 네가 사진을 찍던 날처럼 되돌아간다고 생각하니 기쁘구나.

견디기 힘든 때는 네 부모님의 사진을 보거라.

두 사람이 그때 얼마나 행복해 했는가를.

그와 같은 날이 다시 찾아올 것이다.

사랑과 기쁨의 힘으로는 높은 산도 옮길 수 있단다!

네가 참고 이겨나가야 할 날도 얼마 남지 않았다.

그때는 고통도 기억으로만 남을 거야.

삶이 얼마나 귀한 것인지를 가르쳐주는 기억이 되겠지.

그것을 소중히 간직하길 바란다!

I want it all
2008년 11월 17일 12시 34분, 일기

나는 정말로 퇴원할 수 있었습니다. 누가 상상이나 했을지! 그렇게 독한 항암 치료를 받고 나서도 집에 갈 수 있다는 걸 나는 생각도 못했습니다. 그러나 이 '전원생활'도 벌써 내일이면 끝입니다. 닭이 울면 일어나 늦지 않게 병원에 가야 합니다. 얼마 안 있으면 내 면역체계가 망가지고 진짜 나쁜 상황이 본격적으로 시작될 것입니다. 물론 그렇게 지독한 정도는 아니겠지만, 내가 알기로는 이때 상태가 매우 악화되는 사람들이 심심찮게 있거든요. 면역력이 파괴된 사람이 어떤 병균에도 감염되지 않고 이 기간을 버텨내는 경우는 거의 드뭅니다. 무슨 일이 벌어질지 전혀 알 수 없다는 점이 가장 무섭습니다. 근거도 없이 걱정만 하게 되지만 정작 나쁜 상황이 닥치면 완전히 무방비 상태인 셈이니까요. 요전의 치료 주기 동안 나는, 점잖게 표현하자면 준비되지 않은 상태였습니다. 그토록 지독할 거라고는 생각도 못했어요. 물론 이건 예외적인 경우고, 이런 상황이 발생하는 일은 드뭅니다. 나는 "설마 나한테 그런 일이 일어나려고!"라는 생각은 두 번 다시 하지 않기로 했습니다. 모든 게 생각대로 되지는 않는다는 사실을 이번 일로 뼈저리게 깨달아야 했거든요.

집에서 머무는 동안 나는 친구들이 문병해 주길 바랐습니다. 하지만 안타깝게도 그러지 못했어요. 오고 싶어 하던 친구들이 공교롭게도 모두 감기에 걸렸거든요. 나는 어떤 병을 앓는 환자와도 접촉해서는 안 되는 상태이고 이 규칙을 절대적으로 지켜야 합니다. 감기 환자로부터 병균이 옮을 경우 병이 심각해질 위험이 크고, 나는 특히 감염되기도 쉬운 상태입니다. 쉽게 말해 피할 수 있는 것은 피해야 합니다. 집을 떠나 병원에 있는 동안에는 친구들이 너무나 그립습니다. 그런데 예외적으로 집에 갈 수 있게 된 상황에서 친구들을 한 명도 만날 수 없다는 게 너무나 슬펐어요. 그나마도 종종 나를 보러 트론하임까지 와 주는 좋은 친구들이 많아 다행입니다.

친구들이 파티에 가서 즐거운 한때를 보냈다는 이야기를 듣는 건 내게는 힘든 일입니다. 질투심이 드는 것도 어쩔 수 없습니다. 나도 예쁘게 꾸미고 파티를 열고 즐기고 싶어요. 그 모든 일들이 너무나도 그립습니다! 이리저리 헤어스타일을 바꾸어 보는 것조차도. 옛날에는 왜 항상 내 머리가 불만이었을까요? 그렇게 예쁜 머리칼이었는데. 이제는 모두 빠져 버리고 없습니다.

친구들이 내 앞에서 파티 이야기를 꺼내지도 말아야 한다는 건 당연히 아닙니다. 그런 이야기를 듣는 것도 내겐 즐거운 일이랍니다. 사람들이 시종일관 나에 관한 얘기만 한다면 좌절감만 더하겠지요. 하지만 어쨌든 난 최대한 그들의 입장에서 생각하도록 노력할 거예요. 친구들에게 이야기해 주고 싶은 단 한 가지는 삶을 즐기라는 것뿐입니다. 참으로 삶을 누리라고!

오르락내리락하는 기분 때문에 짜증이 납니다. 낙관적이다가 비관적이 되고, 또 낙관적이다가 비관적으로 생각하게 되고요. 전원을 한쪽만 켜 놓고 언제나 긍정적으로 생각할 수 있다면 얼마나 좋을까요? 슬픔에 빠져 기력을 소모시키는 일을 혐오하지만, 그러지 않기란 아마 불가능할 것입니다. 그래도 이 일에 관해 큰 진전을 보기는 했습니다. 처음에는 항상 비관적이기만 했거든요. 처음 백혈병이 발견되었을 때는 내가 틀림없이 죽을 것이라는 둥, 병을 이겨내지 못할 거라는 둥의 말만 했습니다. 하지만 이후로는 다르게 생각하는 연습을 많이 했지요. 물론 죽는다는 두려움은 여전히 있지만 그나마 나는 그걸 마음 속 깊이 숨겨놓는 법을 배웠고, 덕분에 기분만이라도 더 나은 하루하루를 보내고 있습니다. 이따금씩이나마 말이에요.

골수이식 날짜가 빠른 속도로 가까워져 오고 있습니다. 적어도 내가 느끼기에

는 6, 7주가 더 이상 긴 시간이 아닙니다. 지난 모든 일을 생각하면 말이지요. 한 편으로는 두렵지만 다른 한편으로는 기쁘기도 합니다. 내게는 골수이식이 하나의 시작일 수도 있고 모든 것의 끝일 수도 있기 때문이지요. 새로운 시작일 거라고 믿고 싶어요! 이번에는 행운이 내 편에 서 있을 것입니다. 틀림없이 그래야만 합니다!

High on crime
2008년 11월 17일 18시 51분, 일기

집에 머물며 컴퓨터 앞에 앉아 있는 동안 옛날 사진들을 훑어보았습니다. 지나간 시간이 얼마나 그리운지! 그때의 웃음, 즐거움, 콘서트, 친구들. 언젠가 그 시절 그대로의 내 삶을 되돌려 받을 날이 오겠지요……언젠가는.

레기네가 블로그에 올린 글에 댓글을 남기는 사람들이 점점 늘기 시작했다. 이 글에는 스물일곱 명의 블로거가 댓글을 달았는데, 그 중 레기네의 가장 친한 친구인 엘리 안이 남긴 격려 글을 대표로 소개한다.

안녕, 레기네. 이틀에 한 번씩 통화하기는 하지만 그래도 여기에 댓글을 남겨야 할 것 같구나. 블로그를 열기로 한 건 정말 좋은 생각이야. 네가 느끼는 것을 이렇게 글로 표현할 수 있으니까. 평범한 일상이 이토록 한순간에 뒤바뀔 수도 있다는 것을, 사람들이 네 글을 읽고 깨달았으면 해. 너는 이걸 누구보다도 잘 알고 있겠지. 우리가 함께 카페에 앉아 '음주 탐험'을 계획하던 게 불과 석 달 전이었다니. 그로부터 여섯 시간 뒤에 우리는 병원에 앉아 울고 있었어. 한 치 앞도 내다볼 수 없는 게 인생이라더니. 그래도 넌 정말 용감했어. 지난 몇 달 동안 네가 얼마나 지옥 같은 경험을 했는지는 아무도 상상할 수 없을 거야. 네가 다시 건강해지는 날, 우리 함께 인생을 한껏 즐기자꾸나. 예전엔 당연하게만 여겼던 여행, 콘서트, 파티, 친구들과의 만남을 새로운 기분으로 즐기게 되겠지. 지금 네게 남은 숙제는 하나뿐이야. 우리가 너를 되돌려 받을 수 있도록 암이란 녀석에게 본때를 보여주는 것 말이야. 사랑해. ;)
엘리가.

Home sweet hell

2008년 11월 21일 16시 7분. 병원일지

　내 면역력은 지금 제로 상태입니다. 지옥행의 시작이지요. 어제부터 그걸 온몸으로 느낄 수 있었습니다. 이제 시작이구나, 라는 생각이 들었습니다. 감염이 본격적으로 발발하기까지는 얼마간 시간이 걸렸습니다. 저녁이 되어 잠자리에 들기 전에 일어난 일입니다. 처음에는 열이 나기 시작하더니 곧이어 오한이 덮쳤습니다. 누가 보면 그냥 드러누워 추위에 떨고 있다고 여길지 몰라도, 단순히 그런 게 아니니 문제지요! 내 몸은 덜덜 떨리다 못해 저절로 들썩거렸습니다. 너무 떨려서 거의 숨도 못 쉬고 말도 못 할 지경이었고, 급기야는 토하기에 이르렀습니다. 한참 동안 그러다가 어느 샌가 좀 잦아들었어요. 그날 밤에만 이런 일이 두 번이나 반복되는 바람에 거의 눈을 붙이지 못했습니다. 마치 패혈증 증상처럼 보였어요. 의사는 혈액배양검사를 위해 혈액을 채취해 보냈습니다. 혈액 내에 무슨 세균들이 있는지 밝혀내는 검사입니다. 항생제가 효과가 있었는지 오늘 아침 여덟 시부터는 컨디션이 아주 좋답니다. 한동안 이 상태가 유지되었으면 좋겠습니다.

　지난밤을 나는 중환자실에서 보내야 했습니다. 내키지 않았지만 혈압이 너무 낮아서 저를 거기로 내려 보내더군요. 의사들은 내 몸에 배뇨관과 동맥 카테터를 꽂으려 했습니다. 저는 거부했어요. 내 발로 걸어서 화장실에 갈 수 있는데 도대체 배뇨관이 무슨 필요냔 말입니까? 어찌나 화가 나던지! 말도 못하게 아픈 건 둘째 치고 배뇨관을 꽂고 있으면 꼼짝없이 침대 신세거든요. 의사들의 목적이 바로 그거 아니었을까요? 게다가 내 머릿속에는 내가 중환자실에 오래 머물지는 않을 거라는 생각이 떠나지 않았습니다. 그러니 그런 걸 하느라 한바탕 소란을 치른다는 것도 말이 안 되잖아요? 결국은 내가 옳았습니다. 지금 나는 다시 아동 병동의 제4동에 돌아와 앉아 있답니다. 다행이도 중환자실의 간호사들은 친절하고 노련했습니다만, 맙소사, 두 번 다시는 거기 있고 싶지 않습니다. 바라건대 오늘 밤에 또다시 문제가 생기지는 않았으면 좋겠습니다.

*레기네는 이 글과 함께 머리카락이
모두 빠진 모습의 사진을 올렸다.*

대담함

2008년 11월 23일 23시 22분. 일기

내가 약간 지나치게 대담한 건지도 모르지만, 바로 그런 점이 불가피하게 겪어야 하는 일을 어찌 어찌 받아들이도록 도와줍니다. 지금까지 내 이런 모습을 본 사람은 부모님과 여동생, 그리고 간호사들뿐입니다.

이 글에는 220개에 달하는 댓글이 달렸다. 레기네의 가족과 지인들, 심지어는 모르는 사람들까지 그녀에게 용기를 북돋워 주고자 했다. 레기네의 열린 태도와, 그녀가 삶을 바라보는 방식에 자신들도 동참할 수 있다는 데 감사하는 사람들도 많았다. 그 중에서 몇 개를 골라 소개한다.

우리 눈에는 그 모습마저 예뻐 보인단다. 네 머리통은 정말 귀엽기 짝이 없구나!
– 할아버지, 할머니

절대 공감 :)
– 엘리세

얼마나 어려운 결심이었을지 이해할 수 있을 것 같아. 하지만 옳은 방향으로 크게 한 걸음 내딛은 셈이기도 하지. 네가 대다수의 사람들보다 용감하다는 사실을 보여주는 또 하나의 증거일거야. 늘 그렇듯이 예쁘기도 하고.
무엇보다도 이건 그저 스쳐 지나가는 과정에 불과해.
– 마틴

잠시 동안이나마 너는 머리카락을 잃었지만, 그보다 중요한 것은 네가 명료한 사고방식을 잃지 않았다는 거야. 아무도 네게서 그것을 빼앗아 갈 수 없단다. 즐거운 하루 보내길 바란다. 코콜라(Kokkola)에서 너를 생각하며,
– 할아버지, 할머니

안녕, 레기네님! 나와 똑같은 헤어스타일을 했네요! 이런 '헤어스타일'을 직접 경험해 보지 않은 사람은 이게 심적으로 얼마나 큰 고통인지 상상도 할 수 없을 거예요. 내 머리칼이 14일만에 빠져 버리기 시작했을 땐 나도 정말 힘들었어요. 결국에는 내 손으로 한꺼번에 다 밀어 버렸답니다. 얼마나 펑펑 울었는지! 나도 당신처럼 길고 숱 많은 머리칼을 가졌었지요. 지금은 우리 - 당신과 나 - 둘 다 스킨헤드지만. 레기네님은 정말 대담한 사람 같아요. 게다가 두상이 너무 예쁘네요!! 난 항상 모자를 눌러쓰거나 필요하다면 가발까지 쓰고 돌아다니거든요. 모자는 밤에 특히 유용하죠. 맨머리가 어찌나 추운지! 지금은 좀더 즐거운 나날을 보내고 있기를 바라요!

- 레바(Leva)

정말 굉장히 용감한 분이군요! 그거 알아요? 우리 아기가 태어나면 - 아기가 여자아이라면 - 레기네라는 이름을 붙여줄까 생각하고 있었답니다! 그냥 우연히 이름이 똑같기에 얘기하는 거예요. :) 상심하지 마세요! 지금 그대로도 너무나 예쁘니까! 마음으로 한번 꼭 껴안아 줄게요. :)

- 마리타 페트리네(Marita Petrine)

아름답던 머리칼을 아쉬워하는 마음 이해할 수 있단다. 하지만 다행이 머리란 건 다시 자라나는 법이니까. 게다가 지금 그대로도 충분히 예뻐!

병세가 다시 호전되면 네가 느끼는 바를 화폭에 표현해보는 것도 분명 도움이 될 거야. 아주 흥미로운 그림이 될 거라고 확신한다. 너는 표현력이 풍부하고 섬세하니까. 내 그림수업을 들었던 거 기억나니? 그때 이미 네게서는 재능이 엿보였어! 원한다면 아무 때든 내 작업실에 와서 그림을 그려도 좋아. (CD를 가져와서 음악을 들으며 느끼는 바를 그리는 것도 괜찮고.) 굉장한 해방감도 맛볼 수 있을 테고, 틀림없이 독창적인 그림이 탄생할 거야!

- 네소덴(Nesodden)의 아름다운 수탑에서 전시회를 열고 있는 엘세(Else)가 안부를 전하며.

기다림의 시간

2008년 12월 2일 15시 17분, 일기

　며칠 동안 글을 쓰지 않은 이유는 그저 딱히 쓸 거리가 없었기 때문입니다. 지난 며칠을 나는 하릴없이 기다리며 보냈습니다. 집에 가게 될 날을 말이지요. 그러려면 혈액수치가 다시 올라가고 생검 결과가 좋아야 하는데, 다 좋았답니다! 하느님 감사합니다! 결과를 기다리는 동안 뱃속이 근질근질할 지경이었어요. 골수조직 상태가 나쁠까봐 공포에 떨었는데 실제 결과는 지금까지의 그 어느 때보다도 좋게 나왔습니다. 얼마나 마음이 가벼워졌는지! 그러나 의사들이 아직 이야기하지 않은 사항이 하나 있습니다. 화학요법을 또 받아야 하는지? 골수이식까지 아직 한 달이 남았는데 한 달 동안이나 항암제를 안 맞아도 되는지가 불확실합니다. 골수 상태도 좋고 암세포가 거의 없어졌다고는 해도 종양이 완전히 사라진 건 아니거든요. 암세포는 또다시 증식할 텐데 그게 언제냐가 문제지요. 내 주치의 선생님은 화학요법을 한 번 더 받아야 하는 상황이 되지 않도록 골수이식을 최대한 앞당기기 위해 갖은 노력을 하고 있습니다. 하지만 그리 될 거라고 생각지 않으신답니다. 오슬로의 의사는 좀처럼 설득 당하질 않네요. 내게 줄 자리가 없는 건지도 모르고, 크리스마스 기간 동안 병원에 환자가 너무 많아지는 걸 원치 않아서일 수도 있지요. 그래도 난 그들이 왜 내 치료를 방해하는 건지 이해하기 어렵습니다. 뭐가 그리 복잡한 걸까요? 할 수 있는 한 빨리 골수이식을 받았으면 좋겠는데. 그냥 빨리 해치우고 싶어요.

　요약하면 이제 어떻게 되는 건지가 아직 불투명합니다. 그러나 방금 어느 간호사가 전화를 걸어 와, 카테터를 교체하고(흉부벽 밑에 들어있는 이 카테터는 피를 뽑고 항암제를 주입할 때 씁니다) 난소조직을 채취하러 일주일 후에 오슬로에 와야 한다고 전했습니다. 암세포가 다시 증식했는지 점검하기 위해 골수천자도 한 번 더 해야 한답니다. 그 다음에 골수이식 일정에 관해 다시 의논할 거라고 합니다. 아직 뭔가 바뀔 가능성은 남아 있는 셈이지요. 긴장되는군요.

　하지만 그때까지는 집에서 아주 느긋한 시간을 보낼 작정입니다!

헛걸음

2008년 12월 9일 11시 58분, 병원일지

예정대로 우리는 오슬로로 갔습니다. 병원에 도착해서 나는 채혈을 하고 골수 천자를 또 한 번 받았어요. 이번에도 마취 없이 했지만 지난번처럼 무섭지는 않았습니다. 의사가 안정제 몇 알을 주었거든요. 정말이지 히스테릭한 웃음을 유발하는 그 약의 정체가 궁금해요! 도대체 웃을 이유 따윈 없었는데도. 그런 약 좀 더 있었으면 좋겠다니까요!

이번에는 흉골에서 골수를 채취했지요. 아프기는 했지만 지난번에 비하면 훨씬 나았습니다. 모든 게 지난번보다 순조로웠고, 의사도 훨씬 친절했어요.

그 다음엔 병동의 간호사와 이야기를 나누었습니다. 허락을 받아 격리실을 둘러볼 수 있었어요.[8] 사실 격리실은 매우 괜찮아 보였습니다(어쨌든 병원 전체에 한 개뿐인 것 치고는 말이죠). 병실은 꽤 넓었고 DVD플레이어와 텔레비전, 커다란 욕실이 있었어요. 병실에서 직접 바깥으로 나갈 수도 있었습니다. 하지만 이곳에서 여섯 주 동안 혼자 지내야 한다는 이야기는 썩 유쾌하진 않더군요.

나중에는 산부인과 담당의와 면담을 했는데 이도 유쾌한 대화는 아니었습니다. 뜻밖에도 내가 이미 불임이라는 사실을 알게 되었거든요. 그걸 설명하는 의사의 태도도 호의적이라고는 할 수 없었습니다. "고칠 방법이 없어요." 알고 보니 그 의사는 지난 번 내가 이곳에 왔을 때 이미 내가 불임이란 사실을 알고 있었지 뭡니까! 도대체 뭐하자는 건지! 슬슬 의문이 들더군요. 결국은 내가 불임이란 걸 지난번 왔을 때부터 알고 있었으면서 쓸데없이 오슬로까지 먼 길을 오게 만든 것입니다. 그동안 나는 난소조직을 채취하는 게 가능할지 고심하고 있었지 뭐예요. 어떻게 이럴 수 있는 거죠?! 게다가 안 해도 됐을 골수채취까지 괜히 하게 만들고! 오슬로로 간 이유가 결국은 오로지 골수천자를 하기 위해서였던 셈이지요. 뭐, 적어도 골수에 문제가 없다는 사실을 확인하긴 했지만…….

나는 펑펑 울었습니다. 지긋지긋하기도 하고, 모든 게 나를 좌절시킬 따름입니다! 백날 제자리걸음인 싸움을 해야 하는 게 정말 힘듭니다. 이 모든 게 언제쯤이

---

8) 골수이식을 받은 환자는 감염위험에 한층 더 노출되기 때문에 보호를 위해 격리된다. 첫째로 환자에게 필수적인 면역억제를 위해서인데, 이는 이식된 골수가 면역체계로부터 공격받는 것을 방지해 준다. 그밖에 골수 공여자의 면역 시스템이 더불어 환자에게 유입되지만 기존에 앓았던 질병에 대한 정보는 이전되지 않는다.

면 끝날까요? 최악의 사실은 바로 가장 끔찍한 고비가 아직 남아 있다는 것입니다. 골수이식이 말이에요. 지독하게도 두렵습니다. 어떤 고통이 나를 덮칠지? 얼마나 통증이 격심할지 상상해 보았습니다. 무서워서 죽을 지경이에요! 오슬로의 병원에 입원할 날짜는 1월 5일로 잡혔습니다. 기다리는 시간이 한없이 늘어지는 것도 정말 지겹습니다. 지금은 집에 와 있고, 다음엔 또 무슨 일이 나를 기다리고 있을지 알 길이 없습니다.

또다시 화학요법……
2008년 12월 12일 00시 25분, 일기

화학요법을 또 받아야 한다는 소식을 의사들로부터 들었습니다. 대략 짐작은 하고 있었지만, 그래도 이런 소식을 들으면 기분이 좋지는 않습니다. 다행이도 이번에는 강도가 좀 낮을 거라고 합니다. 어떤 부작용에 시달리느냐가 중요한 건 아니지만, 의사들도 물론 내 몸이 어떻게 반응할지 예측할 수는 없답니다. 내일부터, 혹은 토요일이면 또다시 시작입니다.

크리스마스에 과연 다시 집에 올 수 있을지가 문제입니다. 다시 건강해지기만 한다면 이 사진에서처럼 웃을 수 있겠지요.

레기네와 엘리 안.

No one knows
2008년 12월 20일 12시 47분, 일기

여러분은 분명 내가 왜 그토록 오랫동안 글을 쓰지 않았는지 궁금해 하셨겠지요? 모든 게 괜찮다는 소식을 전하고 싶어 글을 남깁니다! 나는 지난 월요일에 집에 왔습니다. 역시 집이 좋아요. 1월 5일까지 여기 머물 수 있도록 응원해 주세요. 또 한 번 패혈증이 온다면 견뎌내기 힘들 것 같으니 무사하기를 바랄 수밖에요. 이제 오슬로 왕립병원에 골수이식 날짜도 잡았고, 얼마 안 있으면 시작이라는 게 실감납니다. 병원에서 보내준 안내문과 정보지를 읽어보고 나서부터 조심스럽지만 낙관적인 마음가짐을 갖게 되었습니다. 카드놀이나 '짜증내지마' 게임처럼 거기서 즐길 수 있는 것을 가져와도 좋다고 적혀 있더군요. 그것만으로도 병원에 머무는 동안이 그렇게 나쁘지만은 않을 것이며 그저 길고 지루한 기다림의 시간일 뿐이라는 아주 작은 희망을 갖게 되었습니다. 비록 마음 속 깊숙이에서는 매우 힘든 시간이 될 것임을 알고 있지만요.

현재 나는 너무나 쇠잔하고 지친 상태입니다. 그래도 의사들 말로는 내가 받은 모든 치료 뒤에는 그런 증상이 따르는 게 지극히 정상이랍니다. '쇠잔하다'는 말이 무슨 뜻인지 여러분이 아실지 모르겠네요. '쇠잔'하다고 말할 때 나는 말 그대로 기력이 한 점도 없습니다. 선 채로는 빵 한 쪽에 버터를 채 바르기도 전에 주저앉아야 할 정도니까요. 다행이도 계속 그렇게 나쁜 상태만 지속되는 건 아니에요.

지난 며칠간 한 일을 나열하자면, 물리치료사에게 다녀왔고 개인수업(역사 시험)도 들었으며 친구들이 문병을 오기도 했고 그림도 그렸습니다. 그나마도 이렇게 '평범한' 일들을 할 수 있어 좋습니다. 비록 모든 상황이 평범함과는 거리가 멀지만. 예컨대 사람들이 크리스마스 축제를 즐기거나 파티를 열며 즐기는 동안 나는 집에 틀어박혀 역사 시험공부나 하고 있어야 했지요.

혈액수치가 떨어져서(이건 지극히 정상입니다) 어제는 수혈이 필요하다는 결론이 내려졌습니다. 내가 사는 지역에서 수혈 받는다는 게 그렇게 쉬운 일은 아니랍니다. 골수이식 때문에 방사선을 조사한 혈액이 필요한데[9] 여기서는 그걸 구할 수 없거든요. 그래서 트론하임에 주문을 해야 했습니다. 혈액은 쾌속정으로 배달

---

9) 방사선을 조사한 혈액은 환자에게 해로운 면역반응이 발생하는 것을 막는다. 환자의 신체가 이식된 골수에 거부반응을 일으키지 않아야 하기 때문에 골수이식에서는 이것이 절대적으로 중요하다.

될 예정이지만 내일 전에는 도착하지 않을 겁니다. 너무 오래 걸리는 게 아닐까 약간 불안하긴 하지만 잘 될 거라고 믿고 있습니다.

어제는 줄기세포이식이 골수이형성증후군 치료에 전혀 도움이 안 된다는 글을 인터넷에서 읽었습니다. 괜한 인터넷에도 화가 나고 나 자신에게도 화가 납니다. 그렇게 쓸데없는 건 애초부터 읽지 않았어야 했습니다. 의사들은 내가 다시 건강해질 거라고 말했고, 난 인터넷보다 그들을 더 신뢰합니다.

우울의 공간
2008년 12월 23일 22시 27분, 일기

기억의 메아리 속에 시간도 울린다.
나는 상념의 사슬에 엮여 이별을 고하네.
죽음을 향한 열망을 이제 잠재우기 위해
우울은 여기 두고 가려 해.

확신의 잔을 너무 많이 비운 건 아닌지?
오만한 행복을 지나치게 누려도 되는지?
내면의 공허함에 맞서 싸우며 나는 죽음에 대한 공포의 환각에 빠져든다.
공포만이 내게서 달아나지 않아.

그러나 고독에 사로잡혀서도
전적으로 내 책임이라는 것을 나는 알고 있어.
그래서 밧줄이 목을 죄어도
내 입술 위로는 숨결 하나 터지지 않네.

그래도 말없는 목격자들은 날 위로해주지 못해.
비통함에 빠져 있는 한 저 평범한 남자는
망자들의 땅을 밟아보지 못하리.
그러나 그는 망자들의 땅을 창조했다네.

무덤을 향한 강력한 부름이 내겐
이 세상의 시작부터 존재해 온
눈물에 잠긴 애도식으로 뛰어드는 것과 같지.
나는 결코 상복을 벗은 적이 없어.

그러나 고독에 사로잡혀서도
전적으로 내 책임이라는 것을 나는 알고 있어.
그래서 밧줄이 목을 죄어도
내 입술 위로는 숨결 하나 터지지 않네.

– 디무 보르기르(Dimmu Borgir)[10]

---

10) 노르웨이의 (교향악) 블랙 메탈 밴드. 〈우울의 공간〉의 가사는 앨범 〈스토름블라스트(Stormblast, 1996년, 2005년)〉에서
발췌한 것이다.

"고목은 휘지 않는다."

2008년 12월 25일 13시 34분, 일기

크리스마스이브는 생각보다 훨씬 즐거웠습니다. 사실 그 전까지는 크리스마스이브라고 특별히 설레거나 하진 않았어요. 어차피 더 이상의 선물은 필요 없다고 생각했고 올해는 나도 선물을 준비하지 않았거든요. 그러나 크리스마스에 남는 건 결국 선물뿐이지요. 가족들과 함께 보낼 수 있는 게 무엇보다도 큰 선물이었습니다. 할머니와 할아버지가 오셨고 사촌들도 다녀갔어요. 분위기도 정말 좋았고 저마다 멋진 선물도 받았답니다! 나는 특히 평면 텔레비전(나는 어쩔 수 없는 사치녀라니까요!)과 치마 한 벌, CD와 DVD 여러 장, 보석, 화장품, 그밖에도 여러 가지를 받았어요. 가장 멋진 선물은 나와 가장 친한 두 친구들이 직접 만들어 준 앨범이었지요. 우리가 처음 만났던 때부터 찍은 사진들이 고스란히 담겨 있었습니다. 한 마디로 얻은 게 많은 저녁이었답니다!

내 생각은 온통 크리스마스를 병원에서 보내야 하는 분들에게 가 있습니다. 아무리 해도 집에 있는 것만 못할 테지만, 그래도 여러분이 할 수 있는 한 멋진 저녁을 보내기를 바랍니다. 다행이도 크리스마스는 매년 돌아오니까요. ;)

시야를 잃다

2008년 12월 28일 16시 34분, 일기

일주일이 좀 지나고 나면 오슬로에 가게 됩니다. 살려줘요! 게다가 감기까지 걸렸지 뭐예요. 타이밍이 나쁩니다. 떠나기 전에 회복되어야 할 텐데. 요즘 나는 자주, 너무나 자주 골똘한 생각에 빠지곤 합니다. 그리고 매번 5분도 채 되지 못해 골수이식에 생각이 미치지요. 전혀 아무것도 모른 채 골수이식을 받는다면 좋으련만. 그때 벌어질 수 있는 온갖 일들에 대해 모른 채 말입니다. 하지만 이미 난 그에 관한 글을 수도 없이 읽었고, 너무 많은 걸 알아 버렸습니다. 어떤 통증이 수반되는지도, 또 병이 재발하는 경우에 관해서도 읽었어요. 살면서 지금처럼 끔찍한 공포를 느껴 본 적은 처음입니다. 너무나 무섭고, 내 삶이 끝나는 게 아닌지 두렵습니다. 어쩔 수 없이 죽음에 관해 생각하게 되네요. 죽음은 참으로 섬뜩한 존재입니다. 내가 가장 두려워하는 것도 바로 죽음이고요. 친구들과 가족들을 두고 죽고 싶지도 않고 그들에게 슬픔을 남겨주기도 싫습니다. 더 오래 살면서 더 많은 것을 해 보고 싶어요. 언젠가 이 감옥으로부터 벗어날 날이 과연 오기나 할까요?

레기네의 친한 친구 마틴과, 레기네처럼 암을 앓고 있는 스베인 코레(Svein K re, 이하 SK)의 아내 안네 마리(Anne Marie)를 비롯해 여든일곱 명의 블로거가 이 글에 댓글을 달았다.

전에도 말했지만, 그리고 지금 또 한 번 말하지만, 겁먹을 필요 없어. 전쟁은 이미 시작되었지만 그에 맞서는 네가 훨씬 강하니까. ;) 이제 얼마 안 있으면 - 시간은 사람들이 말하는 것보다도 더 빨리 흐르는 것 같아 - 이 고난의 시간을 옛이야기 처럼 회상할 날이 오겠구나. 그 다음에는 새로운 장이 펼쳐지는 거야.
하루하루 시간이 갈수록 너는 치유 - 너는 이걸 자유라고 부르고 싶을지도 모르 겠다 - 에 한 발짝씩 다가가고 있단다.
- 마틴

친애하는 레기네, 네가 우리 블로그에 들어와 흔적을 남기고 간 걸 봤어. 언젠가 우리를 만나러 와 주었으면 해. 그래서 너와 친해질 수 있었으면……그때까지 우 린 아직 여기 있을 거야……넌 지금 투쟁을 벌이고 있고, 그건 정말 힘들 일이란 걸 알아……하지만 살아남기 위한 싸움에서 넌 이겨내리라 믿어!!! 생각지 못한 힘 을 발휘하게 될 거야. 네가 그런 힘을 가졌다는 걸 지금까지 몰랐을 뿐……이 지 긋지긋한 나날도 언젠가는 지나가고 더 좋은 날들이 그 자리를 대신하겠지…… 병 때문에 감내해야 했던 많은 것도 지금은 나쁜 경험으로만 여겨질 테지만, 그 경험이 네게는 도움이 될 거야……뭔가를 알고 있다는 건 좋기도 하고 나쁘기 도 하지……네가 이미 알고 있는 바를 가능한 한 좋은 것으로 만들 수 있기를 바 라……너의 불운에 관해 다른 사람들에게 이야기할 수 있다는 것만도 굉장히 용 감한 일이라고 생각해. 그럴 수 있는 사람은 많지 않을 테니까! 이겨내도록 해!!! 우리는 너를 믿어!!! 우리 이야기를 잠깐 하자면, 우리 오늘 크리스마스이브를 축 하하며 정말 즐거운 시간을 보냈단다!!! SK도 기운을 회복했고 우리 모두 잘 지내 고 있어. 너도 곧 회복되기를, 그리고 어서 감기가 물러가기를 바라!!!
- 마음으로 너를 깊이 껴안으며, 안네 마리

골수이형성증후군/급성골수성백혈병이란?

골수이식이란 무엇인가?

우선 지난번 글에(그리고 이전에 쓴 다른 모든 글에도) 여러분이 달아 주신 친절한 댓글에 감사하고 싶습니다. 정말이지 멋진 분들입니다!

많은 분들이 내가 앓고 있는 병이 도대체 어떤 건지, 그리고 골수이식이 무엇인지 궁금해 하셨지요. 그래서 그에 관한 글을 한번 써야겠다고 생각했습니다. 이 병과 관련된 모든 걸 이해한다는 건 결코 쉽지 않답니다. 나조차도 내가 모든 걸 제대로 이해했다고 자신할 수 없거든요.

인터넷에는 이와 관련된 온갖 괴상한 글이 넘쳐납니다. 의사들은 내게 인터넷에 나오는 글을 하나라도 읽지 말라고 당부했습니다. 내가 그런 사람들이 늘어놓는 얘기에만 귀를 기울이게 될까 우려해서겠지요. 가령 몇몇 인터넷 사이트에는 골수이형성증후군을 앓는 환자가 치료될 가망이 없다고 나오는데 이는 틀린 말입니다. 정확히 말해 더 이상은 그렇지 않습니다. 하지만 이 병에 대해 매우 유용한 정보를 싣고 있는 사이트도 간혹 있긴 있습니다.

또 많은 사람들이 골수이식이 수술의 일종이라고 생각하는데 그것 역시 틀린 생각입니다.

골수기증은 전혀 위험하지 않습니다. 여러분도 헌혈과 골수기증을 하시라고 권하고 싶습니다.

골수이형성증후군

골수이형성증후군은 골수와 관련된 질병들의 군을 통칭하는 말로, 이런 질환은 골수 내의 줄기세포가 유전적 변이를 일으킴으로써 발생한다. 줄기세포들은 다른 모든 혈액세포의 모체가 된다. 다시 말해 다양한 혈액세포가 줄기세포로부터 분화되는데, 이때 형성된 세포의 수는 물론 그것의 기능에도 이상이 생길 수 있다. 골수이형성증후군의 보다 정확한 분류는 어떤 종류의 세포가 공격당하느냐에 의거한다.

● 이 병은 장기간 징후를 보이지 않고 진행되는 경우가 많다. 증세는 다음과 같은 골수의 손실과 더불어 발생한다.

- 적혈구[11]의 감소, 즉 빈혈은 무기력함과 피로, 호흡곤란, 심장이 두근거리는 증세 등을 유발한다.
- 백혈구의 감소는 감염 반복을 초래한다.
- 혈소판의 감소는 점막과 피부의 출혈을 유발한다.
- 골수이형성증후군이 심화되면 급성골수성백혈병으로 진행될 수 있다.

급성골수성백혈병

미성숙 혈구세포(골수세포)가 생성되고 급속히 증식하여 생기는 백혈병의 일종이다. 골수세포는 적혈구를 비롯해 다양한 혈액세포의 기원이다. 혈액암세포가 통제할 수 없이 증식하면 정상적인 혈액세포, 다시 말해 적혈구와 백혈구, 혈소판은 이에 밀려 급감한다. 암은 암세포의 외적 형태 및 그것이 지닌 생물화학적 특성에 의해 하위그룹으로 세분된다. 변이된 세포는 골수는 물론 혈액에서도 발견된다.

이 병의 증상은 대개 비교적 단기간 내에 나타난다. 전형적인 증상은 다음과 같다.

- 혈액의 구성성분[12] 감소로 인한 일상적인 무기력함, 끊임없는 피로감
- 새로운 면역세포 생산이 억제됨으로써 야기되는 잦은 감염
- 혈소판 감소로 인한 피부 및 점막출혈 빈도 증가
- 그 밖에도 시야가 흐리거나 사물이 여러 겹으로 보이는 현상, 발진, 두통, 구역과 구토(이상은 뇌피가 자극됨으로써 유발됨) 등의 증상이 나타날 수 있다. 뼈와 관절에 통증을 호소하는 이들도 있다. 환자의 50퍼센트 가량이 백혈병 확진 전 3개월 동안 이런 증상을 보인다.

골수이식(줄기세포이식)

혈액생성체계 내에 생명을 위협하는 악성 질병의 발병을 진단받은 환자들에게 시행할 수 있는 치료법이다. 이런 질병을 완치시키는 유일한 방법은 줄기세포이식뿐이다. 동종줄기세포이식이란 고용량 항암제로 환자의 병든 골수를 사멸시킨 뒤 타인의 골수로 대체하는 방법을 지칭한다. 이 요법은 매우 강력하여 심한 부작

---

11) 적혈구는 붉은피톨이라고도 하며 산소와 이산화탄소를 운반하는 역할을 한다.
12) 혈액 내 적혈구 및 백혈구의 수치

용을 동반하며 환자가 합병증으로 사망할 위험도 있다. 노르웨이에서 동종줄기세 포이식이 가능한 모든 환자의 치료는 사전에 노르웨이 중앙보건청의 동종줄기세 포이식과와 협의를 거친다.[13]

골수 공여자는 골수채취 하루 전에 입원해야 한다. 골수는 전신 마취한 상태 에서 골반뼈로부터 채취한다. 골수기증은 전혀 위험하지 않다.

채취한 줄기세포는 화학치료 8일 후 카테터를 통해 환자의 정맥으로 주입된 다. 수혈보다 조금 오래 걸린다는 점만 제외하고는 수혈과 유사하다. 줄기세포는 이후 스스로 골수로 유입, 착상되어 새로운 혈액세포를 생산하기 시작한다. 이 현 상이 왜 일어나는지는 현재까지 밝혀지지 않았다. 새로운 골수가 혈액세포를 생 산하기까지는 약 2주일이 소요된다. 환자가 골수이식을 받은 날은 제0일로 불리 는데 이때부터는 기다림의 시작이다. 환자와 가족 모두에게 이 시간은 어마어마 한 부담으로 작용한다. 이 시점부터 새로운 골수가 제 기능을 하기까지는 혈액성 분과 항생제를 투여하며 보조치료를 지속해야 한다.

회고 – 제1부
2008년 12월 31일 15시 35분, 일기

골수검사를 받아봐야 할 것 같다는 가정의의 권고를 들었던 날을 나는 아직 도 생생하게 기억합니다. 나는 5월부터 수차례에 걸쳐 병원을 드나든 뒤였고, 그때 는 벌써 8월이었지요. 검진에서 의사는 내 몸에 뭔가 심각한 이상이 있다는 징후를 하나도 발견하지 못했습니다. 심장박동이 빨랐지만 비정상적인 정도는 아니었던 모 양입니다. 골수검사라는 말에 나는 울고 싶은 심정이었습니다. 의사는 골수천자가 별것 아니라며 무서워하지 않아도 된다고 말했지요. 골수천자는 정말 심각한 병이 아님을 확인하기 위해 시행하는 것뿐이라고요. 분명 별일 아닐 거라고도 덧붙였습 니다. 내가 백혈병일지도 모른다는 사실을 알고 병원을 나설 때는 묘한 기분이었습 니다. 몸에 이상이 있다는 것도 알고 있었을 뿐더러 스스로도 백혈병이 아닐까 의 심한 적이 있기 때문입니다. 다만 그게 사실인지 확신할 수 없었을 뿐.

그때 나는 갓 고등학교 2학년에 올라간 참이었고 다가올 한 해를 즐겁게 기다

---

13) 한국의 경우 골수기증 희망자는 국립장기이식관리센터(KONOS)의 데이터에 등록되어 한국조혈모세포은행협회, 가톨릭조 혈모세포은행 등의 조정기관을 통해 조정이 이루어진다.

리고 있었습니다. 올해는 이전 해보다 훨씬 나아지고 드디어 모든 게 정상궤도로 돌아올 거라고 생각했습니다. 하지만 그렇지 못했지요. 개학한 지 겨우 3일째 되던 날 그 충격적인 소식을 들어야 했던 겁니다. 그 무렵 학교에서 미래 계획에 관해 쓰라는 숙제를 내 주었던 기억이 납니다. 참으로 아이러니한 일이지요. 글을 쓰고 또 쓰는 동안 눈물이 멈추지 않았습니다. 내가 지금 적어 내려가는 모든 걸 경험하고 싶은 마음이 간절했어요. 정말로 백혈병이라면 내게는 더 이상의 미래란 없을 테니까요. 하지만 백혈병은 절대 아닐 거야. 나는 애써 마음속으로 이렇게 주문을 외었습니다. 그리고 바로 그날, 내가 정말 백혈병에 걸렸다는 소식이 날아왔습니다. 내 세상은 무너져 내렸어요. 하필이면 그날 파티에 가기로 약속이 되어 있었으니 이상한 일이지요. 모든 일이 순식간에 일어났습니다. 나는 자유를 박탈당하고 말았습니다.

의사들이 백혈병을 이 정도나마 일찍 발견하지 못했더라면 어땠을까 하는 생각이 자꾸만 드는 건 어쩔 수 없네요. 로마 여행에서 심장이 그처럼 미친 듯이 뛰지 않았더라면 심장 전문의인 숙부님을 찾아가는 일도 없었겠지요. 숙부님을 찾아가지 않았더라면 의사들이 그 시기에 백혈병을 발견하는 일도 없었을 겁니다. 그럼 나는 또다시 가정의를 찾아갔을 것이고, 가정의는 또 아무것도 찾아내지 못했겠지요. 결국은 죽음을 부르는 결과가 초래되었을 테고요. 백혈병이 의심된다는 소견이 나왔을 때 가정의는 내게 다른 검사들을 더 받게 했습니다만, 그러면서도 정말 백혈병이라고 여기는 것 같지는 않았습니다. 그 의사를 비난하는 건 절대 아니니 오해하지 말아 주세요. 열일곱 살짜리 여자아이가 백혈병에 걸릴 거라고 그렇게 쉽게 믿을 사람이 어디 있겠습니까?

회고 – 제2부
2009년 1월 1일 14시 31분. 일기

가끔은 이것이 무슨 시험 같다는 느낌이 듭니다. 반드시 통과해야 하는 시험 말입니다. 그리고 내가 해낼 수 있다는 걸 나는 마음 속 깊이 알고 있습니다. 더 이상 내 삶이 불만스럽지도 않으며 그것을 지켜내고자 할 뿐입니다. 이대로 잃을 수는 없어요. 때로는 내 스스로 병을 벌었다는 생각도 듭니다. 예전의 내가 불만이 너무 많았던 탓에 벌을 받는 게 아닌가 싶거든요. 물론 내가 언제나 불만에 차 있었다는 건 아니니 오해하지 마세요. 사실 나는 내 삶을 무척이나 사랑했답니다. 다만 불만을 품은 적이 많았어요. 지금은 깊이 반성하고 있습니다. 왜 나는 주어진 삶을 그저 즐기지 못했을까? 그러기는커녕 삶이 나아지기를 가만히 앉아서 기다리고만 있었지요. 이미 충분히 좋았는데도 더 좋아지길 바라며.

초등학교에 다닐 때부터 난 그렇게 되기를 기다렸습니다. 그땐 중학교에 가게 될 날만 기다렸고, 그러면 모든 게 나아질 거라 믿었습니다. 그러나 중학교에 가도 크게 변하는 것은 없더군요. 8학년이 되었을 때 내가 얼마나 불만으로 가득했는지 지금도 분명히 기억납니다. 주위에 좋은 사람들이 많지 않았거든요. 성적이 좋고 말랐다는 이유로 동급생들은 내게 심술을 부렸습니다. 그때의 일이 상처로 남았고, 나는 자신감을 잃었습니다. 자신감의 결핍은 이후에도 완전히 사라지지 않았습니다. 울기도 자주 하고 기분이 저조할 때가 잦았어요. 내 외모가 너무나 싫었습니다.

다행이도 상황은 나아졌습니다. 9학년이 되자 상승세를 타기 시작했지요. 친구들도 여럿 생겼고 지긋지긋한 놀림도 줄어들었습니다. 머리를 자르고 염색을 하자 별안간 외모도 훨씬 나아 보였고, 덕분에 자신감을 되찾을 수 있었습니다. 그런데도 나는 '더 많은 것'을 원했고, 이전보다는 덜했지만 여전히 삶에 대한 확신이 없었습니다. 10학년이 되어서는 친구들도 나도 모두 고등학교에 올라갈 날만 기다렸어요. 그때는, 정말이지 그때는 모든 게 좋아질 거라고 생각했습니다. 중학교에서도 모든 게 어느새 더 할 나위 없이 좋아져 있었는데도 말이에요. 지금에 와서 중학교 시절을 되돌아보면, 다른 건 제쳐두고라도 그곳에서의 마지막 기간을 생각해보면 사실 그때가 내 인생에서 최고의 시간이었습니다. 정말 멋진 시절이었어요.

그리고 마침내 고등학교에 올라갔습니다. 그런데 모든 게 기대한 것과는 다르더군요. 너무 많은 걸 기대했던 거지요. 나는 확신을 잃고 움츠러들었고, 그 때문에 새로운 사람들도 많이 사귀지 못했습니다. 아마도 사람들을 사귀는 데 열린 태도가 부족했던 것 같습니다. 정말 괜찮은 친구들이었는데, 이제 와서 후회가 막심하답니다! 심지어 그들은 내가 입원했을 때 아주 예쁜 카드와 선물을 보내 주기까지 했어요. 이루 말할 수 없이 고마웠답니다! 그 친구들과 좀더 가까워질 수 있는 기회가 왔으면 좋겠어요. 정말 꼭 그랬으면!

고등학교에 올라간 첫 해를 나는 불평불만을 늘어놓으며 허비해 버렸습니다. 자랑할 만한 일은 못 되는 후회막심한 일들도 많이 했고요. 언제까지고 거기에 대해 미련이 남아 있었습니다. 고등학교에 들어간 지 몇 달이 지나고 나서는 첫 번째 남자친구를 사귀었습니다. 오래도록 바라던 일이었기 때문에 정말 기뻤지요. 그러나 남자친구와의 관계조차도 기대했던 대로 진전되지 못했습니다. 결국에 우리는 헤어졌고 나는 완전히 실의에 빠져 한동안 낙심한 상태로 지냈습니다.

여자 친구들과도 자주 만났는데, 만날 때마다 우리는 이런저런 불평을 늘어놓았습니다. 모든 게 우리에게는 미흡하게만 느껴졌거든요. 우리는 언제나 흥밋거리를 찾아다녔습니다. 그 해에는 방학 어학연수도 받았고 록페스티벌에도 다녀왔어요. 꽤 만족스러운 경험이었지만 그것도 백퍼센트는 아니었습니다. 우린 끊임없이 공연을 보러 가거나 흥겨운 파티를 즐기고 싶어 했지요. 물론 하고 싶다고 다 되는 건 아니었고, 그러면 우리는 투덜댔습니다. 인생을 너무 몰랐던 거예요! 얼마 안 가 내 삶이 송두리째 뒤흔들릴 거라고는 꿈도 꾸지 못했습니다.

그해 여름은 너무나 즐거웠습니다. 호브 페스티벌(Hove Festival, 노르웨이의 유명한 음악축제 -역자 주)에도 갔었고 메탈리카(Metallica)와 아이런 메이든(Iron Maiden)의 콘서트에도 다녀왔으며 로마 여행도 했답니다. 멋진 경험도 많이 하고 새로운 친구들도 사귀었어요. 그런데 내내 뭔가 이상하다는 느낌을 떨칠 수 없었습니다. 나는 언제나 기진맥진한 상태였고, 심지어는 기절 직전까지 간 적도 여러 번이었습니다. 양발에 멍이 든 것을 발견하기도 했고 잇몸 출혈도 있었습니다. 두려움이 밀려왔어요. 그게 백혈병의 증상이라는 걸 알고 있었거든요. 그것 말고도 인후염, 방광염, 부비강염 등의 각종 감염증에 시달렸습니다. 하지만 개학 무렵이 되자 나아지더니 건강이 회복되는 듯 보였습니다. 완전한 오판이었지요!

내가 지금 말하고 싶은 건, 인생이 저절로 나아질 때만 기다리고 있지 말라는 겁니다. 살면서 원하는 모든 걸 누릴 수는 없으며 모든 일이 순조롭지만은 않을 때도 있다는 걸 깨달아야 합니다. 물론 정도의 차이는 있겠지요. 나는 언제나 더 나은 때가 오기만을 바랐습니다. 여러분은 자신이 지금 여기에 가진 것에 집중하며 그것에 최선을 다하기 바랍니다. 만족하며 사세요. 뭔가 만족스럽지 못하다면 그걸 바꾸어 보도록 노력하세요! 나는 현재 무엇도 바꾸어볼 수 없는 처지입니다. 내 삶에 대한 통제권을 상실했기 때문이지요. 이런 일이 벌어지지 않았더라면 아마도 나는 대학에 들어가 집으로부터 독립할 날만 기다리며, 그때는 모든 게 나아질 거라는 헛된 소망을 다시금 품고 있었겠지요. 병에 걸린 게 혹시 내가 진실을 보는 눈을 뜰 수 있게 하려는 필연은 아니었을까요? 어쨌든 지금 내가 삶을 대하는 태도는 예전과는 다릅니다. 내게 두 번째 기회가 주어지기만을 소망하고 있습니다.

레기네(오른쪽에서 두 번째)와 친구들.

회고 - 제3부
2009년 1월 3일 12시 41분, 일기

트론하임으로 가기 전 뒤죽박죽이던 며칠간을 나는 아직 기억합니다. 출발할 때만을 이제나 저제나 기다리며 보낸 주말을요. 그 주말 내내 나는 머리가 뜨거워질 정도로 생각에 골몰해 있었습니다. 무시무시한 공포가 나를 사로잡았습니다! 그때 난 내가 죽을 거라고 확신하고 있었거든요.

기다리는 동안 나는 오래된 일기장을 들춰보았습니다. 어느 페이지에 이렇게 쓰여 있더군요. "2년 뒤에 무슨 일이 생길지 누가 알까?" 뒤통수를 얻어맞는 느낌이었습니다. 그걸 쓴 날이 그로부터 정확히 2년 전이었기 때문이었지요.

오늘 다시 일기장을 꺼내 읽었습니다. 내가 쓴 글들 중에는 나를 슬프고 화나게 하는 것도 있었고, 내가 썼다는 것이 기특할 정도로 잘 쓴 것도 있었습니다. 오늘 썼다고 해도 이상하지 않을 정도였어요. 그 중에 하나를 골라 보여 드리겠습니다.

"이런저런 생각들"

(2006년 1월 20일)

나는 종종 내가 무엇 때문에 존재하는지 스스로에게 묻곤 한다. 이 모든 것에 무슨 의미가 있을까? 아주 많은 생각과 느낌을 품고 있으면서도 공허한 느낌이 든다. 외로움이 나를 뒤덮고 있다. 함께 시간을 보낼 친구들은 있지만, 내가 과연 그들에게 중요한 사람일까? 내가 죽는다 해도 아무도 신경 쓰지 않을 것이다. 내가 죽어도 변하는 것은 없다. 내 목숨은 수없이 많은 목숨들 중 하나일 뿐이다.

하지만 아무리 외롭다 해도 내가 쓰러질 때 일어나도록 도와줄 사람은 언제나 있다. 외로움이란 밖으로 보이는 껍데기에 가려진 채 마음 속 깊숙이 느끼는 고통이다. 누구도 이 고통을 보지 못한다. 우리는 껍데기뿐인 세상에 살고 있다. 너무 많은 것이 보이는 것 위주로 돌아간다. 그러나 중요한 것은 인간 내면의 아름다움을 보는 일이다. 그것을 알지 못한 채 누군가에 대해 평가하는 일은 결코 있어서는 안 된다.

우리 모두는 의문을 품고 있고 그것에 대한 답을 찾아 나선다. 하지만 답을 아는 사람이 과연 있을까? 이 세계 외에도 우리가 모르는 다른 뭔가가 존재할까? 광활한 우주에서라면 어떤 것도 가능하다. 사람은 자신에게 주어진 기회에 관해 심사숙고해야 하며 회의에 빠져서는 안 된다. 나 자신을 믿자. 나 자신이 되자. 누구나 남으로부터 영향 받지 않고 자주적으로 생각하는 자세를 가져야 한다고 나는 생각한다. 내 의견이 나를 나 자신이게 하는 것이다.

사람은 누구나 좀더 나은 뭔가를 추구한다. 하지만 내가 지금 가진 것에 집중하자. 그 기쁨을 마음껏 맛보고 근심은 잊어버리자. 삶에서 겪는 모든 것 중에 행복이 단연 최고라고들 한다. 하지만 행복이란 무엇일까? 이 무한한 의문에는 끝이 없다.

레기네의 블로그 독자들이 위의 세 회고록에 총 235개의 댓글을 달았다. 그 중 다수는 레기네처럼 중병을 앓아본 적이 있는 환자들이었다. 여기에 댓글 중 몇 개를 골라 싣는다.

두려워하지 마세요! 비록 레기네님이 엄청난 두려움에 시달린다는 걸 이해할 수 있지만. 내 어머니는 심장이식수술을 받으셨답니다. 수술이 있던 날 나는 안절부절 못한 채 앞으로 무슨 일이 생길지 온갖 불안한 상상을 하고 있었어요. 그때는 2007년이었고, 모든 게 잘 될 거라는 사실을 알고 있으면서도 그랬지요. 온종일 풀죽어 있던 것도 모자라 그날 저녁은 내가 별로 좋아하지 않는 이웃집에서 보내야 했답니다. 어머니가 입원해 계신 동안 중요한 수학시험도 치러야 했고요. 이런 얘길 하는 게 쉽지는 않지만, 레기네님이 긍정적인 태도를 되찾기를 바라는 마음으로 이 글을 씁니다. 나는 수학시험을 어머니를 위해 치른 거나 마찬가지였어요. 좋은 성적을 받기를 어머니가 바라셨거든요. 결국 나는 그때까지 받은 성적 중에 최고의 점수를 받았답니다! 지금은 어머니도 건강을 회복하셨고 모든 게 순조로울 뿐 아니라, 어머니는 자신의 삶에 매우 만족스러워하시지요. 그리고 이식수술을 받을 수 있었던 게 천만다행이었다고 생각하고 계세요. 레기네님에게도 골수이식을 받을 가능성조차 없었다면 어땠을지 한번 생각해 보세요…….
- 익명의 블로거

힘을 내! 나도 열두 살 때 너와 같은 일을 겪어야 했단다. 뼈암 진단을 받은 거야. 내 삶은 하룻밤 사이에 뒤바뀌어 버렸지만, 나는 스스로에게 포기하지 말라는 말을 수없이 되뇌었지. 아무리 견디기 힘들어도 포기하지도 용기를 잃지도 않을 거야!, 라고 말이야. 병에 대해 이야기하고 글을 쓰는 일을 계속하도록 해. 그게 이 상황을 헤쳐 나가는 데 도움이 될 거라 믿어. 게다가 너는 글을 참 잘 쓰는구나. 한 줄 한 줄이 감동을 주거든. 세상에는 살면서 한 번도 고난을 겪어보지 않은 사람들도 많단다. 그런 이들은 혹독한 고통이 어떤 건지 상상할 수 없겠지. 하지만 이것만은 알고 있으렴. 나도 병을 앓는 동안은 그 모든 게 정말 부당하다고 생각했다는 걸. 왜 하필 나인지 도저히 납득이 가지 않았어. 하지만 이미 벌어진 일이었고, 나는 그걸 감내할 수밖에 없었지. 포기하지 않겠다고 약속해 줘. 이 모든 일이 너를 한층 더 강하게 만들어 줄 거야!
그럼 몸조심하고, 뭔가 기분전환이 될 만한 일을 찾아 봐!
- 헨리에테(Henriette), 18세

너무나 훌륭한 글이군요! 이 글 속에서 나 자신을 발견하게 됐답니다. 나도 초등학교에서는 중학교에, 중학교에서는 고등학교에 갈 날만 손꼽다가 고등학생이 된 지금은 어서 대학생이 되어 독립할 생각만 하고 있거든요. 지금껏 장래에 무엇이 될지, 또 내 인생을 어떻게 꾸려 나가야 될지에 대해 아무 생각도 없이 살았어요. 하지만 이 블로그의 글을 읽고는 정신을 바짝 차리기로 결심했어요. 이만큼 잘 지내고 있는 걸 감사하고 삶에 만족할 줄 알며 하루하루 최선을 다해 살기로 말이에요. 부디 완전히 건강을 회복하길 바랍니다. 레기네님은 충분히 그럴 자격이 있으니까요! 당신은 정말 강한 사람이에요!

- 카밀라(Kamilla)

레기네, 네가 건강을 회복했다는 소식을 듣는 날엔 나도 정말 행복할 거야! 그땐 우리 모두 삶을 마음껏 누리자꾸나. 밤늦도록 파티를 즐기고, 남자친구와 키스를 나누고, 거울 앞에 서서 스스로에게 말을 건네며 우리가 얼마나 아름다운지 이야기하고 말이야. 그리고 환상적이면서도 백퍼센트 현실적인 미래를 꿈꾸자! 정말 멋진 일일 거야!

- 카리나(Karina)

안녕, 레기네. 중학교 시절에 너를 가르쳤던 선생님이 몇 마디 안부를 전한다. :)

너는 내게 깊은 인상을 준 소녀였어. 강하고 예쁘고, 또 그때부터 글 쓰는 솜씨가 뛰어났단다. 10학년 때 네가 읽은 소설을 주제로 발표하던 네가 얼마나 열정적이었는지 지금도 기억나는구나. 소설 제목이 《비틀즈(Beatles)》였지? 아니면 《인형의 집》이었던 것 같기도 하고. 어쨌든 너는 열정적으로, 그칠 줄 모르는 폭포수처럼 이야기를 쏟아냈지. 소설은 물론 삶에 대해서도 깊이 생각할 줄 아는 소녀라는 것을 그 나이에 이미 증명해 보인 거야. :)

그랬던 네가 많이 아프다는 이야기를 듣고 나는 충격에 사로잡혔어. 오늘에서야 네 블로그를 방문해 네가 쓴 글과 댓글까지 모두 읽었단다. 너뿐 아니라 댓글을 남겨 너를 격려해 준 모든 청소년들이 내게 커다란 감명을 주는구나.

"삶은 나에게 이루 말할 수 없이 귀한 존재이다." 어느 글에선가 너는 이렇게 썼더구나.

레기네, 삶에게도 네가 말할 수 없이 귀한 존재란 걸 이야기해주고 싶다. 나아가 너의 생각을 나누는 모든 사람들, 네 가까이에 있는 모든 사람들에게도 너는 귀한 존재란다. 네 블로그에는 항상 삶에 대한 기쁨과 확신이 넘쳐나는구나! 이것이 새해에도 변치 말기를 기원할게!

– 애정 어린 안부를 전하며, 베리트 R.(Berit R.)

추신: 너와 엘리 안, 마르테, 그리고 다른 학생들의 사진을 보니 반갑다. 모두들 즐거운 시간 보내렴. :)

2009년 겨울

2009년 겨울

구덩이의 밑바닥에서
2009년 1월 10일 10시 51분, 일기

　그냥 여러분이 궁금해 하지 않도록 글을 씁니다. 내 상태는 아직도 괜찮습니다. 적어도 이런 상황임을 감안하면요. 어제는 마지막 항암제를 복용했습니다. 모두 합쳐 무려 384알이나 삼킨 셈입니다. 적잖은 양이지요. 오늘 저녁부터 시작해 이틀 동안은 항암제 주입요법을 받습니다. 특히 안면통증이 심할 거라고 하는데, 미리 모르핀과 유사한 약을 처방받으니 괜찮을 겁니다. 나는 그것보단 구토증이 날지가 더 궁금합니다. 그것만은 없었으면 좋겠는데.

　식사도 아직 할 수 있습니다. 간혹 목이 심하게 아파서 정말 무서워질 때도 있지만 이건 적어도 위험하지는 않아요. 조만간 격리실로 옮길 예정입니다. 분명 희망과 근심이 엇갈리는 시간이 되겠지요. 다가올 일을 생각하면 너무나 두려워집니다. 닥치고 보면 상상했던 것만큼 나쁘지는 않을 거라고 확신하면서도 말이지요. 무엇보다도 폐질환이나 장기출혈이 일어나진 않을까 조마조마합니다. 그럴 경우 상황이 급속도로 악화될 수 있거든요.

　이곳에서는 하루하루가 느리고 음울하고 단조롭게 흘러갑니다. 대체 뭘 해야 할지 모르겠습니다. 끝도 없이 앉아서 기다리고만 있는 거지요. 하루가 사흘처럼 느껴집니다. 그냥 자고 일어나면 모든 게 끝나 있었으면 좋으련만!

Roads
2009년 1월 14일 12시 05분, 일기

　드디어 골수이식이 끝났습니다! 어제 오전에 줄기세포를 이식받았는데 모든 게 더 할 나위 없이 잘 되었답니다! 의사의 소견으로도 모든 게 정상이고, 혈액을 생성하는 줄기세포가 다량 이식되었다고 합니다. 이제 제3, 제4관문이 남았습니다. 격리와 그 이후의 시간 말입니다. 의사 말로는 격리생활을 그다지 대수롭지 않게 여기는 환자들도 있으며 우린 그저 차근차근 할 일을 해나가면 된다고 했습니다. 격리는 일요일부터이며 내가 지낼 병실은 이미 준비되어 있습니다. 분명 불안하고 힘든 몇 주가 될 테지요.

주말에 항암제 주입요법을 받고 나서는 말 그대로 더러운 기분이었습니다. 첫째 날에는 극심한 안면통증에 시달리고 끊임없이 구토를 했어요. 정말 끔찍할 정도의 통증이었습니다! 진통제도 아무 소용없었어요. 다음날은 좀 나아졌지만 끝없이 토하는 건 여전했습니다. 월요일에는 하루 종일 침대에 누워 있었어요. 심지어 텔레비전도 보기 싫었는데, 내가 이 정도였다면 말 다 한 거예요! 다행스럽게도 상태가 조금씩 호전되고 있습니다. 다만 며칠 동안 계속 토한 탓에 먹는 게 고역이네요. 위가 쓰리고 음식이 전혀 받지 않거든요. 구토 증세는 아직도 완전히 가라앉지는 않았지만 조금씩 줄고는 있습니다. 이번 항암제는 그야말로 지독하더군요!

하지만 새로운 골수를 이식받은 건 정말 기쁩니다! 마침내 새 골수가 내 몸 안으로 들어온 거예요. 환자들은 골수가 주입되는 동안 뭔가 잘못되지 않을까 내내 전전긍긍합니다. 누군가 실수로 골수가 들어 있는 팩을 떨어뜨려 내용물이 쏟아져 버리면 어떻게 하지? 그러나 모든 게 잘 끝났습니다! 이제 새로운 혈액세포가 생산될 때까지 기다려야 합니다.

94명의 블로거가 기쁜 소식을 듣고 댓글을 남겼다. 그 중에서 레기네의 조부모님과 암을 앓고 있는 스페인 코레가 쓴 글을 소개한다.

네 '새로운' 삶의 첫날이구나, 레기네. 앞으로 한동안은 분명 만감이 교차하는 기분이 들게다. 하지만 너라면 틀림없이 이겨낼 거야. 너는 정말로 몸도 마음도 강한 아이로구나. 그리고 조만간 즐거운 봄을 맞이하게 될 거란 사실을 잊지 마라!
– 할아버지, 할머니

축하해!
드디어 기념비를 세웠구나!!
그렇게 힘든 화학요법을 받는 동안 음식을 먹을 수 있었다는 것만도 대단하다.
(나는 너보다 약한 항암제를 맞았는데도 전혀 못 먹었단다.)
요한네(Johanne)와 안네 마리, 나, 우리 모두 네가 퇴원하기 전에 만나고 싶어.
앞으로도 모든 일이 순조롭기를, 그리고 합병증이 많이 생기지 않기를 바라는 건물론이야. 우리 모두 네가 충분히 이겨냈다고 생각하고 있으니까!

너의 투지와, 그 모든 것에 맞선 너의 투쟁에 경의를 표한다!

Go, girl!

- 스베인 코레

위장질환, 인공 영양공급, 그 밖의 것들
2009년 1월 16일 21시 07분, 일기

복통 때문에 슬슬 신경이 곤두서기 시작했습니다. 통증이 너무 강해요! 특히 저녁에 산디문(Sandimmun)[14] 주사를 투여하고 나면 가장 심합니다. 거의 아무 것도 삼킬 수 없기 때문에 식사도 불가능합니다. 온종일 겨우 빵 반 조각과 아이스 크림 한 개, 초콜릿과 비스킷 몇 조각밖에 못 먹었습니다. 마시는 것도 불가능해 이 제 인공적으로 영양공급을 받을 수밖에 없습니다. 사실 그 편이 훨씬 낫다고 생각 합니다. 뭘 먹을 때마다 전쟁을 치러야 하니 말도 못 하게 고통스럽고 힘들거든요.

오늘 오전은 괜찮았습니다. 별문제 없이 샤워도 할 수 있었고 치료체조와 개 인교습도 받았으니까요. 정말이지 나쁘다고는 할 수 없었지요! 하지만 저녁 무렵 에는 침대에 누워만 있어야 했습니다. 텔레비전 조금 본 것밖에는 한 게 없어요. 이렇게 하루하루를 보내고 있습니다. 일요일에는 격리실로 옮깁니다.

격리실에서
2009년 1월 19일 14시 40분, 일기

이거 참 대단하군요! 방에서 나가도 된다는 것만 빼고는 어쩌면 이리도 모든 게 그대로인지. 게다가 패혈증이 의심된다고 해서 오늘은 열이 나기만을 기다리고 있습니다. 의사들은 이번엔 바로 메로페넴(Meropenem)을 투여할 거라고 하네 요. 그게 지금까지 효과를 보인 유일한 항생제였습니다. 벌써 내성이 생긴 건 아닐 까 너무 걱정됩니다. 이번엔 발열과 점막손상, 복통을 앓는 데서 그쳤으면 좋겠어 요. 더 이상은 감당하기 힘듭니다. 다른 합병증이 더 발생할 가능성이 크다는 건 스스로도 잘 알고 있지만. 힘겨운 나날들이 나를 기다리고 있습니다.

인생은 참으로 잔인합니다. 어째서 이런 뜻밖의 일이 생긴 걸까요? 그래요, 내

---

14) 면역력을 억제함으로써 이식된 장기(여기서는 새로운 골수)가 환자의 신체 내에서 거부반응을 일으키는 것을 막아주는 약.

맘이 그렇습니다. 처음부터 내내. 그저 운명이려니 하고 감내할 수도 없고, 그러고 싶지도 않습니다. 인생은 예측 불허입니다.

올 한해 무엇을 놓치게 될까 자꾸 생각하게 됩니다. 모두들 열여덟 살이 되는 걸 기뻐하고 있는데, 나는 내가 열여덟 번째 생일을 맞이할 수나 있을지 의문이네요.

창밖으로 조깅을 하거나 산책하며 지나치는 사람들을 물끄러미 바라보곤 합니다. 그들은 자신이 얼마나 행복한지 전혀 모르고 있겠지요.

128명의 블로거가 레기네의 글을 읽고 안타까움을 표명했다.

안녕……네게 힘이 되어 주고 싶고 안아주고 싶은 마음이 가득한데……말로는 너무나도 부족하구나……너에 대해 거의 모르는데도 너무나 가깝게 느껴지는 건, 아마도 스베인 코레가 너처럼 격리실에 누워 있기 때문이겠지……이따금 힘든 시기를 보내고 있을 때면 우리도 이 상황이 너무나 부당하게 느껴진단다……어느 지인이 언젠가는 이런 이야기를 하더구나. 주위를 둘러보고 내가 갈 길을 찾으려면 이따금씩 감정적으로, 또 기분상으로도 깊이 침잠될 필요가 있다고……그 말이 맞는 건지도 모르지……사람이 언제나 긍정적이고 낙관적으로 생각할 수만은 없잖니……하지만 누군가 블로그에 썼듯이 '네가 이미 지옥에 와 있다면 그저 헤치고 나아가는' 수밖에……네가 해내야만 하는 일, 너는 해낼 수 있어……그리고 좋은 날도 다시 찾아올 거야……용기를 잃지 마……그리고 네 앞에 놓인 모든 멋진 것을 향해 힘껏 손을 뻗어 봐. 그게 사소한 것이든 큰 것이든 간에 말이야. 우리가 네 뒤에 서 있을 거야!!!
- 마음속으로 포옹하며, 안네 마리

글을 읽으며 눈물 한 방울이 조용히 떨어지는 이유는, 무엇보다도 레기네님의 말이 전적으로 옳기 때문입니다. 평소 당연하게만 여겼던 뭔가를 잃을 때면 갑자기 그것이 어마어마한 의미로 다가오는 법이지요.
레기네님이 더 이상의 고난을 견디지 않아도 되기를, 레기네님의 앞날에 더 좋은 시간만이 남아 있기를 바랍니다. 남들로 하여금 자신의 내면세계를 엿볼 수 있게 해주는 것만으로도 레기네님의 강인함은 증명된 거나 다름없습니다. 스스로는 느끼지 못하겠지만 레기네님은 언어를 통해 많은 사람들에게 영향을 주고 있어요. 모두들 자신이 얼마나 많은 것을 가졌는지 깨닫고 그걸 소중히 여기는 법을 배우게 되니까요.

이 한 가지만 보아도 레기네님은 무한한 존경을 받아 마땅하답니다!

– 도라(Dora)

분명 당분간은 힘든 시간이 되겠지. 하지만 너는 이미 다른 시험들을 통과하고 모든 걸 극복해냈잖니. 의사들도 가장 혹독한 고비는 이미 지나갔을 걸로 추측하고 있고. 병원에서 보내는 시간도 어느새 지나가고 얼마 안 가 건강하고 활기에 넘치는 너로 돌아올 거야. 열여덟 번째 생일도 당연히 맞이할 테고 말이야! 그날 함께 저녁을 먹기로 약속한 것 잊지 마. :)

– 마틴

정말 대단한 분이라고밖에 할 수 없군요!

나라면 분명 언니처럼 모든 걸 견뎌내지도 못했을 거예요. 인생이 그토록 단숨에 뒤바뀔 수 있다니, 정말 충격적이에요! 벌써 여러 번 이 블로그에 들어와 글을 읽었답니다. :) 오늘은 마우스를 스크롤해가며 예전 글들까지 읽고는 휘둥그레진 두 눈에서 눈물을 줄줄 흘렸어요.

정말 슬픈 일이에요. 누구에게도 이런 일이 일어나선 안 되는데. 암 따위는 있어서는 안 되는 건데, 벌써 존재한다는 게 안타깝네요. 이 병에 걸리는 것도 정말 부당한 일이에요!

다른 사람들에게서 이미 천 번은 들은 말이겠지만 다시 한 번 이야기하고 싶어요. 건강이 회복되길 바라고 다른 모든 일에도 행운이 있기를 바라요. ♡

언젠가 이 블로그를 다시 방문해 "다시 건강해졌어요."라든지 그 비슷한 글 제목을 보게 되면 뛸 듯이 기쁠 거예요!

– 열네 살 소녀 :)

Possessed
2009년 1월 22일 18시 22분, 일기

드디어 열이 올라오기 시작했습니다. 의사들이 바로 항생제를 놔 준 덕분인지 놀랍게도 오한은 나지 않네요. 그밖에는 별로 새로운 일이 없습니다. 완전히 녹초가 된 상태라 긴 글을 쓰지는 못할 것 같아요. 통증을 줄여준다는 '약물 펌프'라는 시술을 받았는데, 내가 느끼기에는 그다지 효과가 없는 것 같지만 의사들 말로는 이것 없이는 고통이 훨씬 심할 거랍니다. 통증이 오면 내가 직접 버튼을 눌러야 하고, 그러면 진통제가 주입됩니다. 물론 무제한으로 사용해서는 안 되지요. 안타깝게도 이 장치의 단점은 진통제가 투입되면 미칠 듯이 졸음이 몰려온다는 거예요. 그러니까 침대에 누운 채 끄덕끄덕 졸고만 있는 거지요. 너무 졸려서 뭔가를 하기는커녕 텔레비전도 볼 수 없을 정도랍니다.

뭐, 그래도 의사 말로는 모든 게 완벽히 진행되고 있다니 그게 어디예요.

유혹의 목소리
2009일 1월 28일 12시 18분, 일기

점점 회복되고 있습니다. (내 생각엔.) 골수가 점차 혈액세포를 생산하기 시작해서 벌써 내일이면 격리실을 벗어난답니다! 그렇게도 걱정했던 격리실 생활이 정말로 끝난 거예요! 그 전에는 내내 얼마나 무시무시한 공포에 떨었는지. 격리 생활은 물론 괴로웠지만 생각했던 것만큼 지독하지도 않았습니다. 지금 생각하면 그 전이 오히려 더 힘들었던 것 같아요. 이제 앞으로 어떻게 될지가 궁금합니다. 우선적인 과제는 다시 평상시처럼 먹고 마시고 약을 삼킬 수 있게 되는 것입니다. 시간이야 좀 걸릴 테지만 할 수 있을 거라 믿습니다. 오늘은 영양상담사가 방문해 몇 가지 도움말을 해 주었는데, 결론은 조금씩 자주 먹으라는 거였어요. 어제 조금씩 연습을 시작했지만 오늘은 아무것도 먹지 못했습니다. 아직까지는요. 현재로서는 특별히 뭘 먹고 싶다고도 할 수 없지만 노력은 해 볼 거예요. 어쨌든 또다시 병원 신세를 져야 할 만큼 심각한 거부반응이 일어나지 않기를 바랄 뿐입니다.[15] 그럴 경우 호되게 뒤통수를 얻어맞는 거나 다름없으니까요. 하지만 원체 자주 일어나

---

15) 줄기세포를 기증받았을 때의 단점은 공여자의 면역세포가 함께 이식되어 환자의 체내 조직을 공격할 가능성이 있다는 점이다.

는 일이다 보니 나도 마음의 준비는 하고 있답니다.

거처를 조만간 병원 부설 환자호텔로 옮겨 통원치료를 받으면 어떨까 생각중입니다. 그럼 정말 좋을 텐데. 단박에 훨씬 건강해진 느낌이 들 거예요. 병원을 나간다는 것만으로도 얼마나 큰 힘이 되는지! 집으로 돌아가 원래의 일상으로 돌아가기까지는 아직 시간이 걸리겠지만, 그래도 이미 회복중이라는 것을 감지할 수 있답니다. 아주 심각한 일만 일어나지 않는다면 곧 정상적인 삶으로 돌아가는 마지막 단계에 접어들겠지요.

건강을 완전히 회복했다는 최종 진단이 나오려면 앞으로도 5년은 걸릴 거라는 사실, 그리고 그 사이에 언제든 병이 재발할 수 있다는 사실을 나는 알고 있습니다. 그러나 이런 생각은 되도록 하지 않으려 합니다. 나는 다시 건강해질 겁니다.

공허한 마음
2009년 1월 30일 17시 44분, 일기

어제부로 격리가 풀렸습니다. 뭐 그렇다고 더 자유로운 기분이 드는 건 아니에요. 지금도 병실에만 틀어박혀 있거든요.

황량하고 외롭기는 예전과 다를 바가 없습니다. 언제부턴가 모든 게 견딜 수 없을 만큼 지긋지긋합니다! 나보다 훨씬 더 심하게 앓았고 치료도 더 오래 걸린 사람들도 많다는 건 알지만 나는 그저 집에 가고 싶을 뿐입니다. 그러나 그때까진 아직 시간이 걸릴 것 같네요. 실은 월요일에 환자호텔로 옮기려 했는데 공교롭게도 빈 방이 없다고 하더군요. 일주일이나 기다려야 한답니다. 하지만 옮긴다고 해도 과연 얼마나 차이가 날까요? 호사를 누릴 거라고는 정말 기대할 수 없습니다. 그럼 내가 기대할 수 있는 게 대체 뭘까요?

따지고 보면 오늘은 컴퓨터 앞에 앉아있는 것 말고는 한 일이 많지 않습니다. 한동안 듣지 않던 음악을 좀 들었고요. 음악 감상은 내가 제일 좋아하는 취미 중 하나였는데 왜 그리 오랫동안 멀리했는지 모르겠습니다. 엄마와 아빠가 시내에 나가시면서 내게 바르드루나(Wardruna)의 CD를 사다 주신다고 했는데, 좋은 걸 찾으셨으면 좋겠습니다. 그밖에도 나는 시규어 로스(Sigur Rós)와 인슬레이브드(Enslaved), 울버(Ulver), 퀸스 오브 더 스톤 에이지(Queens of the Stone Age) 등의 밴드를 좋아한답니다. 정말 뛰어난 뮤지션들이에요.

다시 콘서트를 보러 갈 생각을 하면 벌써부터 설렙니다. 오늘은 그냥 한 번 최대한 먼 미래의 일을 상상해보려 합니다. 그래봤자 아주 조금 먼 미래겠지만. 오늘은 기분이 롤러코스터를 타듯 오르락내리락했습니다. 나는 지금까지의 일을 정리해 보고 감히 장래까지 점쳐 보았지요. 생각도 많이 했고요. 앞날을 내다본다는 건 결코 쉬운 일이 아닙니다. 끝이 보이지 않거든요. 나는 이미 너무나 오랫동안 이 상황 속에 갇혀 있었기 때문에 이 '장벽' 너머의 내 삶을 상상하는 일이 어렵게만 느껴집니다. 병에 걸리기 전에 찍은 사진들을 볼 때면 그 속에서 나 자신을 알아보는 데만도 애를 먹을 정도예요. 병은 내게 내적으로나 외적으로 낙인을 찍어 놓았습니다. 내 삶이 백퍼센트 평소처럼 돌아가는 날은 영원히 오지 않는다는 것도 알지만, 학교나 기타 일상이 다시 시작되면 다 잘 해낼 수 있기를 바라고 있습니다. 가을부터 다시 학교에 나가는 건 감히 꿈도 꾸지 않습니다. 기대가 크면 실망도 클 테니까요. 간호사와 의사들은 내가 그 정도 앞날까지 생각하고 있는 걸 반기면서도, 다른 한편으로는 아직 그러기엔 무리일지 모른다고 몇 번이고 못을 박습니다. 그릇된 희망을 품거나 혹은 일이 뜻대로 안 되어 실망할까 걱정돼서 그러는 거예요. 그래도 그런 말을 들으면 마음이 마냥 가볍지만은 않습니다.

식사라든지 그 밖의 것들은 그새 훨씬 나아져서 알약도 문제없이 삼킬 수 있게 되었습니다. 의사들 소견으로는 상태가 아주 빨리 호전되고 있고 이만큼이나 성과를 보인 게 아주 좋은 신호라고 합니다. 단지 이것이 긴 여정의 끝은 아니라는 점도 분명히 언급하더군요.

그밖에도 정말 슬픈 일이 있는데, 사람들이 우리 집 뒤편에 있는 숲을 파헤치기 시작했답니다. 새 도로와 집들이 들어설 거라고 하네요. 동생에게서 그 이야기를 들으며 눈물이 앞을 가렸습니다. 그토록 아름다운 숲을 그렇게 서슴없이 파괴하다니! 이 숲은 내가 지금까지의 삶을 통틀어 가장 큰 애착을 품고 있는 존재랍니다. 그 숲에 관해 너무나도 많은 추억이 있거든요. 어릴 적부터 숲은 나의 일부나 마찬가지였습니다. 슬플 때면 은신처가 되어 주었고, 이루 말할 수 없이 커다란 영감을 주는 샘이기도 했습니다. 숲의 풍경을 사진으로 포착하는 일을 나는 너무나 사랑했지요. 그리고 그곳의 동물들과 새들도요!

"산으로 이끌려"
2009년 1월 31일 13시 00분, 일기

> 회색빛 바위 사이로
> 산이 그녀를 품는다
> 다시 검은 밤이 이곳을 지배하고
> 이제 그녀는 떠났네……
> 지상에서의 마지막 숨을 모아 부르짖는 그녀
> 영원히 잊지 못할 그 서사시
> – 어느 석화된 육체에 관해
>
> (울버[16], 〈Bergtatt〉중)

---

16) 노르웨이의 블랙 메탈 밴드. 위 가사는 1994년에 발매된 앨범 〈Bergatt – Et Eventyr I 5 Capitler〉 중 제5장 "Bergatt – indi i Fjeldkmrene"에서 인용한 것이다.

오렌지 터치(Orange touch)

고목은 굽지 않는다

깊숙한 곳(In the deep)

근심

레기네의 할아버지와 할머니를 비롯한 53명의 블로거가 이 글에 댓글을 달았다.

레기네에게

네 최근 글을 방금에서야 읽었다. "산으로 이끌려"라는 노래는 우리가 알고 있는 네 모습과는 전혀 다른 침울한 분위기를 내는구나. 우리가 보기에 네가 어딘지 변한 것처럼 느껴지는 건 아마도 지금 헤쳐 나가고 있는 시련 때문이겠지. (물론 그러는 것도 무리는 아니지만!) 하지만 이것도 잠시뿐일 거야.

네 몸도 벌써 큰 회복세를 보이고 있으니, 저 가사처럼 우울한 생각이 네 마음을 지배하도록 내버려두지는 말았으면 한다.

드라게(Draget)로 나들이 갔을 때 네가 찍은 사진 속에서 네 부모님이 얼마나 행복해 보였는지 떠올려 보려무나. 조금 시간은 걸리겠지만 그런 날이 다시 올 거다. 조만간 네가 집에 돌아올 날을 기쁜 마음으로 기다리고 있겠다. 조금만 더 참아라! 결국은 모든 게 잘 될 거야. 그리고 노르웨이 전체가 너를 응원하고 있다는 걸 잊지 말아라!

– 할아버지, 할머니가

Remember tomorrow
2009년 2월 1일 15시 34분, 일기

이렇게 어찌어찌 시간은 흘러가는군요. 모든 게 구태의연하기 짝이 없습니다. 모든 게 잘 되었으니 감사해야 한다는 둥, 그러니 너무 풀죽어 있지도 말라는 둥의 이야기라면 몇 번이라도 들어주겠습니다. 그리고 실제로도 감사한 마음입니다. 진심으로요.

오늘은 퇴원 날짜 문제와, 필요시에만 통원치료가 가능한 게 언제쯤이 될지 등에 관해 병원 담당자와 면담을 했습니다. 면담하다 보니 별안간 금방이라도 귀가할 수 있을 것 같은 분위기더군요. 심지어 우리는 크리스티안순에서는 무엇을 하게 될지에 관해서도 이야기를 나누었답니다. 그렇다고 당장 퇴원한다는 얘기는 아니고, 당분간은 모든 게 예전과 다름없을 겁니다. 정기적으로 검진도 받아야 하고요. 말하자면 뜻밖에 병원을 완전히 등지게 된다거나 하는 일은 없다는 얘기지요. 그렇지만, 아, 얼마나 기쁜 일인지! 일단 나가고 나면 마스크를 쓰지 않고도 마음껏 야외로 나갈 수 있답니다.

휴우, 아직도 이식편대숙주질환(Graft versus host disease, GvHD)문제가 남아 있습니다.[17] 아직은 이 병에 걸리지 않았지만 아무 때고 발발한 가능성이 있지요. 그와 관련된 세 장짜리 안내문을 받았는데, 그걸 읽으며 어마어마한 공포에 사로잡혔습니다. 그렇게 무서운 거부반응이 내게서 일어날 수 있다니 정말 미칠 듯 두렵습니다. 만성 이식편대숙주질환은 더 끔찍합니다![18] 안내문에 의하면 이 병은 폐 기능 약화를 초래하고, 모근을 영구 손상시켜 머리카락이 더 이상 자라지 못하게 하며, 하체를 불구로 만들어 성교에 지장을 주고(물론 이것은 매우 드문 경우지만) 그밖에도 온갖 증상을 유발한다고 합니다. 아, 살려주세요!

지금은 자리에서 일어날 구실도 찾기 힘듭니다. 황량한 병원 복도를 거닐고 싶은 마음이 날 리 없지요. 그밖에도 늘상 마스크를 쓰고 다니며 사람들의 시선을 끄는 게 정말 싫습니다. 불구자라도 된 기분이 들거든요. 이 모든 걸 석 달이나 더 참아내야 한다니! 뭐, 사실 이런 건 머리 아프게 생각할 가치도 없는 사소한 일들입니다. 그런 것보다는 머리칼이 하나도 없다는 게 지독하게 혐오스럽습니다. 두 번 다시 머리가 자라지 않는다면 살 수도 없을 것 같아요! 허영심만 가득하다고 손가락질하려면 하라지요.

그래도 나는 운이 좋았던 거라고 생각하려 노력하고는 있습니다. 다른 환자들은 이 기간을 훨씬 힘들게 보낸 모양이에요. 이렇게 침울해하고 있다는 데 대해 양심의 가책도 느껴지고 안타깝기도 합니다. 내게는 이 모든 일도 곧 지나갈 테니까요.

Silence teaches you how to sing
2009년 2월 6일 16시 45분, 일기

별일 없이 하루하루를 보내고 있습니다. 유일한 새 소식이 있다면 드디어 환자 호텔로 옮겼다는 거예요! 지난 월요일부터 이곳에서 지내고 있습니다. 날마다 혈액검사를 했는데 모든 게 완벽해서 병원에는 다음 월요일에나 가도 됩니다. 네, 해

---

17) 이식편대숙주질환이란 공여자의 면역세포가 환자의 조직세포를 공격하는 면역계 거부반응을 일컫는다. 이식 후에는 이런 종류의 거부반응이 일어나기 쉽다.

18) 만성 이식편대숙주질환은 환자에게서 염증 질환과 유사한 형태로 일어나는 면역반응이다. 이 병은 새로운 혈액세포의 생산을 방해하지는 않지만 생명을 위협할 정도의 문제를 야기해 흔히 소위 '동종줄기세포이식'(골수이식) 이후에 환자가 조기 사망하는 원인이 된다.

방된 거예요. 얼마나 기분 좋은 말인지! 어딘지 비현실적으로 들리기까지 하네요. 이 상태가 계속 유지되기만 바랄 뿐입니다.

월요일에는 다시 골수채취를 한다는데, 생각만 해도 벌써 소름 끼칩니다. 골수채취를 싫어하는 이유는 비단 아파서 뿐 아니라 결과가 어떻게 나올지 두렵기 때문입니다. 뭐, 어찌 됐든 현실을 회피할 수는 없는 거지만.

낮 시간을 뭘 하며 보내야 할지 모르겠습니다. 밖은 너무 추워서 실내에만 있거든요. 방에서 나갈 때는 마스크를 써야 하고요. 계단을 몇 번 오르내리는 일은 나처럼 건강상태가 좋지 않은 사람에게 좋은 훈련이 됩니다. 다만 그러고 나면 완전히 기진맥진이랍니다. 엄마는 쇼핑을 하러 시내에 나가셨습니다. 이번에도 나를 위해 뭔가 사오시지 않을까요? 어제도 시내에 나가셔서 내 옷을 한 아름이나 사오셨거든요! 집에 돌아가면 옷 걱정은 안 해도 될 것 같습니다.

좋은 소식
2009년 2월 10일 13시 33분, 일기

어제 채취한 골수 검사 결과가 아주 좋게 나왔습니다! 너무나 행복합니다. 지난 반 년 동안 나쁜 결과만 받아 봤던지라 이 소식이 내게는 더 할 나위 없이 특별한 의미랍니다. 너무 기뻐서 엉엉 울었지요. 앞으로도 계속 이랬으면 좋겠어요.

가족들과 함께 결과를 기다리는 동안 얼마나 초조했는지 모릅니다. 여섯 시간이나 걸렸거든요! 속이 메슥거리고 몸이 덜덜 떨렸습니다. 대수롭지 않은 무슨 결과를 기다리는 거라면 모를까, 내게는 이게 삶과 죽음을 결정짓는 문제니까요. 시험성적 따위와는 비교할 바가 못 됩니다.

드디어 집
2009년 2월 13일 11시 52분, 일기

여러분이 믿을지 모르겠지만, 어제부로 드디어 크리스티안순에 돌아왔습니다. 아, 얼마나 좋은지! 익숙한 환경에 돌아와 있는 기분이란 그저 황홀할 따름입니다. 우리 집, 숲, 특히 내 여동생, 그리고 애완동물들까지도.

정말 엉뚱한 친척들 몇 명이 풍선과 와인, 축하 카드를 준비해 가지고 집 앞에서 기다리고 있었습니다. 집에 돌아왔다는 사실이 두 배로 행복해지는 순간이었지요.

신문사 인터뷰
2009년 2월 19일 11시 11분, 언론

지역 신문사인 〈티덴스 크라브(Tidens krav)〉의 오늘자 신문에 나에 관한 기사가 실렸답니다.

여기에 링크를 걸어 드립니다.[19] http://www.tk.no/nyheter/article4137057.ece

It is no sound
2009년 2월 25일 18시 16분, 일기

요즘 글이 뜸한 이유는 단순히 새로운 이야깃거리가 없기 때문입니다. 모든 일이 아주 잘 되어 가고 있습니다. 혈액수치도 완벽하고 아직 거부반응이나 감염도 없습니다. 적어도 지금까지는. 몸 상태는 그저 그렇고, 매일 천차만별입니다. 일차적으로는 딱히 기뻐할 만한 것도 없고요. 어쨌든 내게는 회복이 아주 더디게 진행되는 것처럼 느껴집니다. 아마 다른 사람들의 눈에는 진전이 있는 것처럼 보이는지도 모르겠습니다. 일주일에 몇 번은 물리치료를 받으러 갑니다. 물리치료 뒤에는 죽을 것처럼 지쳐 떨어지는 때도 있고 몸이 가벼울 때도 있습니다. 지금으로선 필요한 건 별로 없고, 그저 나는 녹초가 되어 있습니다.

내가 집으로 돌아왔다는 점 등으로 미루어 아마도 많은 사람들이 이제 모든 게 다시 좋아졌다고 여길지 모릅니다. 하지만 내가 가야 할 길은 아직도 멀기만 하답니다. 예전처럼 건강해지기까지는 시간도 걸릴 테고요. 모든 걸 처음부터 다시 시작해야 하는 상황이라고 생각해보세요. 대다수의 사람들에게는 상상도 잘 안 갈 거예요. 내 바람은 여름이 오기 전까지 어느 정도 일상적인 생활을 할 수 있게 되는 겁니다. 여름에 할 일들을 이것저것 궁리해 놓았기 때문에, 꼭 그러기를 소망하고 있답니다!

그밖에도 5월에 릴레함메르(Lillehammer)에서 열리는 울버 콘서트의 입장권을 사 놓았습니다. "아니야, 그 정도로 건강이 회복되어 있지는 않을 게 분명해." 따위의 생각은 더 이상 하지 않기로 결심했거든요. 그건 너무 재미없잖아요! 입장권은 이미 샀고, 그때 상황을 봐서 결정하는 수밖에요. 못 가면 할 수 없는 거지만, 그런 일은 일어나지 않을 겁니다!

---

19) 노르웨이어로 쓰인 이 기사에는 레기네가 블로그를 열고 자신의 투병 경험에 관한 글을 쓴다는 내용이 실려 있다.

3개월 정기검진까지는 약 한 달 반이 남았습니다. 즐겁기도 하고 두렵기도 한 마음으로 기다리고 있습니다. 기대되는 이유는 그때가 되면 드디어 모든 제한이 풀리고 다시 '자유인'이 되기 때문입니다. 이 바보 같고 성가신 카테터(이 관을 통해 특히 채혈이 이루어집니다)도 떼어버릴 수 있고요. 반면에 두려운 이유는 골수에서 또다시 암세포가 발견될까봐서이지요.

오늘은 더 이상 병이 재발되지 않을 거란 생각이 드는 날입니다. 그럴 이유가 없으니까요. 좋은 일이지요. 이렇게 낙관적인 마음가짐을 갖게 되는 날들을 나는 너무나 사랑합니다. 반면에 다른 어떤 날에는 모든 게 암울하게만 보입니다. 하기야 마음 한구석에는 언제나 암울한 생각이 도사리고 있어요. 다른 환자들에게서 병이 재발했다는 이야기를 들으면 더욱 그렇고요. 벵 에이뎀(Bengt Eidem)님도 얼마 전에 병이 재발했다는 소식을 듣고 너무나 안타까웠습니다. 골수이식을 받은 지 4년만이었어요! 그밖에도 병이 재발한 다른 모든 사람, 그리고 병원에 누워 병마와 싸우고 있는 사람들을 떠올리지 않을 수 없습니다. 특히 지금 이 순간에도 병원에서 투쟁을 벌이고 있을 SK가 생각납니다.

스베인 코레 한델란(Handeland)은 2009년 3월 2일 사망했다. 안네 마리는 자신의 블로그에 이런 글을 남겼다. "내 사랑하는 남편이자 요한네의 멋진 아빠였던 스베인 코레가 오늘 9시 20분에 눈을 감았습니다." 같은 날 레기네는 "삶은 정말 불공평합니다."라는 제목의 글에 안네 마리와 스베인 코레가 운영하던 블로그의 링크를 걸었다.

삶은 정말 불공평합니다.
2009년 3월 2일 16시 47분, 일기

http://www.svekn.blogspot.com/ [20]

넘어지면 다시 일어서고
2009년 3월 5일 12시 28분, 일기

최근 컨디션이 엉망이었습니다. 많은 걸 할 수도 없었고, 화요일과 수요일에 받은 물리치료도 모두 제대로 성과를 거두지 못했고요. 너무 진전이 없는 것 같아

---

20) 이 블로그는 더 이상 존재하지 않음.

답답하긴 하지만, 별다른 감염이나 합병증 없이 집에 머물 수 있다는 것만으로도 너무나 즐겁습니다. 정기검진까지는 이제 한 달이 조금 넘는 시간만 남았습니다. 그 다음에는 드디어 자유롭게 공공장소에 나갈 수 있답니다! 막상 그때가 되면 이상한 기분이 들지도 모르지만 그래도 벌써부터 설렙니다. 벌써 반 년 넘게 '고립되어' 산 뒤라서 다시 한 번 평범하게 산다는 게 내게는 낯설게만 느껴질 것 같습니다. 많은 사람들 틈에 끼거나 하는 게 처음에는 다소 불편하고 어색할 거라 예상하고 있지만, 틀림없이 금세 나아질 거예요. 어쨌거나 내가 지나갈 때마다 학교 친구들이 빤히 쳐다보는 일만은 없었으면 합니다.

당장은 쓸 만한 게 별로 생각나지 않네요. 날씨가 아주 화창해서, 숲으로 산책을 나가거나 아니면 그냥 집 앞 거리라도 한번 걸어 볼 만큼 기운이 났으면 좋겠습니다.

엄마와 여동생과 함께 재봉틀을 살 돈을 모았습니다. 나는 바느질에는 영 소질이 없지만 혹시 내 옷을 직접 만들어 볼 마음이 생길지도 모르지요. 뭔가 쓸모 있는 걸 만들 만한 헌 옷도 몇 벌 다락에 있고요. 시험 삼아 한번 해 보는 것도 재미있을 듯합니다.

그밖에는 이리저리 어슬렁거리며 사진도 찍고 있습니다. 아직 멀리는 나가지 못하기 때문에 집 안과 집 근처에서 찍는 게 고작이지만요.

낮 동안에는 솔직히 말해 좀 외롭습니다. 어떤 친구들은 정기적으로 놀러오지만 다른 어떤 친구들은 안 옵니다. 아파서 오지 못하는 친구들도 있고요. 나도 몇몇 친구들 집에 놀러갈 수 있긴 하지만 그러기에는 체력이 부족한 것 같네요.

제3의 눈
2009년 3월 12일 20시 49분, 일기

오늘은 할머니, 엄마와 함께 영화를 보고 왔습니다. 상영관 하나를 완전히 독차지하고 봤어요. 게다가 공짜로! 친절하신 영화관 운영자님, 감사합니다! 우리는 〈오렌지 소녀〉라는 영화를 봤는데, 정말 적극 추천하고 싶은 아름다운 영화예요. 영화를 보기 전에는 평이 좋다는 이야기만 듣고 내용은 전혀 몰랐답니다. 그래서 영화의 주인공이 암으로 죽는 남자의 이야기라는 게 더욱 의외였지요. 그래서 모든 게 아주 실감나고 매우 감동적이기도 했습니다.

어제 한 채혈검사 결과는 다른 건 다 괜찮은데 혈액성분이 감소되었답니다. 하지만 이건 지극히 정상이에요. 수혈을 받아야 할 정도로 떨어지지만 않았으면 좋겠습니다. 수치가 계속 떨어지면 슬슬 걱정이 들 테니까요.

며칠 전에는 지방 자치회로부터 편지가 한 통 왔어요. 나는 편지를 뜯어 읽기 시작했습니다. 내용인즉 나를 크리스티안순의 페스티비테텐(Festiviteten)[21]에서 열리는 '대규모 시상식'에 초대한다는 내용이었습니다. 무엇 때문에 생각지도 못한 나를 초대한다는 건지 의아했지만 궁금증은 곧 풀렸습니다! 계속 읽다 보니 내가 수상 후보로 선정되었다는 거예요! 〈청소년상〉에 말입니다. 살면서 이런 건 꿈도 꾸어 본 적 없답니다. 당연히 나는 뛸 듯이 기뻤고, 대체 누가 나를 추천한 것인지도 너무나 궁금했습니다. 단 한 가지, 시상식이 오는 토요일인데 내가 북적이는 장소에 나가는 걸 피해야 한다는 점이 문제였습니다. 그래도 너무나 가고 싶었어요! 그래서 결국은 가기로 결심했습니다. 대회 조직자들과 몇 마디 상의를 나눈 끝에, 군중으로부터 조금이라도 차단이 되도록 우리 뒤편에 탁자를 하나 놓아주겠다는 약속을 받았습니다. 또 줄을 서서 기다리거나 너무 많은 사람들과 마주치지 않도록 조금 늦게 가기로 했지요. 그게 얼마나 도움이 될지는 알 수 없지만……인생은 한번뿐이잖아요. 게다가 영원히 듣고 싶지 않은 그 통보를 어느 날 듣게 될지도 모르니.

오늘은 숲으로 산책을 다녀왔습니다. 당연히 사진도 여러 장 찍었는데, 늘 그렇듯 그 중에 쓸모 있는 건 몇 장 안 될 것 같네요. 괜찮은 사진을 좀 건지려면 수없이 많은 사진들을 찍어야 하니까요. 그토록 정들었던 가엾은 숲도 잠깐 둘러보았답니다. 늘 친구들과 텐트를 치던 장소, 아름다운 추억이 수도 없이 서려 있던 장소가 쓸려나가고 없었습니다. 돌멩이와 흙만 굴러다닐 뿐이었지요. 다행이도 주위의 아름다운 경치는 - 개울이 흐르는 풀밭도요! - 아직 많이 남아 있었습니다. 그것만은 손대지 말았으면 합니다. 숲이 매력적인 이유는 그곳에서 자연을 체험할 수 있고 북적대는 인파와 도시생활에도 잠시 등을 돌릴 수 있기 때문입니다. 그런데 이제 숲은 없고 집들만 보이겠지요. 정말 슬픈 일이에요! 사람들은 왜 숲을 그냥 두지 않는 걸까요? 십 년 후 여러분이 별안간 우리 도시에 숲이 하나도 없다는

---

21) 크리스티안순의 연회장 겸 행사장

걸 알게 될 때, 나도 그렇게 만든 주범이고 싶지 않다고요!

그곳을 배회하면서 나는 사람들이 이 땅이 얼마나 멋진 사유지가 될지에 관해 대화하는 것을 들었습니다. 당연히 분노가 들끓었고, 그들의 말을 샅샅이 엿듣지 않을 수 없었습니다. 자신들이 무슨 짓을 저지르고 있는지 알고나 있는 걸까요? 당최 이해할 수 없습니다!

어둠 속 한줄기 빛

시상식

2009년 3월 15일 01시 19분, 일기

내가 청소년상을 수상했는지 여러분도 매우 궁금하셨을 거라 생각합니다. 안타깝지만 안 됐어요! 물론 나도 실망했지요. 무려 1만 5천 크로네(Krone, 노르웨이의 화폐 단위-역자 주)가 상금으로 걸려 있었고, 그 정도면 어쨌거나 내게는 큰돈이니까요. 쟁쟁한 후보가 여럿 있었는데, 최종적으로 '더 컨벤션(the

convention)'이라는 단체후보가 상을 받은 걸 나는 좀 이해할 수 없습니다. 컴퓨터 게임에 푹 빠져 일 년에 한 번 랜파티(LAN-Party)라는 모임을 갖는 사람들이었거든요. 내 생각엔 여자 체조선수 그룹이 받는 편이 옳았던 것 같아요. 최근에 화제를 몰고 다니며 UKM[22]과 〈노르웨이 탤런트〉라는 텔레비전 캐스팅 쇼에도 참가했거든요. 정말 재능 있는 소녀들이랍니다! 아무튼 내가 후보로 선정된 건 멋진 일이었어요. 그것만도 큰 영광이었답니다.

중요한 건 시상식뿐이 아니라 내가 반 년 만에 처음으로 공공장소에 나갔다는 사실입니다. 이게 내게는 얼마나 많은 것을 의미하는지! 처음에는 어쩐지 어색했지만 조금 있으면 놀라울 정도로 다시 익숙해질 거예요. 시상식에서는 낯익은 얼굴도 많이 보였는데 대부분은 나를 알아보지 못하더군요. 다행이도 몇 명은 알아보았습니다. 특별한 자리에 나가기 위해 오랜만에 치장하는 것도 재미있었습니다. 비록 예쁘게 꾸밀 머리카락 한 올 남아 있지 않아도 기분은 좋았어요. 모자도 그렇게 나쁘진 않습니다. 게다가 내가 보기엔 머리카락이 조금씩 솟아나기 시작한 것 같습니다. 다만 나 말고는 아무도 알아보지 못하더군요. 까만 점들이 보이고 두피가 가렵다는 게 좋은 징조 아닐까요. 시간이 좀 걸릴 뿐 언젠가는 다시 날 거예요. 무척이나 마음 졸이며 기다리고 있답니다. 어쨌든 무더운 날씨에 가리개를 쓰고 다니지 않아도 되도록 여름까지 솜털이라도 좀 나기를 바라고 있답니다.

오늘은 셀프카메라를 시도해 봤습니다. 휴대폰 사진으로 찍은 것 치고는 만족스럽네요. 좋은 사진을 얻기 위해서 반드시 좋은 카메라가 있어야 하는 건 아니랍니다. 제일 중요한 건 창의력이지요. 좋은 사진 편집 프로그램이 있다면 물론 더 좋고요……

---

22) Ungdommens kulturmønstring: 노르웨이에서 열리는 청소년 문화 경연 대회.

상처를 부르는 자

2009년 3월 23일 01시 37분, 일기

고등학교 2학년 과정을 마칠 수 있는 길이 열릴 것 같습니다. 정말 잘 됐으면 좋겠어요! 의지만 있다면 3개월 안에 두 과목을 이수할 수 있다는 걸 스스로도 알고 있습니다. 다만 외부 시험 응시자 자격으로 영어와 역사, 철학 과목을 치러야 하지요. 그건 문제없습니다. 한 학년 뒤처지지 않도록 있는 힘을 다할 거예요. 열아홉이나 되어서 열 예닐곱 살짜리 동생들과 2학년을 다닌다는 건 한심하기 짝이 없으니까요. 안되고말고요. 분명 다른 방법이 있을 거예요! 그밖에도 두 과목 때문에 한 학년을 통째로 반복한다는 건 참으로 어리석은 짓이잖아요. 그건 말도 안 됩니다.

어느덧 시간은 흘러서 이제 정기검진까지는 한 달도 남지 않았습니다. 사실 특별히 무섭다거나 하지는 않습니다. 오히려 그 반대지요. 잘 될 거예요. 분명 잘 될 겁니다. 검사가 끝나면 나는 자유를 돌려받는 거예요. 이상한 느낌이 들 것 같네요. 뭐에 감염되진 않을까 끊임없이 두려워하며 아무렇게나 밖에 나가지도 않을 게 틀림없습니다. 그런 것 때문에 지금껏 일어난 일들을 생각하면 이토록 유난을 떠는 것도 이상하진 않지요.

감염 이야기가 나와서 말인데, 여동생이 감기에 걸려 버렸습니다. 이미 일어난 일인데 가엾은 그 아이가 뭘 어쩌겠어요. 하지만 감기가 옮지나 않을까 너무나 가슴을 졸이게 됩니다. 때로는 감기 같은 것만 걸려도 쉽게 열이 오르거든요. 38도 이상의 고열이 날 경우 바로 병원 행입니다. 그런 일은 생기지 말아야 할 텐데! 얼마간 여동생에게서 거리를 둘 수밖에 없습니다. 쓸데없는 문제가 일어나지 않고 이 시기가 지나간다면 더 바랄 것도 없겠지요. 아무리 그래도 내 몸이 감기 하나쯤이야 이겨낼 수 있겠지만, 걸려서 좋을 일도 없습니다.

원대한 계획을 여럿 세워 놓았기 때문에 여름이 점점 더 기다려집니다. 지금의 나한테는 무척이나 원대한 계획이랍니다.

　　- 울버 콘서트
　　- 쿼트페스티벌[23]

---

23) Quart-Festival. 7월에 열리는 노르웨이의 유명한 음악축제 -역자 주

- 스톡홀름
- 라우마록[24]

그래도 제법 현실적인 계획이라고 생각합니다. 아니면 애초부터 꿈도 꾸지 않았을 거예요. 여러분 중에 미심쩍어 하는 분이 있다면 나는 스스로에 대해 잘 파악할 줄 아는 사람이라고 말해주고 싶습니다. 내 일은 내가 제일 잘 아는데도 주위에서 이건 안 된다느니 잔소리를 하는 건 질색입니다. 안 되는 게 아니라 되는 게 뭔지 듣고 싶다고요! 의사나 간호사들이 목표를 너무 높게 잡았다간 실망할 거라는 말을 또다시 꺼내면 곧바로 자리를 뜨기로 결심했습니다. 그들이 뭐라 하던 상관없습니다. 나는 실망할 계획은 안 세워놨으니까요.

그런데 말이지요, 사람들이 검색창에 어떤 단어를 입력해서 내 블로그까지 오게 되는지 알고 보니 참 재미있더군요. 물론 그 자체로는 이상한 게 아니지만.

1. 레기네 스토케
2. 레기네 스토케 블로그
3. "동종줄기세포이식"
4. "울버 콘서트"
5. 블로그 레기네
6. 간질
7. 두려움에 맞서
8. 빈맥(頻脈, 빠른맥) 복통

다른 건 다 그렇다 치고, 간질이란 말에서 깜짝 놀랐습니다. 대체 내가 언제 이 블로그에 이 단어를 언급했던가요?

3개월 정기검진 후에 새 블로그를 만들까 생각중입니다. 지금 이 블로그는 뭐니 뭐니 해도 백혈병과 치료 등에 관한 블로그니까요. 이건 그냥 이대로 두는 편이 낫지 않을까요? 그리고 새 블로그에는 내 '새로운' 삶에 관해 쓰고 싶습니다.

---

24) RaumaRock, 노르웨이 중부에서 열리는 야외 록음악축제 −역자 주

여러분 생각은 어떤가요?

머리카락이 없는 게 어때서요?
2009년 3월 24일 00시 34분, 일기

누구나 알고 있겠지만 우정이란 어마어마하게 소중한 것이고, 중병을 앓고 있을 때는 특히 그렇습니다. 이런 경우엔 될 수 있는 한 많은 격려가 필요하니까요!

어떤 사람들은 남에게 용기를 주는 데 재능도 있고 상냥합니다. 투병하는 동안 나를 잊지 않아 준 사람도 많아요. 병원까지 문병을 와 준 사람도 있고 문자메시지 등으로 안부를 묻기도 했지요. 그렇게 연락을 계속했어요. 어쨌거나 남을 챙겨 준다는 게 중요한 거지 그들이 무슨 이야기를 하느냐는 중요치 않습니다.

하지만 우리 환자들도 (병을 앓는다는 점만 빼면) 여전히 평범한 사람이랍니다. 아프다고 성격이 바뀌는 것도 아닐뿐더러 좋아하는 것도 예전과 똑같아요. 단한 가지 차이는 외모가 변할 수 있다는 것인데 암을 앓는 환자가 특히 그렇습니다. 어떤 사람은 체중 증가를 야기하는 화학요법을 받기도 하고, 다른 어떤 사람은 항암치료를 받는 동안 아무것도 먹지 못해 극도로 야위기도 합니다. 그리고 모두들 알다시피 머리칼이 빠지지요. 흔히들 암이라 하면 머리가 빠지는 걸 떠올리잖아요. 여러분은 '암'이라는 단어를 들으면 가장 먼저 무엇이 떠오르나요?

그럼에도 많은 사람들이 단순히 머리카락이 없다는 이유로 암 환자를 꺼리는 것처럼 보입니다. 적어도 내 추측으론 그렇습니다. 그게 아니라면 무엇 때문에 몇몇 지인들이 더 이상 나를 찾아오지 않을까요? 더 이상 암을 앓고 있지도 않으니 병이 무서워서 안 오는 건 아닐 테고. 여러분에게 묻습니다. 여러분은 무엇이 두려운가요? 세상에는 나이가 들면서 전혀 다른 이유로 머리가 빠지는 사람도 있고, 또 누구는 의도적으로 머리를 밀기도 하지요. 하지만 머리카락이 없는 여자의 경우 어떤가요? 사람들은 머리가 없는 남자보다 머리가 없는 여자를 더 꺼리는 건 아닐까요?

머리카락뿐 아니라 속눈썹과 눈썹도 빠집니다. 살이 빠지는 사람도 있고 찌는 사람도 있습니다. 다른 말로 하면 우리는 여자로서의 매력을 잃는 거고, 많은 여자 환자들에게는 이게 심한 트라우마가 됩니다. 나도 예외는 아니고요. 오늘날 우리 사회가 얼마나 외모를 중시하는가를 고려하면 이는 특이한 현상도 아닙니다.

매력을 잃는다는 것이 사람들에게는 남을 멸시할 근거가 됩니다. 그들은 나에 관해 쑥덕거리며 "그 불쌍한 아이가 예쁘던 머리칼이 다 빠졌더라."라고 말합니다. 하지만 이것 보세요, 머리 말고 다른 것은요? 머리가 빠지는 건 그걸 뺀 나머지에 비하면 아주 하찮은 일에 불과합니다. 그리고 분명히 말해 두건대, 남자들에게는 머리카락을 잃는 게 덜 괴롭다는 법도 없습니다.

내가 아는 사람들 중에는 한 달에도 몇 번씩 미용실에 가고 아주 공들여 외모를 가꾸는 이들이 많습니다. 눈썹이 아예 없다는 둥 오늘 헤어스타일이 꽝이라는 둥 늘어놓는 사람들이 대체 나를 보고는 어떤 생각을 할지 궁금합니다. 더불어 이런 사람들이 아예 머리카락을 통째로 잃는다면 얼마나 호들갑을 떨어 댈지도요.

나는 오로지 머리카락이 다시 날 것을 알기 때문에 이 상황을 참아낼 수 있습니다. 빨리 나던 늦게 나던 말입니다.

그래도 한 가지만 더 질문하겠습니다.

여러분은 머리칼이 없는 사람과 사귈 마음이 있나요?

친구들 중 누군가가 병에 걸려도 변함없이 그 곁을 지켜 줄 용기가 있나요?

한 사람의 외모와 내면 중 어떤 게 더 중요한가요?

이런 질문들 중 대부분에 대한 대답은 사실 빤한 거지만, 어떤 사람들에게는 빤하지 않을 수도 있기 때문에 물어보는 것입니다.

*머리칼이
있든 없든 나는 나*

레기네의 글과 질문에 96명이 댓글을 달았다. 레기네 자신의 댓글을 비롯해 몇 개를 소개한다.

석 달 내에 두 과목을 마친다는 건 참 대단한 포부인 것 같구나. 하지만 그게 바로 너이긴 하지. 진짜로 그걸 해냈다고 해도 너니까 별로 놀랍지도 않을 거야. 그리고 머리카락과 관련해서 말이지, 내 남편도 우리가 처음 만났을 땐 아름답고 매력적인 검은 머리칼을 가졌었거든. 그런데 몇 년 후에 원형탈모증이 생겨서 머리칼이 한 움큼씩 빠져 버렸단다. 마지막엔 눈썹과 속눈썹도 일부 빠지더구나.
더 이상 새 머리카락이 나지 않을 거란 사실을 안 그는 정말 심하게 낙담했어. 외모가 너무 달라 보여서 예전에 알던 사람들을 다시 만나면 못 알아보기도 하니 정말 묘한 기분이었다더구나. 하지만 내가 말하고 싶은 건 이거야. 도대체 그게 무슨 문제가 되는지? 그가 그라는 사실에는 변함이 없잖니. 어쨌든 나에게는 말이지!
– 엘세

내 친구들 중 한 명도 백혈병에 걸려서 오래 입원치료를 하는 등 힘든 시기를 보냈답니다. 고등학교 3학년, 그것도 마지막 학기 중이었어요. 남들은 한창 졸업시험 준비로 스트레스를 받거나 파티를 즐기고 있을 시기에 나는 오슬로의 병원에 입원해 있던 친구를 몇 번 찾아갔어요. 하지만 거리가 너무 멀어서 – 게다가 오슬로까지 자주 찾아갈 만큼 돈이 풍족하지도 못했고 – 대부분은 문자메시지로 안부를 전해야 했지요. 그런데 친구가 건강을 회복하고 다시 평범한 일상으로 돌아가려 애쓰는 걸 보면서 그 아이를 어떻게 대해야 할지 모르겠더군요. 친구가 투병하던 시간이 까마득한 절벽처럼 우리 사이를 갈라놓은 것 같아서, 이제 어떻게 행동해야 할지 판단이 서지 않았던 거예요. 친구가 앓던 병에 관해 물어도 될지, 아니면 그게 친구에게는 잊고 싶은 기억인지도 알 수 없었고요.
주위 사람들이 레기네님을 '꺼려하는' 것처럼 보여서 낙담하는 마음을 이해할 수 있어요. 하지만 그게 머리카락 때문인지는 잘 모르겠네요. 지금의 민머리는 레기네님이 지옥을 헤치고 나왔다는 증거이고, 사람들은 당신을 보면 어쩔 수 없이 그런 생각이 떠오를 거예요. 어떤 사람들에게는 이게 보이지 않는 유령처럼 느껴질 수도 있고요. 아무도 그것에 대해 언급하지 않으니까요. 하지만 단순히 어떻게 행동하고 무슨 말을 해야 할지 몰라서 그러는 거예요. 상대방을 배려하는 마음에서, 혹시 상처가 될지도 모르는 말은 아예 안 꺼내고 싶은 게 인지상정이니까요. 우리 노르웨이인들은 특히나 갈등을 꺼리는 민족이지요. 레기네님이 먼저 이 화제를 꺼내는 것도 도움이 될 듯해요. 본인이 어떤 일을 겪었는지 조금 이야기해 주되 실제보다 약간 완화시켜서 말이에요. 지난 번 글에서 쓴 것처럼 레기네님이 낙관적이고 긍정적인 마음가짐을 갖고 있다는 것, 그리고 하고 싶은 일이 정말 많다는 등의 이야기를 해 보세요. 그리고 친구들에게도 같이 하겠느냐고 가볍게 물어보는 거예요. 그러면 십중팔구는 기꺼이 함께 한다는 걸 알게 될 거예요. :)

- 하이디(Heidi)

물론이지요. 하지만 지금 나는 집에 와 있고 가장 힘든 고비는 넘겼답니다. 지금 이 어려운 시기는 아니기 때문에 나와 대화를 시작하는 걸 왜 그리들 힘들어하는지 이해할 수 없는 거예요. 그리고 이건 연락을 아예 안 하는 데 대한 핑계거리도 될 수 없어요.

- 레기네

나도 가장 친한 친구가 병에 걸렸을 때 내내 그 애 곁에 있어줬어요. 한 마디로 정말 지독해 보일 때도 종종 있었지요. 물론 그런 친구를 지켜보는 일도 쉽진 않았어요. 무기력하고, 끊임없이 통증에 시달리고, 게다가 이 모든 게 그토록 오랫동안 지속되었으니. 하지만 그게 무슨 상관인가요? 어쨌거나 그 애가 내게 너무나 소중한 사람이란 건 그대로인데. 친구가 죽을지도 모른다는 생각만으로도 견디기 힘들었고, 내가 도와줄 게 없다는 사실은 더욱 괴로웠어요. 기력이 완전히 빠져서 그저 누워만 있는 일도 많았거든요.

요점을 말하자면, 나도 종종 갓 알게 된 사람들을 외관만 보고 어림하는 스스로를 깨닫곤 한답니다. 하지만 이런 게 그들에 관해 더 잘 알게 되는 데 방해가 되는 적은 드물어요('전혀 없다'고 말할 수 있다면 좋겠지만). 대부분의 사람들에게는 달라진 외모를 받아들이는 일이 어렵지 않아요. 진짜 어려운 건, 그토록 나쁜 일을 겪은 사람에게 그저 무슨 말을 해야 할지 모른다는 점이지요.

- 익명의 블로거

좋은 글이에요! 우리 가족에게는 원형탈모증이라 부르는 병력이 있답니다. 머리가 듬성듬성 혹은 한꺼번에 죄다 빠져 버리는 질환이지요. 내게 머리카락은 너무나 소중하지만 언젠가 이 병이 내게 닥친다 해도 아무렇지 않을 거예요. 누군가 내 머리카락을 잘라 버린다거나 박박 밀어 버린다고 하면 아무리 농담이라도 저는 매우 심각하게 받아들이고 무척이나 동요합니다. 하지만 마음 속 깊숙이에서는, 언젠가 머리칼이 다 빠져 버리더라도 그저 계속해서 살아갈 것이며 사람들이 뭐라 말하든, 또 뭐라 생각하든 신경 쓰지 않을 것을 확신합니다.

왜냐하면 다른 사람들도 벌써 이야기했듯이 중요한 것은 내적인 가치이기 때문이지요!

한번은 남자 친구에게 내 머리칼이 다 빠져 버리면 어떻게 할 거냐고 물어봤습니다. 남자 친구는 이렇게 대답하더군요. "뭘 어떻게 한단 말이야? 내가 사랑하는 건 결국 너지 네 머리칼이 아니잖아!"

그리고 내 친구들이 아프건 아니건 간에 당연히 나는 그들 곁을 지킬 거예요. 언제든 곁에 있을 것입니다. 무슨 일이 생기든!

당신은 정말 훌륭한 소녀예요, 레기네님! ;)

- 스티네 메레테(Stine Merete)

스티네 메레테 님께. 머리카락이 없어도 개의치 않겠다니 정말 용감하시네요! 미리부터 걱정하지 않는 일도 중요하지요. 꼭 그렇게 된다는 보장도 없잖아요! 메레테 님을 있는 그대로 받아들여 주신다니, 정말 자상한 남자 친구를 두셨군요. ;) 정말 행복하시겠어요!

- 레기네

당신도 생명을 구하고 싶나요?
2009년 3월 25일 19시 29분, 기부

오늘자 〈티덴스 크라브〉지에 헌혈하는 사람의 수가 너무 적다는 기사가 실렸습니다. 아침에는 시간이 없어서 대강 훑어보고 넘겼는데 나중에 할머니로부터 기사에 나에 관한 내용이 들어 있다는 말씀을 들었어요. 당연히 얼른 찾아봤지요. 기사에는 이렇게 쓰여 있었습니다.

"헌혈이 전염되고 있다. 암에 걸린 레기네 스토케가 블로그와 우리 신문을 통해 자신의 병에 관해 이야기한 뒤로 병원에서는 즉각적인 효력이 나타났다고 한다. 헌혈을 신청하는 사람의 수가 부쩍 늘어난 것이다."

생각해보세요, 내 이야기를 듣고 여러 사람들이 동시에 헌혈을 했다니! 정말 멋진 일입니다. 이걸 읽고 나서 약간 자랑스럽기까지 했답니다. 헌혈은 말로는 다 못 할 만큼 중요합니다! 수많은 사람들이 사고로 엄청난 양의 피를 흘리고, 또 점점 더 많은 사람들이 암에 걸리고 있습니다. 헌혈은 많은 환자들이 사고나 암 같은 병으로부터 살아남는 데 크게 기여하는 일입니다. 아마 수혈이 암 치료의 핵심 요소나 마찬가지라는 것을 모르는 사람이 상당수일 겁니다. 항암제는 악성 세포만 파괴하는 게 아니라 건강한 세포까지 죽여 혈액의 성분과 혈소판의 일부가 감소합니다. 혈소판은 응고장애를 방지하는 데 중요한 역할을 하지요.

헌혈과 동시에 골수기증 신청을 할 수도 있습니다.[25] 물론 헌혈을 한다고 자동적으로 골수기증자로 등록되는 건 아니고 별도의 동의가 필요합니다. 여러분도 참여하도록 독려하고 싶습니다. 적합한 공여자를 찾지 못하는 경우는 소수에 지나지 않지만, 그래도 이 문제로 고통 받는 이들은 여전히 있습니다. 가령 부모 중 한 사람이 외국인이라든지 하는 경우가 그렇지요. 희귀 유전자형(누가 공여자로 적합한가를 결정짓는 게 바로 이 유전자형입니다)을 지닌 환자들도 가능한 공여자가 나타날 때까지 오래 기다려야 하는 경우가 많고, 최악의 경우 아예 못 찾기도 합니다. 병을 발견했을 때 이미 위독한 상태였다면 정말 심각해집니다. 이런 경우에는 새로운 골수만이 살 수 있는 유일한 길이며 대개는 최대한 빨리 이식되어야 합니다. 골수이식을 오래 기다리면 그만큼 병을 억제해 두어야 하기 때문에 화학요법도 더 많이 받게 됩니다.

혹시 골수기증이 어떤 건지 여러분이 전혀 모르고 계신 건 아닌가요? 어떤 사람들은 겁을 먹을지도 모르지만 골수이식은 정말이지 아무것도 아닙니다. 여기 몇 가지 정보를 드립니다.

---

25) 골수기증을 하는 데 반드시 헌혈이 전제되는 건 아니다. 다만 만 18세에서 40세 미만까지로 나이제한이 있으며(단, 이는 모집 시점까지의 연령조건이며 실제기증은 55세까지 가능) 건강상태가 좋아야 한다. 이 조건이 충족되면 정밀검사를 거쳐 국립장기이식관리센터(KONOS) 데이터에 골수기증희망자로 등록된다.

골수를 기증하려면?

　골수를 기증하기로 마음먹었다면 우선 여러분의 유전자 정보 검사를 받게 됩니다. 간단한 혈액검사면 충분하지요.[26] 유전자 정보에 대한 분석이 끝나면 데이터 뱅크 형식의 기증자 명단에 등록이 됩니다. 그리고 골수기증이 필요한 환자가 생기면 여기에서 환자와 유전자 정보가 거의 일치하는 공여자를 찾습니다. 혈액형이 일치하는가는 이때 상관이 없습니다. 줄기세포 기증은 사전에 하는 게 아니라 실제 골수이식이 확정되면 그에 맞추어 시행됩니다. 하지만 딱 여러분이 기증 가능자가 될 가능성은 극히 적습니다. 그럴 가능성은 일 년에 0.1 내지 0.2퍼센트 이하라고 하네요.

　골수 공여자는 치료가 시작되기 전까지 기증을 취소할 수 있습니다. 취소하는 이유도 댈 필요 없고요.

　골수세포는 골수 뿐 아니라 혈액으로부터도 채집할 수 있습니다.

골수는 어떻게 채취하나?

　골수채취는 이 분야와 관련된 경험이 풍부한 병원에서 받게 됩니다. 골수 공여자는 전신마취를 받지요. 그 다음에는 특수바늘을 골반뼈에 찔러 넣은 뒤 혈액과 유사하게 생긴 골수를 채취해 수혈팩에 받아냅니다. 공여자의 몸으로부터 채취되는 골수의 양은 소량에 불과하므로 불과 몇 주 내로 재생됩니다. 채취에 소요되는 시간은 약 한 시간입니다. 공여자는 골수채취 다음날이면 퇴원할 수 있습니다.

골수 공여자에게 사전조처가 필요한가?

　아닙니다. 특별한 사전조처는 필요 없습니다. 다만 공여자는 골수채취 전날 자정부터 금식해야 합니다.

---

26) 다른 방법으로는 구강 점막조직검사가 있다.

골수채취와 관련한 통증이 생기는가?

모든 공여자는 둔부 위쪽의 골수채취 부위에 가벼운 통증과 자극을 느끼지만 이는 수 일 내로 사라집니다. 공여자는 골수를 채취한 날부터 일주일간 조심하는 것이 좋고, 무거운 것을 드는 일이나 격한 신체 활동은 삼가야 합니다.

골수기증이 공여자에게 위험을 초래할 수 있는가?

골수기증을 하는 사람은 대개 건강하기 때문에, 골수채취가 건강에 위험을 미칠 가능성은 극히 미미하고 일시적일뿐더러 합병증이 발생하는 경우도 드뭅니다. 공여자는 기증 전에 정밀검사를 받으며 사전면담에서 골수기증과 관련된 모든 면면에 대해 두루 설명을 듣습니다.

혈액 내에 어떻게 줄기세포가 분포할 수 있는가?

보통의 경우 줄기세포는 골수 내에 분포하지만 특수한 조치를 통해 적합한 환경을 만들어줄 경우 혈액 내에도 존재할 수 있습니다. 이 경우 공여자는 혈액생성을 자극하는, 소위 줄기세포성장인자라는 주사를 4, 5일 동안 매일 아침 맞게 됩니다.

공식명칭이 과립구집락촉진인자(Granulocyte-Colony Stimulating Factor, G-CSF)인 이것은 줄기세포의 분열을 자극하는 체내 고유인자입니다. 과립구집락촉진인자 주사 후 충분한 양의 줄기세포가 혈액 내로 유입되면 줄기세포 채취가 시작됩니다. 줄기세포는 과립구집락촉진인자 투여를 중단하면 단기간 내에 골수로 재이동합니다.

혈액으로부터의 줄기세포 채취는 어떻게 이루어지나?

말초혈액줄기세포는 백혈구 성분 분반기계(Apheresis machine)를 이용하여 혈액으로부터 분리합니다. 이 기계의 사용 경험이 있는 병원에서만 이러한 시술을 행할 수 있습니다. 먼저 혈액을 채집하는 방법은 헌혈할 때와 거의 똑같습니다. 이후 백혈구 성분 분반기계가 원심분리 원리에 의해 혈액으로부터 줄기세포만 분리해 내고, 나머지 혈액은 공여자에게 다시 주입됩니다. 채취에 걸리는 시간은 수 시간이며 충분한 양의 줄기세포를 채취하기 위해 다음날 한 번 더 반복될 수도 있습니다. 채집되는 줄기세포는 소량에 지나지 않으므로 단기간 내에 공여자의 체내에서 재생성됩니다.

줄기세포 기증이 통증을 유발하거나 건강상의 위험과 관련이 있는가?

줄기세포 기증 시의 통증은 헌혈할 때보다 더하지 않으며 위험요소도 극히 미미합니다. 다만 채집과정에 여러 시간이 소요되므로 상황에 따라 공여자가 약간 피로를 느낄 수 있습니다. 공여자의 생체기능과 혈액수치는 채취 전 과정을 통해 면밀히 관찰되며 공여자가 불편을 호소할 경우 즉시 분반기계 가동을 중단합니다.

과립구집락촉진인자 사용 시 불편함이나 위험요소가 있는가?

과립구집락촉진인자 사용의 부작용 역시 미미한 정도입니다. 거의 모든 공여자에게서 관절 통증(독감에 걸렸을 때와 유사한 증상)의 형태로 부작용이 나타납니다. 기진맥진하는 경우가 흔히 있고, 간혹 가벼운 발열, (혹은) 두통이 동반되기도 합니다. 이런 부작용은 파라세타몰(paracetamol) 성분의 진통제 등을 복용하면 완화됩니다. 대부분의 공여자는 과립구집락촉진인자 투입 전후로 업무에 지장을 받지 않지만 일부는 며칠간 병가를 내야 하는 경우도 있습니다. 모든 공여자는 시술 전에 면밀한 건강검진을 받으며 면담을 통해 포괄적인 설명도 듣게 됩니다.

2009년 봄

2009년 봄

불안한 경험
2009년 4월 2일 18시 01분, 일기

내 혈액수치가 최근 어느 정도 감소했습니다. 오늘은 특히 더 낮아진 걸 보니 면역력이 약해진 모양입니다.

우리는 오슬로의 의사들에게 전화를 걸었습니다. 의사들은 뭔가 나쁜 일이 있는 건 아닌지 불안해하니 골수채취를 한번 받아보라고 권유하더군요. 이번에는 골수천자가 순조로웠습니다. 크리스티안순 병원의 담당의사는 이 일에 참으로 능숙했어요. 물론 여전히 아프지만 지금까지의 경험에 비할 바는 아니었답니다! 강한 마취주사를 맞아서 나중에는 약간 어지러웠습니다. 채취한 골수는 이제 혈액수치가 떨어지는 원인을 찾기 위해 오슬로의 왕립병원으로 보내집니다. 심각한 일은 아닐 거예요. 무슨 세균에 감염된 걸 수도 있고, 혹은 약을 몇 알 빼놓고 복용하면 수치가 다시 상승할지 모릅니다. 어쨌든 병이 재발한 건 아닙니다. 혈액검사에서도 암세포가 발견되지 않았거든요. 매우 좋은 신호지요. 몸 상태도 나빠지지 않았고요. 좋은 결과가 있기를!

또다시 골수검사를 받아야 한다는 말에 나는 당연히 불안에 떨었습니다. 가족들도 금세 근심에 빠져서, 그 모습을 보는 내 마음도 더 심란했어요. 그래도 우리 모두 지나치게 동요하지 않도록 애썼습니다. 오슬로의 의사는 혈액수치가 감소해서 골수검사를 받으러 찾아오는 환자가 많다고 말하더군요. 말하자면 특수한 경우는 아니라는 거지요. 어쨌건 나는 긍정적으로 생각하고 있습니다.

오늘 밤 혼자이지 않았으면
2009년 4월 3일 22시 04분, 일기

공포가 찾아올 때, 혼자이지 않았으면 좋겠습니다.
검사 결과를 기다리는 동안 누군가 옆에 있어 주었으면 좋겠습니다.
이 모든 불확실성을 안은 채 혼자이지 않았으면 좋겠습니다.
최악의 상황을 예견하는 순간 혼자이지 않았으면 좋겠습니다.
이토록 고독하지 않았으면 좋겠습니다.
오늘 밤 혼자이지 않았으면 좋겠습니다.

Regine Stokke

나는 태풍이다

오늘 하루는 끔찍한 소식과 함께 시작되었습니다. 병이 재발했다니! 골수상태가 좋아 보이지 않았고 미성숙 세포가 여럿 발견되었다고 합니다. 그나마도 소수라서 의사들은 내게 면역력 억제제의 복용을 중단하라고 지시했습니다. 그러면 이식편대종양효과[27]가 발생해 나의 면역체계가 암세포를 파괴한다고 합니다. 아주작은 희망을 주기는 하지만 안타깝게도 이것이 큰 효과를 보일 가능성은 별로 없는 모양입니다.

나는 이제 2주일 동안 반응이 일어나기를 기다려야 합니다. 지금 복용하는 약을 중단하는 데도 위험요소는 있습니다. 생명에 위협을 주는 결과를 낳을지도 모릅니다. 이게 아무 효과 없을 경우 기증세포를 골수로 주입하는 것이 인위적으로 이식편대종양효과를 발생시키는 한 방법일 수도 있습니다. 이건 부작용이 매우 심하다고하는데, 지금은 그저 상황이 어떻게 진행될지 기다려 보는 수밖에 없습니다.

아무것도 효과가 없을 경우 내 삶은 얼마 남지 않은 셈입니다. 골수이식을 다시 받는 일은 고려에서 제외되었습니다. 의사들도 그 효과를 장담하지 못할뿐더러 골수이식 와중에 내가 죽을 수도 있기 때문입니다. 이런 일이 벌어질 줄 누가 알았을까요? 가족들은 모두 망연자실한 상태이고, 나도 마찬가집니다. 빌어먹을 인생, 이건 너무나 부당해요! 이제 내가 할 수 있는 건 집에 틀어박혀 죽음을 기다리는 것뿐입니다. 이건 말 그대로 비인간적입니다! 나와 내 가족은 도대체 어찌해야 하나요?

내가 죽은 뒤에 부모님과 여동생, 나머지 가족들이 어떻게 살아갈지도 걱정입니다. 이런 슬픔을 떠안긴 채 가족들을 뒤로 해야 한다니, 끔찍할 정도로 가슴이미어지네요. 가족의 죽음을 대체 어떻게 받아들일 수 있단 말인가요?

가족들 중 누구도 이 끔찍한 소식을 제대로 받아들이지 못하고 있습니다. 친

---

27) 이식편대종양(Graft-versus-Malignancy, GvM) 효과 또는 이식편대백혈병(Graft-versus-Leukemia) 효과란 암세포를 공격하는 긍정적인 면역반응을 지칭한다.

구들과 지인들은 내게 문자메시지 등으로 위로의 말을 보내옵니다. 내가 아는 사람이든 아니든, 이 모든 이들의 마음 씀씀이가 내게는 말로 다 표현 못할 만큼 소중합니다. 내가 여러분에게 아무래도 상관없는 사람이 아니라는 사실을 아는 것만으로도 충분하답니다. 그토록 많은 사람들의 마음속에 내가 있다는 게 너무나 감동적이에요. 내게는 이게 어마어마하게 큰 의미랍니다!

무엇보다도 부모님과 여동생 생각이 머릿속을 떠나지 않습니다. 가족들이 어찌될까 너무나 두렵고, 나 때문에 이들이 그토록 슬퍼하는 것도 원하지 않거든요. 아마 난 애초부터 태어나지도 말아야 했나 봅니다. 그랬다면 적어도 이런 근심은 없었을 테니까요. 정말 견디기 힘듭니다! 그래도 아직 제일 잘 버텨낼 수 있는 사람은 나 자신일거예요. 최대한 그 생각은 하지 않는 걸로 이겨내려 노력하고 있습니다.

지금의 나는 아마도 매우 비관적인 사람이라는 인상을 줄지도 모릅니다. 사실이 그렇기도 하지만요. 하지만 오늘 오슬로의 의사들과 면담하던 중에 그들이 아직 나를 포기하지 않았다는 말을 듣고 뛸 듯이 기뻤답니다! 아직 재발 초기 단계이기 때문에 일단은 면역억제제 복용을 중단했습니다. 약 2주 뒤에 우리는 이 방법이 어느 정도 효과가 있었는지 여부를 알게 됩니다. 의사들도 현재 할 수 있는 것은 다 하고 있습니다. 그들에게도 이 결과는 참담한 것이었지요. 의사란 어마어마하게 중요하면서도 결코 쉽지 않은 직업이에요. 다음 주 화요일에는 회의를 열고 나에 관해 이야기할 모양입니다. 자신들이 할 수 있는 게 뭔지, 어떤 걸 준비해야 하는지 의논하려는 거예요.

의사들은 면역억제제 투여를 중단함으로써 이식편대종양효과를 노리고 있습니다. 지금의 내게는 이식편대종양효과가 유일한 희망입니다. 이 방법을 쓰면 면역체계는 내 몸은 물론 암세포도 공격하게 됩니다. 오는 2주 동안 이게 어떤 반응을 보일 가능성은 있지만, 그게 과연 효과를 발휘할지는 확실치 않습니다. 아무도 모르는 일이지요.

이게 소용없을 경우에는 공여자의 림프구[28]를 채집해 골수에 주입하는 방법이 남아 있습니다. 이게 무슨 뜻인지 잘 모르시는 분들을 위해 설명하자면 이것은

---

28) 백혈구 군에 속하는 혈액 구성성분의 하나.

면역체계의 일부로 이식편대종양효과를 발생시킬 수 있는 세포입니다. 듣기로는 골수이식 3개월 뒤에 병이 재발해 나와 같은 진단을 받은 환자들이 이 방법을 써서 생존했다고 하네요. 보잘 것 없는 가능성이라지만 그거라도 있다는 게 어딘가요. 의사들은 섣부른 진단을 꺼리고 있습니다. 말 그대로 이게 효과가 있을지 모르기 때문이지요. 그들이 아는 거라곤 이게 하나의 가능성이라는 것뿐입니다. 누구도 미래를 내다볼 수는 없으니 더 이상의 예측을 하는 것 자체가 모순입니다.

우리가 만난 여의사는 그밖에도 또 하나의 방법이 남아 있다고 언급했지만 그게 무엇인지는 이야기하지 않았습니다. 필요할 경우 알게 되겠지요.

여러분은 왜 골수이식을 다시 할 수 없다는 건지 의문일 겁니다. 하지만 그건 매우 복잡한 문제일뿐더러 또 한 번의 골수이식이 효과가 있는지도 알려지지 않았습니다. 의사들 말에 의하면 극도의 위험성까지 있답니다. 하지만 나로서는 더 이상 잃을 게 없다는 생각입니다. 외국에는 골수이식을 두 번 받고 생존한 사람들도 있다고 하니까요. 지금까지도 살아 있답니다. 더 이상 아무것도 듣지 않을 경우 의사들도 분명 이 방법을 고려하게 될 겁니다. 다만 지금까지 노르웨이에서는 몇몇 경우에 고려되기만 했을 뿐 실제 이행된 사례는 한 번도 없다고 합니다.[29] 의사들이 가능한 모든 걸 시도한다면 나는 만족합니다. 결과가 어찌되든 간에 그거면 충분해요.

면역억제제 복용을 중단하는 데는 위험이 따릅니다. 심한 거부반응이 일어나 사망에 이를 수도 있거든요. 하지만 적당한 거부반응이 일어나는 것도 중요한데, 그것이 긍정적인 효과, 즉 암세포 공격 효과를 내기 때문입니다.

정말로 나는 더 이상 가망이 없다고 생각했습니다. 이야기를 나눈 적 있는 다른 환자들이나 여러 글에서 읽은 환자들의 경우 의사들마저도 포기하고 집에서 죽음을 맞이하도록 귀가시켰다고 합니다. 다행이도 나는 아직 그 정도까지 이르진 않았습니다.

나에게 행운을 빌어 주세요!

---

29) 한국에서는 상황에 따라 2차 골수이식이 고려되는 경우가 있으며 세계 최초로 3차 골수이식이 시행된 사례도 있다.(정보출처: 서울시 임상병리사회 2007년 2월 28일자 의료계 뉴스. http://www.seoulkamt.or.kr) - 역자 주.

레기네의 말처럼 많은 사람들이 행운을 빌어 주었다. 총 353명의 블로거가 위의 두 글을 읽었는데, 개중에는 젊은 보수당 정치가이자 레기네처럼 백혈병을 앓고 《피투성이 위험(Blodig alvor)》이라는 책을 낸 벵 에이뎀도 있었다.

안녕, 레기네!

오늘 이 블로그를 처음 알게 되었단다. 스베인 코레와 안네 마리의 블로그에서 레기네라는 이름의 여학생에게서 암이 재발했다는 글을 읽고 말이야.

곧바로 여기에 들어와 한 시간 동안 네 '모든' 이야기를 읽고 난 참이다. 넌 참으로 용감한 소녀로구나! 게다가 글 솜씨가 읽는 사람을 푹 빠지게 만든다. 어떤 글에서는 지혜로움이 묻어나고, 또 어떤 글은 감동의 눈물을 자아낼 뿐 아니라 여기저기서 마력을 발휘하고. 나아가 우리를 미소 짓거나 박장대소하게도 만들고. 이처럼 훌륭한 작가의 글을 읽는 일은 늘 커다란 즐거움이란다!

그러나 네 골수에서 미성숙 세포가 다시 발견되었다는 건 반갑지 않은 소식이구나. 우선은 의사들이 지금 사용하려는 치료법이 너와 똑같은 상황에 처했던 환자들의 목숨을 살렸다는 사실을 잊지 말아라. 이 방법이 또 한 사람의 목숨을 구하지 못한다는 법은 없잖니? 나는 직감에서 나온 말을 쉽게 꺼내는 사람이 아니지만, 레기네, 네가 해낼 수 있을 거라 믿어. '너의 시간'이 이미 지나갔다고는 생각지 않으니까!

여러 면에서 우리는 지금 한 배를 탄 처지란다. 당장은 어려운 상황이지만 우리에겐 아직 희망이 있어. 네 글에 엿보이는, 냉정하게 현실을 받아들이는 태도에서 나는 나 자신을 보았지. 글에 드러난 낙관적 사고방식에서도 마찬가지로 내 모습을 발견했고. 아직 남아 있는 가능성에 대해 이야기하는 부분에서 말이야. 말하자면 우리에게는 공통점이 많고 '삶' 역시 공유하고 있는 셈이야. 적어도 그와 상반되는 존재가 나타나기까지는.

우리 삶을 놓아버리지는 말자꾸나. 그리고 우리 몸을 갉아먹으려 드는 미성숙 세포 녀석들에게 본때를 보여주자!

- 트론하임에서 따뜻한 안부를 전하며, 벵 에이뎀

추신: 순록들이여, 전진하라! :-)

글을 읽으면서 마음이 너무나 아팠습니다. 하지만 숙녀님! 당신이 세상에 태어난 건 어머니와 아버지에게 가장 큰 행복들 중 하나라는 걸 잊지 마세요! 당신이 주위 사람들에게 얼마나 큰 기쁨을 안겨 주는지만 생각하도록 해요!

용기를 잃지 마세요! :)

- 제니 세실(Jenny Cecille)

친애하는 레기네!

세상에 태어났을 때부터 지금까지 너는 부모님과 다른 가족들에게 기쁨만을 안겨 주었어. 지금의 네 생각과는 달리, 부모님과 가족들은 분명 지금까지 너와 나눈 아름다운 추억이 차라리 없었던 일이기를 바라지는 않을 거야!

앞으로 네게 한 아름의 행운이 있기를 바란다. 마음속으로 너를 응원하고 너와 네 가족들을 생각하고 있을게!

지금까지 먼 길을 헤치며 싸워 온 것처럼 앞으로도 계속 싸워 나가도록 해! 너는 정말 멋진 사람일 뿐 아니라 블로그를 통해 다른 사람들에게도 많은 것을 나눠 주었어! 모두에게 너는 아주 훌륭한 모범이란다. :-)

- *마음으로 꼭 껴안으며* 요한네

친애하고 친애하는 레기네님!

정말이지 뭐라고 써야 할지 모르겠어요. 글을 읽고 너무나 막막하고 절망스러웠답니다. 빌어먹을, 어떻게 이런 부당한 일이!!!

마음속으로 레기네님을 생각하고 있어요!

오슬로의 의사들이 머리를 짜내서 큰 도움을 줄 묘안을 생각해낼 거예요. 이전까지 다른 환자들에게도 그렇게 해 주었으니 한 번 더 해낼 수 있을 거라고요! 레기네님이 그런 희망을 품기 힘든 마음이라면 내가 대신 소망해 줄게요!

- 애정이 듬뿍 담긴 안부를 전하며, 마렌-소피(Maren-Sofie)

나의 형도 열 살인가 열한 살 무렵에 암에 걸렸답니다. 그리고 열여섯에 사망했지요. 암이 세 번 재발한 끝에 전신으로 퍼지는 바람에 더 이상 손을 쓸 수가 없었어요. 그가 죽을 거라는 걸 누구나 알고 있었고 의사는 그나마도 2~4주 정도밖에 남지 않았다고 했어요. 하지만 우리는 이 마지막 시간을 그의 삶에서 가장 아름다운 시간으로 만들어 주었지요. 내가 어릴 적에 가장 의지하던 사람이었기 때문에 지금도 미칠 것 같이 형이 그립습니다. 하지만 형에 관한 수많은 추억은 지금도 슬플 때마다 내게 위안이 되어 준답니다. 나는 형이 어떤 방식으로든 아직 내 곁에 있다는 걸 알고 있습니다. 그저 사랑하는 가족을 잃는다는 게 어떤 건지 당신에게 이야기해 주고 싶었어요. 결코 스스로에게 죄책감을 가질 필요는 없어요! 하지만 당신은 주위 사람들의 지지와 염려에 힘입어 이겨낼 수 있을 거예요. 이토록 많은 사람들이 당신에게 닥친 불운을 걱정하고 있고, 이토록 많은 사람들이 당신을 아끼고 있으니까요. 그런 사람들은 당신이 생각하는 것보다 훨씬 많답니다!

– 익명의 블로거

훌륭한 글들을 남겨 주신 모든 분들에게 감사드립니다! 이 모든 게 내게는 헤아릴 수 없이 큰 의미랍니다. 그리고 나에 관해 몇 마디 해도 될지 확신이 안서는 분들, 물론 해도 됩니다. :)

벵 에이뎀님께: 스베인 코레와 안네 마리의 블로그에서 당신의 병이 재발했다는 사연을 읽었습니다. 커다란 충격이었지요! 에이뎀님은 내가 본보기로 삼는 사람들 중 하나였으니까요. 당신에게도, 그리고 물론 다른 누구에게도 그런 일어나지 않기를 바랐습니다. 골수이식을 바로 앞두고 오슬로의 병원에서 당신의 책을 읽었던 일을 기억하고 있습니다. 그 책이 내게 어마어마한 용기를 주었지요. 그때까지만 해도 죽음을 준비하고 있던 나였지만, 책을 읽고 희망을 되찾을 수 있었어요.

우리가 많은 걸 공유하고 있다는 말이 옳아요. 우리 모두 언젠가 건강을 되찾기를 바랍니다. 비록 지금은 힘든 시간을 이겨내야 하는 처지지만, 그런 희망과 더불어 굳은 확신을 잃지 않도록 해요. 지금은 기분이 이랬다저랬다 하면서 어떤 날은 그냥 이대로 포기해 버리고 싶고 아무래도 상관없다는 마음이다가도, 또 어떤 날은 그저 계속 싸워나가다 보면 건강을 회복하게 될 거라는 확신이 들기도 하지요. 에이뎀님은 어떻게 지내는지 매우 궁금합니다. 이 댓글을 보고 다시 소식을 주시기를 바랍니다. 병이 재발했다는 나쁜 소식을 들은 이래로 계속 궁금했어요.

– 레기네

안녕, 레기네!

나는 잘 지내고 있단다. 집에 머무는 중이고 통증은 거의 없어. 이것만으로도 행복하고 만족스러워해야 할 두 가지 중요한 조건이 충족된 셈이지. :-) 나는 2월에 치료를 시작하며 고용량 화학요법을 받았어. 3월과 4월에는 2주일 반 동안이나 매일 방사선 치료를 받았고. 내일 마지막 방사선 치료를 받고 나면 부활절 연휴구나. 하지만 나는 트론하임에 머물러야 하기 때문에 날씨라도 좋기를 바라고 있단다. 부활절 뒤에는 다시 골수채취가 예정되어 있어서 긴장된 시간이 될 것 같구나. 앞으로 어떻게 할지에 관해서는 성 올라브스 병원과 왕립병원의 의사들이 공동으로 조언해줄 거야. 틈날 때마다 블로그를 방문해서 네 상황은 어찌 되어 가는지 확인하며 우리 두 사람 모두에게 행운이 있기를 기도할게. 즐거운 부활절 보내고 다음번에 또 연락하자!

– 마음으로 응원하며, 벵

여러분에게 드리는 글
2009년 4월 7일 00시 42분, 감사의 말

오늘은 그저 여러분의 응원에 한없이 감사드린다는 이야기를 하기 위해 글을 씁니다! 한 마디 한 마디가 커다란 의미일 뿐 아니라 나로 하여금 용기를 잃지 않게 해 줍니다. 지난 주말에는 눈앞이 캄캄하기만 했지요. 지금도 그 어둠이 완전히 가시지는 않았지만 여러분의 애정 어린 말들 덕분에 용기를 낼 수 있었습니다. 내가 아는 분들이든 모르는 분들이든, 여러분이 있어 얼마나 행복한지 모르겠습니다.

여러분 중 몇 분으로부터는 멋진 선물까지 받았습니다. 이다(Ida)님과 마이켄(Maiken)님이 보내주신 부활절 달걀과 예쁜 카드도 잘 받았고요. 정말 친절하신 분들입니다! 달걀 속에 든 것도 딱 내 입맛에 맞았고, 쿼트 페스티벌을 즐기고 있는 내 모습을 그린 그림을 보고는 웃지 않을 수 없었답니다. 마틴의 어머니는 손수 뜨신 양말과 함께 예쁜 카드를 보내 주셨어요. 정말 뛸 듯이 기뻤을 뿐 아니라 양말이 마치 맞춘 것처럼 내 발에 딱 맞아 신기했어요. 게다가 내 이름을 넣어 뜨개질하셔서 더 특별한 선물이 되었답니다. 너무너무 감사합니다!

물론 지금 받은 선물과 카드만 나를 행복하게 한 건 아니랍니다. 투병하는 내내 내게 마음을 쓰고 선물을 보내 주신 분들이 많았어요. 가족과 친구들, 엄마의

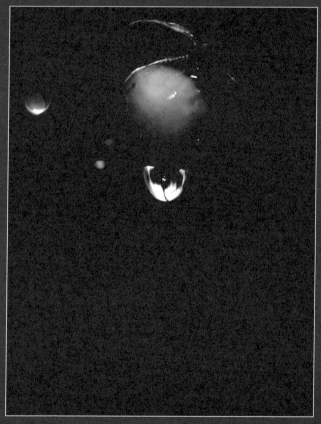

마지막 기회

친구 분들로부터 꽃과 카드, 돈, 와인 등을 넘치도록 받아서 너무나 감사한 마음이었습니다! 마틴도 내게 장미꽃다발과 CD, 영화, 예쁜 카드 등 멋진 선물을 많이 해 주었어요. 매번 눈물이 날 정도로 기뻤답니다. 하지만 내게 마음을 쓰고 있다는 걸 보여주기 위해 꼭 선물을 보내실 필요는 없어요. 친절한 격려의 말 한 마디면 충분하고도 남는답니다. 여러분 없이는 버틸 수 없었을 거예요!

레기네의 글에 95명이 댓글을 달았다. 그 중에 마틴의 글을 소개한다.

도대체 어떻게 이런 일이 일어난 건지……. 모든 고난이 드디어 끝나고 마침내 네가 자유를 되찾았다고 여겼는데. 거리낄 것 없이 함께 시간을 보낼 수 있게 되었다고 생각했는데. 그리고 다음번에 너를 만나면 넌 그저 버스 한 대를 놓친 것뿐이라고, 혹은 한 경기에서 진 것뿐이라고 위로하려고 했는데. (비록 모든 게 이미 지나간 일이기 때문에 이건 어차피 별로 중요하지 않을지도 모르지만.) 그런데 불행은 언제나 두 번씩 우리를 덮치는구나.

지난 금요일 저녁 늦게까지 MSN으로 온갖 일들에 관해 이야기를 나누며 내일은 무얼 할지 계획을 세우던 때는 모든 게 완벽해 보였지. 토요일에 난 너를 만나기로 하고 와인을 한 병 사러 풀레(Polet)[30]에 가려던 참이었어. 그때 네가 걸어 온 전화 한 통으로 나는 날벼락을 맞은 듯했고, 내 세상은 무너져 버렸단다.

그래도……이렇게 불행이 계속되더라도 우리는 우리만의 좋은 시간을 만들어 가자꾸나. 아직은 희망이 남아 있고, 함께 이겨나가면 되니까. 너는 내 모든 것이란다! 내가 너를 소중히 여긴다는 걸 잊지 마, 레기네.
– 너의 마틴

4월 10일, 레기네는 '죽음으로 가는 길'이라는 제목의 글을 컴퓨터에 남겼다. (현재까지 비공개 글이었음.)

---

30) 노르웨이에서는 소위 '폴레'라고 불리는 전문점에서만 주류를 판매, 구입할 수 있도록 제한되어 있다.

죽음으로 가는 길
2009년 4월 10일, 일기

곧 죽는다는 사실을 통보받았을 때는 무엇을 해야 할까요? 그저 집에 가서 죽음을 기다리는 건 해결책이 될 수 없습니다. 침대에 누운 채 상태가 점점 나빠지는 것을 몸으로 느끼고 싶은 사람은 없을 테니까요. 의사도 포기한 환자가 다른 방법들을 다 시도해봐야 할까요? 많은 사람들이 해외의 병원을 알아보거나 영혼이라도 치유 받으려 애쓸 것입니다. 하지만 사람의 힘으로 할 수 있는 일이 정말 하나도 없다면, 그땐 어찌해야 하나요?

나는 얼마 전에 충격적인 소식을 들었습니다. 병이 재발했다는 통보. 골수의 10퍼센트를 미성숙 세포가 차지하고 있다고 합니다. 토요일에 들은 이야기입니다. 이런저런 계획을 세워 놓은 부활절 연휴가 마침내 눈앞으로 다가온 참에! 부활절뿐 아니라 한 해 계획을 통째로 세워 두었지요. 콘서트와 축제에도 가고 싶고, 지역 신문사에서 실습도 하고, 가을에는 예전의 학급으로 돌아가고 싶었습니다. 이 모든 계획이 물거품이 되었습니다. 하고 싶은 일이 너무나 많은데, 내게는 더 이상 시간이 없습니다.

병이 재발했다는 게 모든 희망이 사라졌다는 뜻은 아닙니다. 의사들은 다른 대안들을 궁리하고 있습니다. 하지만 이제는 거기에 희망을 걸 만한 상황이 아니라는 것을 나는 감지하고 있습니다. 보잘 것 없이 작은 희망이니까요. 그래도 있기는 있으니 그걸로 족하다고 생각하려 합니다. 이 작디작은 희망에라도 매달리지 않으면 미쳐 버리고 말 거예요! 그저 죽음이 코앞이라는 이야기를 더 이상은 면전에서 듣고 싶지 않을 따름입니다. 끝없이 계속되는 가파른 내리막길을 더는 견뎌낼 수 없습니다. 의사들이 나를 포기한다면 어차피 그런 상황은 닥칠 테지만, 그래도요.

그때까지는 내가 좋아하는 일들을 할 계획입니다. 남은 시간을 의미 있게 보내야겠다고 생각했거든요. 무엇보다도 가족들, 친구들과 함께 많은 시간을 보내는 일이 내게는 매우 중요합니다. 그들 없이는 견뎌낼 수도 없을 테고, 또 그들이 내 곁에 있다는 사실을 소중히 여기고 있습니다. 뭐니 뭐니 해도 나는 그냥 암 환자가 아니라 예전의 나 그대로랍니다. 분명 많은 사람들이 나를 '암에 걸린 여자애'로만 보겠지요. 그렇게 보이고 싶지 않습니다. 한 번쯤은 예외적으로 보통 사람,

그것도 지극히 평균적인 그런 사람이고 싶습니다. 누군가 내게 아무렇지 않게 말을 걸거나 자연스럽게 대할 때, 나는 깊은 감명을 받습니다. 암 환자를 대할 때 많은 사람들이 할 말을 잃기 일쑤거든요. 어찌어찌 이해는 가지만 내 마음은 편치 않은 게 사실이에요. 암을 앓는 모든 사람에게 이건 마찬가지일 겁니다.

　그밖에도 나는 그림 그리는 일, 사진 찍는 일, 산책, 음악 듣는 일을 사랑합니다. 글 쓰는 것도 좋아하고요. 글과 사진으로 나의 내면을 잘 표현할 수 있기 때문입니다. 그림을 배우기 시작한 이래로 실력이 꽤 늘었습니다. 붓과 물감을 다루는 건 결코 쉬운 일이 아니지만, 일단 배우고 나면 거기에 푹 빠지게 됩니다. 처음부터 정해진 상을 가지고 그림을 그리는 적은 한 번도 없습니다. 일단 시작하고 나서 손 가는 대로 따라가는 거지요. 그림 그리는 데 특별한 기술적 재능이 필요하진 않습니다. 나도 딱히 타고나진 않았어요. 내가 말하고 싶은 건 창의력이 중요하다는 점입니다. 창조적인 사람에게는 뭐든지 가능합니다. 나는 그림을 그리며 맛보는 만족감을 사랑한답니다. 너무나 큰 수확이지요!

　하지만 내가 가장 열정을 쏟는 건 사진입니다. 자연 속을 누비며 나를 매료시키는 모든 것을 사진에 담는 일을 정말 사랑한답니다. 안타깝게도 지금은 밖을 돌아다니기엔 육체적으로 매우 힘든 상태이지만요. 점차 나아지기를 바랄 뿐입니다. 숲속을 거닐며 자연의 소리에 귀를 기울이고 향기를 맡는 일, 숲의 아름다움에 흠뻑 취하는 일은 내게 가장 큰 힘을 주는 원천이기도 합니다. 너무나 다채로운 자연은 세상에 존재하는 모든 사물 중에서도 으뜸입니다. 그래서 자연을 파괴하는 사람들이 이해가 가지 않아요. 내가 가장 좋아하는 숲은 우리 집과 바로 이웃한 숲입니다. 나는 처음부터 줄곧 이 숲을 사랑해 왔어요. 어릴 적에 부모님은 내 울음을 그치게 하기 위해 밤중에도 숲으로 산책을 가야 했을 정도랍니다. 그곳에 집들이 지어진다는 건 엉터리 같은 일입니다. 정말 증오스럽습니다! 나는 나 자신을 다소 숲과 비슷하다고 생각합니다. 내가 화날 땐 숲도 화를 내고, 내 몸에 암세포가 퍼질 때 숲에는 집들이 지어지고 있으니까요. 지금은 부활절 연휴 기간이라 공사도 중단 상태입니다. 암세포들도 이처럼 잠잠해질까요? 그것만이 나를 구할 수 있으니, 그랬으면 좋겠습니다. 1차 계획이 이제 효력을 발휘할 것입니다. 면역억제제를 중단함으로써 암세포가 번지는 걸 막을 수 있을 거예요. 새로운 면역체계가 제 기능을 시작해야 할 때지요. 그게 골수 속에 퍼져 있는 암세포를 파괴해야 할

달콤한 낙엽

텐데. 그러지 못하면 나는 죽습니다.

얼마 안 가 모든 기력이 소진될 거라는 사실을 감지하면서도 나는 죽고 싶지 않습니다. 싸우는 일에는 이제 지쳐 버렸어요! 해볼 수 있는 일은 거의 다 해봤습니다. 화학요법이 듣지 않아 골수이식까지 해야 했습니다. 이식 후 3개월 정기검진까지 모든 게 순조로운 듯했건만, 우리 모두가 두려워했던 최악의 상황이 결국은 닥치고 말았군요. 내 주위의 모든 사람들이 울고 있습니다. 나도 울고 있습니다. 그래도 가장 힘든 사람은 가족들과 친구들일 거예요. 내가 죽으면 이들은 슬픔을 떠안고 살아야 할 테지요. 그게 두렵습니다. 가족 중 누군가의 죽음, 가장 친한 친구의 죽음을 어떻게 극복한단 말인가요?

죽음이란 과연 무엇일까요? 이걸 말로 설명할 수 있는 사람은 드물 겁니다. 엄밀히 따지면 이걸 아는 사람은 어디에도 없습니다. 나는 종교는 없지만 병원에 있을 때 담임목사님과 대화를 나눈 적이 있습니다. 그분에게는 내가 기독교도인지 무신론자인지는 중요치 않았습니다. 우리는 삶과 죽음, 이해하기 힘든 감정 등에 관한 생각을 나누었어요. 그때 나는 목사님은 물론 나 자신을 보면서도 놀랐습니다. 우리 둘 다 이 복잡하고도 이해하기 힘든 존재를 언어로 표현하는 데 성공했거든요! 나는 무신론자이기 때문에 죽음 뒤의 삶도 믿지 않습니다. 죽음이란 영원한 잠과 같은 암흑의 세계라고 생각할 뿐이에요. 더 이상 보고 느끼지도 못할 뿐 아니라 아무것도 할 수 없게 되는 거라고. 하지만 모든 건 계속됩니다. 엄마는 모든 선량한 사람들이 이승으로부터 떠나는 이유는 다른 곳에서 더 좋은 세상을 만들어가기 위해서라고 하셨어요. 참으로 아름다운 생각이고, 나도 그 말이 사실이라고 기꺼이 믿고 싶습니다. 우리의 세상은 결코 좋은 곳이 못 되니까요. 굶주리는 사람들이 있고 민족 간에 전쟁을 벌이며, 서로를 죽이는가 하면 병들어 죽는 사람도 있지요.

많은 사람들은 자신이 얼마나 축복받는지 모르고 살아갑니다. 건강하고 풍족한 생활을 하게 되면 우리는 불만을 품는 데 에너지를 소모하곤 합니다. 왜인지 모르겠습니다. 우리 인간이란 삶이 뿌리째 뒤흔들리고 나서야 그저 살아남기만 했으면 하고 바라게 됩니다. 삶이 무의미하고, 세상에 일어나는 모든 일이 무의미하게만 느껴집니다. 세상에서 가장 선량한 사람들이 죽거나 병드는 게 도대체 무슨 의미가 있을까요? 여기서 의미를 찾는 사람들은 광신도임에 틀림없습니다. 우리는 그저 사물을 있는 그대로 받아들여야 합니다. 모든 일에 반드시 근거가 있어야 하는 건 아니니까요. 하지만 우리에게 사물에 의미를 부여할 능력이 없다는 말은 아닙니다! 사랑에 바로 그 해답이 있습니다. 삶을 사랑하지 않는 사람에게는 삶을 가치 있게 만드는 무엇도 없습니다. 사람은 가족이나 친구, 자연, 음악, 관심사, 동물, 배우자를 사랑하기 위해 살아갑니다. 그것이 우리 삶에 의미를 부여하지요. 어찌 됐건 이게 내 생각입니다.

죽음을 기다리는 건 극도로 비인간적인 일입니다. 내 몸의 상태가 점점 나빠지는 것을 감지하며 하릴없이 검사 결과를 기다리는 일. 더 살 수 있을까, 없을까? 어떤 사람들이 시험 결과를 걱정하는 동안 다른 사람들은 삶이 계속될지 끝날지를 결정하는 갈림길에 서 있습니다. 세상은 이토록 불공평합니다! 여러분, 계속해서 살아가며 길고 행복한 삶을 영위할 여러분은 부디 세상을 위해 좋은 일을 하기 바랍니다. 여러분만큼 행복하지 못한 사람들이 있다는 것을 잊지 말아 주세요. 이건 말할 수 없이 중요한 일이랍니다!

삶을 사랑하지 않는 사람에게는
삶을 가치 있게 만드는 무엇도 없습니다.
사람은
가족이나 친구, 자연, 음악, 관심사, 동물, 배우자를
사랑하기 위해 살아갑니다.
그것이 우리 삶에 의미를 부여하지요

태양이 기울고
어둠이 내린다.
음침한 영혼에 자리를 내어주며
선량한 영혼이 사라져가네.
달빛은 안개를 끌어오며
더 좋은 때 들기를
경솔히 소망한다.
그러나 확신은
거품의 반짝임처럼 사그라지고
죄악의 광풍이 불어와
우리를 성직록(聖職祿) 깊숙이 끌고 간다.
그새 하늘은 구슬피 울며
우리 망자의 무덤으로 내려앉는다.
가물거리던 빛이 꺼지면
자연의 순환 고리 속에서 영혼은
세상을 살릴 구원을 찾아 헤매네.
갓 싹튼 구원에 지나지 않을지라도.
비록 먼 길을 앞두고 있지만
씨앗은 나무가 되어
만발한 가지로 새 장을 열지니
새로운 희망이 태어나고
새로운 삶이 선택되도다.

겨울세상5

나들이

2009년 4월 14일 02시 41분, 일기

끔찍한 일이 벌어지기는 했지만 내 상태는 여전히 괜찮습니다. 나쁜 생각은 떨쳐버리려 노력중이에요. 좋아하는 일을 하면서 평소와 다름없이 행동하고 있습니다. 친구들을 만나고 그림을 그리거나 사진을 찍기도 하고요. 그림은 내게 진정한 치유책입니다. 실력이 점점 늘어간다는 것을 느낄수록 더욱 재미를 붙이게 되지요. 내가 느끼는 갖가지 감정들을 캔버스에 표현하고 있습니다. 병은 거의 느껴지지 않습니다. 아마도 지나치게 그 생각에만 빠져 있지 않아서겠지요. 약을 중단함으로써 생겨야 할 효과는 아직 나타나는 것 같지 않지만, 중단한 지 겨우 일주일밖에 안 되어서 그럴 거예요. 한 주는 더 기다려봐야 한답니다. 화요일 회의에서 의사들이 뭔가 새로운 걸 생각해낼지 궁금합니다. 솔직히 많은 걸 기대하진 않지만 혹시 나쁜 소식을 듣게 될까봐, 그리고 또 골수천자를 받아야 하는 건 아닌지 두려워서 미칠 지경입니다. 언제 골수검사를 할지는 확실치 않지만 늦어도 일주일 안으로는 받게 될 것 같아요. 암세포가 더 퍼졌으면 어쩌지요?

그래도 마틴과 함께 즐거운 나들이를 다녀왔답니다. 사진도 찍고 즐거운 한때를 보냈어요. 마틴이 찍은 멋진 사진들을 보여드리겠습니다. 혹시 여러분이 내 그림들을 궁금하시면 그것도 나중에 보여드리지요. www.smirr.deviantart.com/gallery에 들어가면 내 사진들을 더 보실 수 있답니다. 마틴이 찍은 사진도 몇 장 올려 두었어요.

나는 죽는다

2009년 4월 14일 18시 09분, 일기

의사들은 더 이상 아무것도 하지 않기로 결정했습니다. 내 수명을 조금 연장시키기 위해 화학요법을 더 쓰는 것 말고는. 내게 남은 시간이 많지 않다는 뜻입니다. 화학요법을 받지 않는다면 내 열여덟 번째 생일조차 맞지 못할 것입니다. 의사들이 지난번에 언급했던 몇 가지 대안 중 하나도 시도해보지 않는 이유를 모르겠습니다. 다른 사람들이 받고 완쾌되었다는 치료법을 쓰지 않는 이유도 모르겠고요. 나는 지금 절망에 빠져 완전히 망연자실해 있습니다. 뭘 어째야 할지 정말 모르겠습니다. 내가 죽어야 한다니. 이 사실을 알면서 어떻게 계속 살아간단 말인가요? 그런 고문 따위는 거부하고 싶습니다. 내 상태가 점점 악화되고 있다는 건 온 몸으로 느끼고 있습니다. 하지만 병원에 멍하니 앉아 있고 싶지는 않습니다. 말하거나 움직일 힘조차 없어질 때까지 거기 드러누워 있는 건 사양하겠습니다. 이제는 고통을 감수하기 힘듭니다.

몸 상태만 두고 보면 더 할 나위 없이 괜찮은데 왜 의사들이 이토록 쉽게 나를 포기하는지 도무지 이해할 수 없습니다. 너무나 부당한 일이에요! 골수이식 전보다 건강하니 또 한 번 이식을 받는다면 얼마든 견뎌낼 텐데. 나야 기꺼이 받겠지만 시도하는 것 자체를 의사들이 거부하고 있습니다. 좀더 오래 살도록 하기 위해 화학요법을 쓴다니, 그렇게 멍청한 말은 지금껏 들어본 적이 없습니다. 무슨 놈의 인생이 이 모양일까요? 격려되어 끝도 없는 비참함을 견뎌야 하는 삶, 그저 죽음을 맞기 위해 사는 삶이라니! 빌어먹을. 아니, 그럴 수는 없습니다!

레기네의 글과 투병 이야기가 〈다그블라데(Dagbladet)〉지와 〈티덴스 크라브〉지 1면에 실리자 기사를 읽고 감명 받은 1125명의 사람들이 레기네의 블로그에 댓글을 달았다. 그 중 몇 개를 골라 소개한다.

저런. :'(의사들이 재고하도록 설득할 방법이 뭐 없을까요? 의사들이 그렇게 결정한 이유를 말해주지 않던가요? 충격적인 일이군요. 이건 있을 수 없는 일이에요!! 특히 당신에게는 안돼요. 아직 너무나 젊고, 또 너무나 튼튼하잖아요. :'(눈물을 참을 수가 없군요.
- 카밀라

그렇게 끔찍한 일이……. 하지만 부모님이 레기네님을 위해 백방으로 도움을 구하실 거예요. 레기네님이 반드시 받아야 하는 도움을. 포기하지 말아요. 해결책이 나올 테니까! 해외에서 치료받을 수 있도록 우리가 모금운동을 시작할게요. 우리 모두가 응원하고 있다는 걸 명심하세요. 크리스티안순의 모든 사람들이 마음으로 레기네님을 생각하고, 또 좋아한다는 걸 알고 있지요? 힘을 내요, 레기네……. 온 힘을 끌어 모아 싸워 나가도록 해요!
다정한 안부를 보내며,
- 마리안네(Marianne)

아는 사람이건 모르는 사람이건, 모두에게 도움을 청해야 해요. 신의 마음과 세상을 움직여서라도 대안을 찾아봅시다. 여기 아베뢰위아(Averøya)에도 레기네님을 걱정하는 사람들이 있고, 모든 블로거들이 함께 걱정하고 있어요. 마리안네님 – 당신이 모금을 시작한다면 우리를 비롯해 많은 사람들이 참여할 겁니다. 돈은 물론이고 모금활동도 함께 하겠어요!

친애하는 레기네님. 당신이라는 사람에게서 감동을 받지 않을 수가 없네요. 비록 상황이 이처럼 혼란스럽지만, 모든 힘을 투쟁에만 소진시켜 버리지 않고도 살 수 있도록 노력해야 합니다. 좋아하는 일을 하고, 사랑하는 사람들과 함께 시간을 보내세요. 다 잘될 거라고 말해주고픈 마음이 얼마나 간절한지. 그럴 수는 없는 입장이지만, 대신에 모든 일이 잘 되기를 진심을 다해 빌어줄게요!

멀리서 마음으로 껴안으며,

– 헤스티아베르덴(Hestiaverden)

의료진이 제시한 치료법에 동의하지 않을 경우 환자는 환자권리법에 의거해 재진단을 요청할 수 있습니다. 의사들 마음대로 환자를 포기하기로 결정한다는 건 결국은 있을 수 없는 일이거든요. 게다가 그렇게 결정한 근거조차 설명해주지 않았다는 건 말도 안 되는 일이에요! 암예방단체를 통해 이런저런 정보를 얻을 수 있을지도 몰라요. 해외에서 항암치료를 받는 방법에 관해서도 틀림없이 알려 줄 겁니다. 레기네님을 위해 모금운동이 시작된다니 정말 잘 되었어요. 단언하건대 다른 수많은 사람들도 똑같은 운동을 하게 될 겁니다! 기회는 누구에게든 주어져야 하는 건데 의사들이 당신에게서 그걸 앗아가 버린다니, 정말 어처구니없는 일이에요! 힘내세요!

– 안냐(Anja)

그저 뭐라 할 말이 없구나. 너무나 끔찍한 소식이야! 너처럼 용감한 아이는 정말이지 이것보다 훨씬 나은 걸 받아 마땅한데! 좀더 참고 견뎌. 그리고 가능한 모든 걸 다 요구해야 해. 이렇게 젊은 목숨을 그토록 쉽게 포기할 수는 없는 거야! 꼭 해결책을 찾게 되기를, 그래서 네가 그 오랜 싸움을 끝나고 원하던 삶을 살 수 있기를 간절히 기도할게!

– 안네 마르테

그 밖의 정보
2009년 4월 15일 11시 50분, 정보

의사들과 다시 면담을 했습니다. 전에도 말했듯이 의사들은 내게 해줄 수 있는 게 아무것도 없으며, 또 한 번 골수이식을 한다 해도 소용없을 거라 여기고 있습니다. 내가 회복될 길이 전혀 없다고 믿기 때문에 더 이상 다른 방법을 쓰지 않는 거라고요. 그리고 혈액 속에 암세포가 퍼져 있기 때문에 한 번 더 화학요법을 받는 편이 낫다는 의견이지만, 그게 큰 효과를 발휘할 거라고도 약속할 수 없답니다. 항암제가 남은 시간을 크게 늘려주진 않을 터이므로 내가 열여덟 번째 생일을 맞을 수 있을지도 의문입니다.

내 블로그에 여러분이 남겨주신 글들을 매우 소중히 생각하고 있습니다. 또 나를 위해 모금운동을 하려는 분들이 있다는 사실도요. 하지만 그런다고 과연 뭐가 달라질까요? 수백만 크로네를 들고 무작정 해외로 가 봤자 모든 게 제자리걸음일 수도 있고요. 그보다는 내 병에 관해 경험이 풍부한 병원을 찾는 데 도움이 필요합니다. 내게 도움이 될 만한 치료법이 있는지 진단할 수 있는 곳 말입니다. 그곳 의사들은 내게 아직 기회가 남아 있다고 여길까요? 그리고 그걸 시도해보고자 할까요? 그럴 가치가 있다고 생각할까요?

내게 필요한 건 정확한 병원 이름입니다(독일? 미국?).

혹시 내게 기회를 줄 병원이 있다면 그곳에 관해 기꺼이 더 알고 싶습니다.

짤막한 소식 하나와 감사의 말
2009년 4월 16일 00시 24분, 감사의 말

수많은 댓글과 관심에 큰 감사의 마음을 전합니다. 너무나 굉장한 일이라 도무지 뭐라 할 말조차 생각나지 않아요! 하지만 오슬로의 의사들은 훌륭한 분들이니 그들을 비난하지는 말아 주세요. 이분들은 스스로 옳다고 여기는 일을 하는 것뿐이고, 뭐니 뭐니 해도 나를 위해 너무나 많은 일을 해 주었으니까요. 의사들 말을 인용하자면, 할 수 있는 모든 걸 말입니다. 그들은 전문 의학서적과 연구결과, 경험, 해외 의사들의 지식 등을 참고합니다. 오슬로의 주치의 말에 의하면 나는 거의 백퍼센트 치료불능 상태예요. 하지만 나와 유사한 상황에 처했던 사람들이 건강을 회복한 경우를 귀동냥으로 들어서 알고 있습니다. 메일도 여러 통 받았고, 나도 이에 관해 찾아 읽어 보았거든요. 적어도 시도는 해 보아야 하는 것 아닌가요?

우리는 내 치료기록을 번역해서 외국의 의사들이 우리에게 도움을 줄 수 있을지 알아보기로 결정했습니다. 다른 의견도 듣고 싶으니까요. 혹시라도 아직 치료 가능성이 있다고 믿는 의사가 해외 어딘가에 있지 않을까요? 포기해야 한다는 걸 나는 도저히 받아들일 수 없습니다. 틀림없이 뭔가 방법이 있을 텐데……. 비록 내 주치의들은 아무것도 없다고 말하지만요.

완전히 정신 나간 소리처럼 들릴지 모르지만, 골수이식 전에 나는 부모님께 내가 이식을 잘 견뎌 낼 거지만 3개월 후에 병이 재발할 거라고 예언했답니다. 정말 희한하지 않나요?! 화학요법을 받으러 트론하임으로 가는 중에는 '환영'도 보았어요. 그때 본 건 성조기였습니다. 숲 위쪽을 바라보고 있는데 반짝 나타나더군요. 여러분은 이제 내가 괴상한 이야기만 늘어놓기 시작했다고 생각할 테고, 사실이 그렇기도 하지요. 이런 이야기를 꺼내는 것 자체가 바보 같은 일이에요.

이 모든 상황에도 불구하고 내게는 여러분의 댓글과 이메일 등이 아주 소중합니다. 다만 한 가지, 이메일과 MSN 등으로 받는 메시지가 너무 많아요. 애정 어린 격려는 되도록 블로그를 통해 해 주시면 감사하겠습니다. 이메일이나 MSN으로 받는 게 너무 많아서 조금 부담스럽습니다. 오늘 블로그를 방문해준 분들만도 6만 8천 명이랍니다. 나쁜 뜻으로 하는 이야기가 아니니 여러분이 이해해 주셨으면 좋겠습니다. 나는 여러분의 관심을 너무나 소중히 여긴답니다!

사실 내가 쓰려던 건 다른 이야기였는데 뭐였는지 생각이 나지 않네요. 어쨌든 새 소식을 듣는 대로 블로그에 알리겠습니다. 해외의 병원이라든지 하는 문제와 관련해 어떤 제안도 환영입니다. 이야기를 듣는 즉시 병원의 정보를 알아보겠습니다.

참, 누군가 내게 딸꾹질을 하지 않느냐고 묻더군요. 누군가 내 생각을 하면 딸꾹질이 나온다는 얘기가 있는데, 그토록 많은 사람들이 나를 생각해주고 있으니까요. 어쩐지 어제부터 오늘까지 내내 딸꾹질이 나오더라니!

신문사 방문 인터뷰
2009년 4월 16일 18시 31분, 일기

오늘 〈다그블라데〉지의 방문을 받았습니다. 기자와 카메라맨 한 분이 찾아왔지요. 매우 친절한 분들이었고, 나를 위해 긴 시간을 내 주셨습니다. 인터뷰 내용은 아마 내일 실릴 것 같습니다.[31] 한번 읽어보세요!

크리스티안순의 주치의 선생님은 다른 의견을 들어보기 위해 오늘 벌써 뉴욕의 어느 병원에 연락을 취했다는 소식을 전해왔습니다. 다른 병원의 연락처를 더 갖고 계신다니 긍정적인 답이 왔으면 좋겠어요!

신문과 그 밖의 것들
2009년 4월 17일 11시 22분, 언론

오늘 하루 동안에만 벌써 많은 일이 있었습니다. 많은 사람들이 전화를 걸거나 문자메시지, 혹은 이메일을 보내 왔지요. 어떤 미친 인간은 자위를 했다는 이야기까지 하더군요. 정신 나간 녀석 같으니! 어제는 기독교도가 아니라는 이유로 어느 여자애가 친절하게도 나를 사탄으로 몰기도 했지요. 너무들 한 것 아닌가요?

그래도 〈다그블라데〉와 〈티덴스 크라브〉[32]에 실린 기사를 읽고 매우 만족스러웠습니다. 〈아드레세아비사(Adresseavisa)〉 인터넷 판으로도 기사가 하나 나갈 예정이고요. 〈다그블라데〉지 홈페이지에는 아마 동영상도 실릴 것 같습니다.

그밖에도 인터뷰 요청을 해 온 기자들이 헤아릴 수 없이 많지만 정중히 사양했습니다. 오늘 해야 할 다른 일들도 있고, 또 이 정도면 충분하다는 생각도 들어서요.

오늘 아침에는 너무나 친절한 어떤 분이 전화를 걸어서는 두 달 후에 사진전을 열지 않겠느냐고 물으셨어요. 날아갈 것처럼 기뻤답니다! 그때까지 내가 아직 살아 있다면 좋으련만.

오늘은 엘세라는 미술 선생님을 찾아가 그림을 그리기로 했습니다. 즐거운 시간이 되었으면 좋겠네요. 또 노르웨이 국영방송사(Norsk rikskringkasting, NRK)의 뫼레 오그 롬스달(Møre og Romsdal) 지부에서 방송 녹화를 하러 오겠다는데, 약간 망설여지기는 했지만 그래도 방금 수락했습니다. 놀랄 만큼 많은 언론사에서 연락이 와서 어느 곳에 응해야 할지 고민해야 합니다. 잘못된 결정을 내리거나 인터뷰가 너무 많아지지 않았으면 좋겠습니다.

---

31) 기사 원문은 다음을 참조할 것:http://www.dagbladet.no/2009/04/17/nyheter/kreft/helse/sykdom/innenriks/5781608/ 기사에는 레기네의 투병 이야기와 더불어, 긍정적인 사고방식과 삶에 최선을 다하는 일이 얼마나 소중한지에 관해 다루고 있다.

32) http://www.tk.no/nyheter/article4266933.ece 이 기사는 레기네가 인터넷을 통해 얼마나 많은 지지를 받고 있는가를 주로 다루고 있다.

노르웨이 국영방송사와 TV노르게(TVNorge) 방송사 – 최근 소식
2009년 4월 17일 17시 05분, 언론

앞서 알려드린 것 말고도 관심 있는 분들은 저녁 여섯 시 TV노르게 방송과 여섯 시 사십 분 국영방송 1채널에서도 나를 보실 수 있습니다. 그리고 〈다그블라데〉지 인터넷 판에도 동영상이 올라와 있답니다.

오늘은 너무 많은 곳에서 문의가 빗발쳐서 무척 힘든 하루였습니다. 그래도 엘세 선생님의 그림수업에서는 조금 여유로운 시간을 가질 수 있었어요. 엘세 선생님은 정말 좋은 분입니다! 지금도 선생님의 집에 있어요. 방금 점심식사를 마치고 여유를 부리고 있습니다. 덕분에 쌓였던 스트레스가 스르르 풀렸답니다. 전화벨이 끊임없이 울려 대서 아예 전화선을 뽑아 버리기로 작정했어요.

아까 예고했던 내용을 수정합니다. TV노르게에 내가 출연한 방송이 나오지 않았네요. 왜인지는 나도 모릅니다. 시간이 좀 미뤄진 걸까요?

나를 위해 '레기네 스토케를 위한 투쟁(Vi som skal kjempe for Regine Stokke)'이라는 페이스북 모임도 생겼습니다. 이 모임을 통해 진지한 모금운동도 벌어지고 있는데, 여기서 모인 돈을 내가 쓰지 않을 경우 다른 공익사업 – 정확히 말해 골수이형성증후군 연구 – 혹은 청소년 및 성인 암환자를 위한 병원환경 개선에 쓰일 것입니다.

또 한 가지 추가 사항입니다. 스웨덴 신문에도 나에 관한 기사가 실렸습니다. [33] 내 이야기가 삽시간에 퍼져 나가고 있는 모양입니다.

인간의 선한 내면은 어떻게 가시화되는가
2009년 4월 18일 13시 03분, 일기

아마도 많은 분들이 언론에 나온 내 모습을 보고 놀라며, 내가 주목받는 것을 아주 좋아하는 사람임에 틀림없다고 생각할 겁니다. 물론 대부분의 사람들은 내가 언론에 출연하는 걸 매우 좋게 봐 주신답니다! 어쨌든 나는 이런 일을 공개적으로 알리는 게 매우 중요하다고 생각합니다. 나와 같은 상황에 처한 청소년들 중 다수가 소외감을 느끼거든요. 소도시에서는 두 명의 청소년이 동시에 암을 앓

---

33) 스웨덴 신문기사 원문은 다음 주소를 참조할 것. 이 기사에는 레기네가 블로그를 통해 죽음을 예고했다는 내용이 실려 있다. (http://www.expressen.se/Nyheter/1,1537528/regine-17-bloggar-om-sin-dod)

는 경우조차도 드뭅니다. 이런 상황에 처하게 되면 아무도 나를 이해하지 못한다고 느끼게 마련이라, 그걸 견뎌내기가 참으로 힘들지요. 이해한다는 자체가 불가능하기도 하고, 이 점은 나도 전적으로 이해할 수 있어요! 직접 경험해보지 않고서는 그런 병을 앓는다는 게 어떤 건지 상상하기도 힘드니까요. 그처럼 불확실한 상태로 사는 게 뭔지 말이에요. "내가 살아남을 수 있을까?" 이건 모든 암환자(그리고 다른 난치병을 앓는 환자)들의 머릿속에 맴도는 생각이랍니다.

이런 사람들에 관한 이야기는 인간의 선한 내면을 가시화시키는 데도 한몫합니다. 사람들은 그들을 돕는 데 동참합니다. 꼭 금전적인 도움이 아니더라도, 상대방에게 공감하고 곁에 있어주는 걸로도 충분합니다. 상대방에게 마음을 써 주고, 그가 내게 소중한 존재라는 걸 보여주는 것만으로도. 자기 자신만 생각하기보다는 남을 위해 헌신할 줄도 아는 태도는 어마어마하게 중요하답니다. 우리에게는 그렇게 할 수 있는 수단과 기회가 있습니다. 헤아릴 수 없이 많은 사람들이 날마다 고통에 신음하며 도움과 지지의 손길을 갈구하고 있습니다. 재정적 도움의 형태로든 온정의 형태로든 말이지요. 여러분도 기회가 있다면 적극적으로 참여하시기를 바랍니다.

각종 인터뷰에서 잘 부각되지 않은 부분이 하나 있는데, 바로 많은 사람들이 혈액 및 골수기증을 하도록 촉구하려던 점입니다.

이 일이 얼마나 중요한지에 관해서는 예전에도 썼지요. 많은 분들이 생각만 하지 말고 용기 있게 첫걸음을 뗐으면 정말 좋겠습니다. 기증자가 되는 것만으로도 생명을 구하는 데 도움이 됩니다. 게다가 타인을 위해 뭔가를 함으로써 커다란 보람도 느낄 수 있지 않나요?

언론에는 이미 나에 관한 기사가 수도 없이 나왔습니다. 오늘도 마찬가지였지요. 오늘자 〈티덴스 크라브〉지와 〈다그블라데〉지에 또 한 번 나에 관한 기사가 실렸습니다.[34]

앞서 언급했다시피 현재 모금운동이 전개되고 있습니다. 이 돈이 골수이형성증후군 연구와 청소년 및 성인 암환자의 치료환경개선에 쓰이는 것이 나의 큰 소

---

34) 〈다그블라데〉지의 기사는 지금도 인터넷에서 찾아볼 수 있다. 레기네가 사진전에 초대받고 매우 기뻐했다는 내용의 기사이다. 그밖에도 급성 골수성 백혈병에 관한 오슬로 왕립병원 의사의 설명이 덧붙어 있다.
(http://www.dagbladet.no/2009/04/18/nyheter/innenriks/sykdom/kreft/kreftforskning/5794831/)

망입니다. 페이스북 모임 '레기네 스토케를 위한 투쟁'에 접속하면 관련된 정보를 얻을 수 있습니다. 전용 홈페이지도 따로 개설될 예정입니다. 다음번에 더 많은 정보를 올리겠습니다.

방금 보니 내 블로그가 blogg.no 사이트에서 클릭 수가 가장 많은 블로그 목록에 올라와 있습니다. 그러거나 말거나 상관없는 일이지만, 그래도 재미있네요.

다음에 글을 쓸 때는 내가 그린 그림을 몇 점 함께 올리겠습니다. 특히 어제 엘세 선생님의 '소용돌이(Dragsug)'라는 갤러리에서 그린 그림도요.

동영상
2009년 4월 18일 17시 33분, 동영상

〈다그블라데〉지의 외위스타인 몬센(øystein Monsen) 기자님께서 산책하는 도중 내 모습을 녹화했답니다. 내 그림들을 소개하는 글을 올리기에 앞서 동영상을 먼저 올립니다! http://sinober.blogg.no/1240068800_videoblogg.html

수정: 여러분 중에도 보신 분이 있을지 모르지만 오늘 저녁 여섯 시 텔레비전 뉴스에 내가 나왔답니다. 재방송이 나올지는 잘 모르겠습니다. 혹시 저녁 내내 같은 뉴스를 반복해서 내보내지 않을까요? 어쨌든 간에 방송 내용은 몇 가지를 제외하고는 동영상에 이미 나온 것과 대체로 비슷합니다.

전시회, 책 기획 등
2009년 4월 20일 19시 59분, 일기

기쁜 소식을 전합니다. 내 사진들이 다음 주에 〈노르딕 라이트(Nordic Light)〉전에 전시될 예정이랍니다! 이곳 크리스티안순에서 열리는 사진축제인데, 내 사진들은 콩겐스 플라스(Kongens Plass)광장에 있는 어느 옛 판매장에 전시됩니다. 정말 기뻐요!

내 전시회의 제목은 〈두려움에 맞서(Face your fear)〉로 정해졌습니다. 전시회 개관식에 직접 갈 수 있을 만큼 건강상태가 좋기를 바라고 있습니다. 개관식은 다음 주 수요일입니다. 내게는 꿈이 실현된 거나 마찬가지랍니다! 감사합니다, 안 울레우(Ann Olaug) 님!

그밖에도 어떤 남자분이 책을 출판하는 문제로 연락을 해 오셨습니다. 특히 사진과 시가 실릴 예정이랍니다. 정말 기대됩니다!

6월 27일에는 순달렌(Sunndalen)에서도 내 사진들이 전시됩니다. 그곳에도 직접 갈 수 있을 만큼 몸이 괜찮았으면 좋겠어요. 그렇지 못할 경우 다른 사람이 가서 나 대신 몇 가지 일을 해 주어야 하거든요. 어떻게 되든, 지금 내 꿈이 실현되려는 참이라는 사실에는 변함이 없답니다.

이분들이 내게 그 가능성을 열어주려 애쓰신 데 대해 너무나 감사하고 있습니다. 이 일이 내게는 정말 큰 의미랍니다. 꿈이 실현된다니!

여기 〈노르딕 라이트〉전에 전시될 내 주요 사진작품들을 몇 장 올립니다.

오늘의 혈액검사 결과는 예상했던 대로 나빴습니다. 하지만 병이 재발했으니 당연한 일이지만. 곧 병세가 좀 잦아드는 조짐이 보였으면 좋겠어요! 내 몸에 퍼진 독이 좀처럼 사라질 기미를 보이지 않네요. 나는 구원을 기다리고 있습니다.

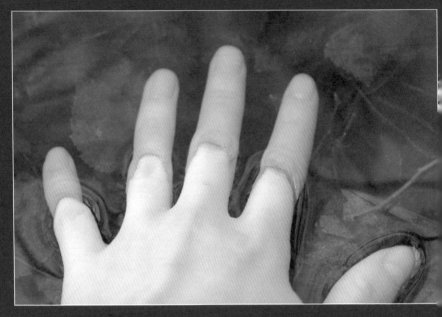

익사

죽은 소녀의 산보

그림

2009년 4월 21일 15시 23분, 일기

미술에 특별히 소질이 있는 건 아니지만 그림 그리는 일은 너무나 즐겁습니다. 중요한 건 즐겁게 할 수 있다는 게 아닐까요? 어쨌든 여러분이 관심을 보여 주셔서 기쁩답니다. 내 작품들 중 몇 점을 여기 올립니다.

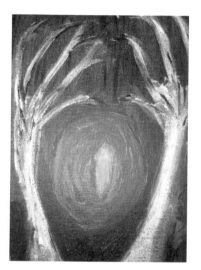

수정: 새로운 상품 설명을 올렸습니다. 이제 스웨터 뒷면의 모습도 보실 수 있습니다. 문구가 하나 들어가 있지요. 트레이닝복 바지에는 문구가 다리 부분의 뒷면에 들어가 있습니다. 최신 업데이트는 www.beltespenner.com에서 확인하세요.

기부금을 모으기 위해 티셔츠를 판매하자는 아이디어를 처음 제안한 사람은 리네 빅토리아(Line Victoria)였습니다. www.beltespenner.com의 운영자님들은 이 제안을 듣자마자 공동 작업을 수락했고, 이미 몇몇 제품들이 온라인에서 판매 중입니다.[35] 인쇄된 그림은 내가 직접 작업한 내 눈언저리 사진이랍니다. 안네 마르테는 내 블로그에서 "두려움에 맞서라. 전쟁에 응하라. 현실은 현실이다.(Face your fear. Accept your war. It is what it is.)"라는 문장을 인용해 옷의 뒷면에 넣을 문구를 디자인해 주었어요. 제가 보기에는 아주 멋진 티셔츠가 완성된 것 같아요. 다른 옷들도 마찬가지고요. 여성용과 남성용 모두 주문할 수 있답니다. 바지와 후드 티셔츠, 러닝셔츠로도 판매합니다. 사이즈는 S부터 XL까지 다양하게 준비되어 있고 여러 색상 중에서 자유롭게 선택할 수도 있습니다. 옷값은 모두 모금통장으로 입금됩니다. www.beltespenner.com의 운영진과, 특히 이 일이 실현되도록 도와주신 토마스 아담스(Thomas Adams)님에게 깊은 감사의 마음을 전합니다! 정말 굉장한 일이에요!

하루하루 최선을 다해
2009년 4월 22일 13시 58분, 일기

솔직히 말하면 그동안 쏟아진 언론 출연 요청이 무척이나 부담스러웠습니다. 어느 인터뷰를 수락하고 어느 것은 말아야 할지 결정하기조차 버거웠어요. 간혹 내 동의도 구하지 않고 기사를 내보낸 곳도 있었는데, 그나마 좋은 기사이기는 했습니다. 다행이도 이제 조금씩 열기가 가라앉고 있답니다. 결단코 나는 언론출연에 중독된 게 아니라 내 메시지를 전파하는 데 열중했을 뿐입니다. 오늘은 좀 편안한 하루가 되었으면 좋겠습니다. 저녁에는 친구들과 즐거운 시간을 보내기로 약

---

35) 이 인터넷 쇼핑몰은 현재는 운영되지 않는다.

속도 되어 있어요. 언제 또 병원행이 될지 모르니 하루하루를 최대한으로 즐기는 일이 내게는 아주 중요하거든요. 다행이 컨디션은 아직 괜찮은데 면역력이 형편없이 떨어졌습니다. 수치가 여기서 더 떨어지면 안 되기 때문에 걱정이 태산이에요. 그런 경우를 방지하기 위해 뭔가 방법이 있기를 바랄 뿐입니다.

많은 분들이 해외의 병원들로부터 무슨 연락이 오지 않았는지 궁금해 하고 계실 듯하네요. 대답은 '아니오'입니다. 아직까지는. 그들이 내 문제를 어떻게 판단하고 있을지, 말하자면 희망이 아직 남아 있는지는 나도 알 길이 없습니다.

어느 스웨덴 여성으로부터 연락을 받은 일이 내게는 큰 행운이었습니다. 그분에게는 아들이 한 명 있는데, 나와 완전히 똑같은 진단을 받았다고 하네요. 골수이식 후에 병이 재발하자 스웨덴의 의사들은 그를 포기했습니다. 하지만 그는 병을 고치기 위해 또 한 번의 골수이식을 비롯해 다른 치료법들을 두루 받아보았고, 그 결과 지금까지 살아 있다고 합니다. 이런 이야기를 듣는 일이 내게는 굉장히 중요하기 때문에, 이 여성분이 연락을 취해 오신 게 너무나 반가웠습니다. 그분의 아드님에게 주어진 것과 같은 기회가 내게도 주어지기를 바랍니다.

그리고 한 가지 수정해야 할 사항이 있습니다. 지난번에 순달렌에서 내 사진들이 전시될 거라고 언급했었는데, 순달렌이 아니고 수르나달(Surnadal)에 있는 외라(Øra)의 교회라고 하네요. (사진전은 교회 행사가 아닙니다.) 욘 리세르(Jon Riiser)의 전시회이고, 개관식은 7월 27일 낮 열두 시 정각입니다. 여러분 중 오실 수 있는 분은 다음 주 수요일에 열리는 〈노르딕 라이트〉전에도 오셨으면 좋겠습니다.

그밖에도 옷이 매우 잘 팔리고 있다는 소식입니다. 좋은 목적으로 이루어지는 일이라 생각해보세요! 멋지지 않나요?!

언론에 너무 많이 등장하는 바람에 사람들이 나에 관해 지나치게 많이 알게 되지 않을지 전전긍긍하는 중입니다. 스스로 언론을 찾아간 게 아니라 그들 쪽에서 내게 연락을 취해온 거지요. 몇몇 언론이 무슨 이유로 나에 관해 보도하게 되었는지 여러분이 이해하시길 바랍니다. 나는 암 퇴치 운동에 적극적으로 나서고 있습니다. 나에게 도움의 손길이 다가오기를 바라고, 다른 환자들도 돕고 싶습니다. 그럼 여러분, 즐거운 하루 보내시기 바랍니다. 그리고 나를 위해 애써주시는 모든 분들에게 감사드립니다! 내게는 모두가 소중한 분들임을 기억해 주세요!

오늘 새로운 치료를 시작했습니다.

2009년 4월 23일 19시 00분, 일기

트론하임의 성 올라브스 병원과 오슬로 왕립병원이 오늘부터 비교적 새로운 치료법을 사용하기 시작했습니다. 얼마나 효과가 있는지는 아무도 모릅니다. 내 병에 의미 있는 전환점이 될 수도 있지만 기적의 치료술은 아니에요. 또 한 번의 골수이식을 가능하게 만드는 것이 이 요법의 목표라고도 할 수 있습니다. 이를 통해 시간을 더 얻을 수 있거든요. 치료에는 7일이 걸릴 예정이고 장소는 트론하임입니다. 어떤 효과가 나타날지 무척이나 흥분됩니다. 결과가 어떻든 간에, 적어도 부정적인 영향을 끼칠 가능성은 없습니다. 병세를 호전시키지는 못하더라도 내 삶을 연장시킬 수는 있거든요. 치료가 어떻게 진행될지 우리 모두 무척이나 흥미진진해하고 있답니다. 다른 종류의 화학요법이라고도 할 수 있는데, 의사들이 이 가능성을 제시했을 때 우리는 뛸 듯이 기뻐했습니다. 내게는 잃을 게 없으니까요! 월요일부터는 아마 이곳 크리스티안순에서 치료를 계속할 수도 있을 듯합니다. 집에 머물러도 된다는 게 결국은 최고 아니겠어요!

이미 언급했듯이 나는 지금 성 올라브스 병원에 누워 있습니다. 구토 증세는 아마도 없을 테지만, 그래도 비상시를 대비해 여기 있어야 합니다. 어떤 요법에든 위험성은 있고, 무슨 일이 일어날지는 누구도 모르니까요. 확신할 수 없는 거지요. 치료를 시작한 직후에 벵 에이뎀님이 부인과 함께 문병을 왔습니다. 정말 친절한 분들이에요! 두 분 다 정말 좋은 사람들입니다. 우리는 아주 많은 이야기를 나누었고 공감하는 부분도 많았습니다. 그의 오늘 골수검사와 혈액검사 결과가 좋게, 그것도 아주 좋게 나왔답니다! 나를 위해 선물도 가져오셨는데, 작고 귀여운 테디베어였어요. 나중에 이분들을 또 만났으면 좋겠습니다. 그러기로 약속도 했고요.

한 번에 한 걸음씩

2009년 4월 25일 19시 32분, 일기

내 생각에는 치료가 잘 되어가고 있는 것 같습니다. 지금까지 부작용은 없었는데, 그것만도 어딘가요! 이 약제는 건강한 혈액세포를 생산하도록 골수를 자극하는 동시에 미성숙 세포들을 파괴한다고 합니다. 효과가 있을지 궁금합니다. 어쨌거나 대부분의 환자들에게 이런 효과를 낸 약이라니까, 정말 기대됩니다. 이 약에 관해 보다 정확히 알고 싶은 분은 인터넷에서 아자시티딘(Azacitidine)에 관한 정보를 검색해보세요.

오늘 에이템님이 또 한 번 다녀가셨고, 〈다그블라데〉지의 취재진도 다녀갔습니다. 인터뷰 내용은 아마도 내일 기사로 나올 듯합니다. 아무튼 중요한 사실은 인터뷰가 매우 좋았다는 겁니다. 재미있는 건, 나는 물론이고 아마도 에이템님의 이야기까지 기사에 다루어질 예정이라는 점입니다. 취재진으로부터도 선물을 하나 받았는데, 바로 텔레비전 시리즈물인 〈엔투라지(Entourage)〉였답니다. 지금처럼 병원에 누워만 있을 때는 텔레비전이라도 좀 볼 수 있어야 하거든요. 오늘은 아빠와 함께 호러 코미디 영화 〈데드 스노우(Dead Snow)〉를 대형 화면으로 감상할 예정입니다. 약간의 블랙유머를 즐기는 것도 나쁘지 않으니까요!

그리고 라우마룩 페스티벌 주최측으로부터 받은 어마어마한 선물에 감사의 말씀을 드려야겠습니다. 관계자 여러분께서 페스티벌 자유 입장권과 티셔츠, 사진들, 편지 등을 보내 오셨답니다. 이렇게 친절하실 데가! 벌써부터 축제에 갈 일이 기대됩니다. 무슨 일이 있어도 가고 말 거예요! 그게 내 목표입니다. 목표를 정하는 건 중요한 일이지요. 너무 쇠약해서 못 갈 거란 생각만 하고 있으면 우울해질 뿐이에요. 계획이란 중요하지만, 동시에 현실적이기도 해야 합니다. 내 생각에 나는 현실적입니다.

비록 먼 길을 앞두고 있지만
씨앗은 나무가 되어만발한 가지로
새 장을 열지니
새로운 희망이 태어나고
새로운 삶이 선택되도다.

동영상 - 새로운 희망
2009년 4월 26일 00시 08분, 동영상

http://sinober.blogg.no/1240697280_videoblogg__nytt_hp.html

수정: 질의응답 시간을 갖는 게 어떠냐고 어떤 분이 제안했습니다. 그다지 나쁜 생각은 아닌 듯하지요? 무작정 질문하셔도 됩니다. 성의껏 대답하도록 하겠습니다.

무사히 귀가했습니다.
2009년 4월 26일 18시 40분, 일기

마침내 집이랍니다. 얼마나 좋은지 모르겠어요! 크리스티안순의 병원에서 치료를 계속할 수 있다는 게 더 할 나위 없이 기쁜 일입니다. 매일 10분만 차를 타면 되거든요. 그래도 트론하임의 의사들과 간호사들을 다시 만나 무척이나 반가웠답니다. 말로는 표현할 수 없이 좋은 분들이에요! 할 이야기가 너무나 많았지요. 그저 친절하기만 한 게 아니라 실력도 겸비한 분들이랍니다. 그냥 여러분도 아셨으면 해서요.

〈다게블라데〉지에 인터뷰 기사가 실렸고, 동영상도 더불어 올라왔습니다.[36]

주저하지 말고 질문거리를 보내 주세요. 질의응답시간을 갖기로 약속했으니까요. 질문들 하세요!

같은 날 레기네는 일기에 다음과 같이 썼다. (현재까지 비공개 글이었음.)

나는 사랑을 사랑한다. 그리고 사랑을 위해 산다. 하지만 현재로서는 누군가 내게 정을 붙이는 게 꺼려진다. 많은 사람들이 나와 친해지고 나면 나를 좋아하게 된다. 나는 물러선다. 내가 죽은 뒤에 그 누구도 슬픔을 안고 남겨지기를 바라지 않으므로. 하지만 결국은 그렇게 될 것 같은 예감이 든다.

---

36) 기사에는 레기네와 벵 에이뎀의 병이 호전될 가망이 보인다는 내용이 주로 실려 있다. 벵 에이뎀은 동영상에서 레기네로부터 많은 것을 배웠다고 이야기한다. (http://www.dagbladet.no/2009/04/26/nyheter/innenriks/helse/kreftbehandling/5925057)

입원

2009년 5월 1일 08시 46분, 일기

불행히도 지금 크리스티안슨의 병원에 입원중입니다. 고열과 심한 근육통 때문에요. 무엇 때문인지는 아무도 모르지만 어쨌든 사람들이 내 몸에서 갖가지 검사에 쓰일 표본을 채집해 갔습니다. 항생제 치료를 시작했으니 약이 기적을 일으키기를 바랄 수밖에요. 아마 화학요법의 부작용인 듯합니다.

며칠 전부터 이미 몸이 좋지 않기는 했습니다. 소프센(Sofsen)이 방금 문병을 와서 정말 즐거운 시간을 보냈어요. 너무나 멋진 친구입니다! 소프센이 와 있는 동안 좀더 몸을 추스를 수 있었더라면 좋았을 것을. 하지만 꼭 다시 만날 거예요!

전시회 개관식에도 참석할 수 있었습니다. 다행이었지요! 사실 그럴 만큼 몸이 좋지는 않았지만 갈 수밖에 없었어요. 그리고 그 자리에 있었던 걸 기쁘게 생각한답니다.

말하자면 나는 지난 수요일부터 병원에 있습니다. 걱정이 태산이에요. 원인이 뭔지 아직 아무도 모릅니다. 집에 가고 싶은 마음이 간절합니다. 여기 누워 있느니 앓더라도 집에 가서 앓고 싶어요. 어차피 의사들이 할 수 있는 일도 없고요. 이번 주말에 여동생이 견진성사를 받는데 그때까지는 꼭 집에 가고 싶습니다. 병세만 나빠지고 원인이 뭔지는 찾아낼 수 없을까봐 너무 무서워요. 항생제를 복용하고는 있지만 별 도움이 안 되는 것 같습니다. 오늘은 40도가 넘는 고열에 시달렸거든요. 지금은 약간 나아질 기미가 보이는군요.

전시회 개관식 때도 이미 몸 상태가 나빴기 때문에 나는 완전히 제정신이 아니었습니다. 그렇게 되어 버리다니, 분통 터지는 일이었지요. 〈다그블라데〉지가 내 이야기를 두고 "사형선고를 받았다"고 한 건 참으로 '자극적인' 표현이었습니다. 다들 내가 반드시 죽는다는 식으로 단정 짓고 있는 건 정말이지 지겹습니다. 이제 새로운 치료를 시작했으니 그렇게 될지 말지는 아무도 모르는 거잖아요. 물론 암울한 상황이기는 하지만, 누군가 내 블로그에 이상한 댓글을 달아놓은 걸 볼 때마다 슬프기 그지없습니다. 어떤 사람은 글쎄 기꺼이 내 장례식에 와 주겠다고 써 놓았더라니까요! 이런 사람들 머릿속에는 도대체 뭐가 들어 있는 걸까요?

레기네의 글에 414개의 댓글이 달렸다. 대부분은 격려하는 글이었다. "암 투병중인 레기네, 모르텐 크로그볼드(Morten Krogvold)의 찬사를 받다."라는 〈다그블라데〉지의 기사[37]를 읽고 댓글을 쓴 사람도 많았다. 이 기사는 "사진예술계의 전설이 열일곱 살 소녀의 사진을 극찬했다."라는 표제어로 시작된다. 여기 댓글 몇 개와 레기네의 댓글을 선별해 소개한다.

안녕하세요, 레기네님.

정말 마음이 아프군요. 의사들이 조만간 병세를 호전시키는 데 성공하기를 바랍니다. 세상에는 이런 사람이 있는가 하면 저런 사람도 있고, 모두들 저마다 다른 행동방식과 사고방식을 갖고 산다는 걸 기억하세요. 레기네님의 열린 자세가 많은 사람들에게, 이제껏 그들 스스로도 알지 못했던 생각과 감정들을 일깨우는 계기가 된 것 같아요. 어떤 이들은 매우 강렬한 감정을 느끼고, 어떤 이들은 곰곰이 숙고하게 되고, 또 생각이 아주 '건전해지는' 못한 사람도 있겠지요. 댓글에서도 이런 성향은 그대로 드러납니다. 악성 댓글은 그냥 무시하고, 레기네님 자신이라든지 가족들처럼 정말 중요한 것에만 에너지를 쏟아 붓도록 하세요. 좋은 일만 있기를 바랍니다!

- 다정한 안부를 전하며, 토레(Tore)

어서 회복되기를 바란다, 레기네. 넌 해낼 수 있어!

안타까운 일이지만, 대중 앞에 서는 일에는 언제나 단점이 따르기 마련이란다. 사정을 잘 모르거나 정신적으로 문제가 있는 사람들이 어리석은 댓글을 쓰는 것도 그 중 하나지. 그런 건 신경 쓰지 않아도 돼! 넌 이미 많은 것을 해냈고, 다른 사람들이 이 병을 더 잘 이해할 수 있게 하는 데도 기여했잖니. 삶을 되돌아보는 계기를 만들어 주었고 말이야. 나도 요즘 암 치료를 받는 중인데, 난 벌써 예순일곱 살 '늙은' 할머니임에도 불구하고 네게서 배운 점이 많단다.

마음으로 너를 생각하며,

- 우니(Unni)

---

37) 다음은 사진과 관련된 레기네의 재능에 대해 보도한 기사 링크이다. http://www.dagbladet.no/2009/04/29/nyheter/innenriks/regine/kreft/kreftbehandling/5985217/

내 딸은 장애아였고, 네게 그랬듯이 의사들은 그 아이에게 '사형선고'를 내렸단다. 길어야 1년을 살 거라고 했지. 딸아이가 언제 죽을지 모른다고 생각하며 가슴 졸이지 않은 날이 없었어! 하지만 우린 죽음이 아니라 삶에 온 마음을 쏟아야 하는 거야. 새로운 약품과 치료법은 끊임없이 개발되고 있고, 어떤 기회가 주어지든 받아들일 자세가 되어 있으면 되는 거란다. 나와 수천 명의 다른 사람들이 너를 생각하고 있다, 레기네.

어서 열이 내려서 즐거운 하루를 보내기를 바란다!

- 그레테(Grete)

모르텐 크로그볼드가 그렇게 칭송했다니! 레기네님에게는 어마어마하게 기쁜 소식이었겠네요! 물론 칭송받아 마땅하지만. 비록 나는 인터넷에 올라온 사진들밖에 보지 못했지만, 그것도 표현력이 굉장히 풍부하고 훌륭하더군요.

세상에는 생각 없이 말을 함부로 내뱉는 사람들이 있어요……. 그런 댓글 따위는 마음에 담아두지 말고 좋은 말, 긍정적인 말만 듣도록 해요! 레기네님은 틀림없이 건강을 되찾을 거예요! 그냥 그런 사람들이 있는 건 어쩔 수 없어요. :)

- 잉에보르그(Ingeborg)

모든 분들에게 부탁말씀 드립니다. 레기네는 '암 환자 레기네'가 아닙니다. 어쩌다 암에 걸렸지만 레기네는 레기네일 뿐이에요. 두 가지 관점에는 큰 차이가 있습니다! 레기네는 멋지고 재치 넘치는 소녀이자 예리한 관점과 가치척도를 가진 사람입니다. 그녀의 면모는 보이는 것을 훨씬 넘어선답니다! '어여쁘고 가엾은 꼬마 레기네'가 아니라 의지가 강한 사람이지요. 그래요, 레기네는 여러분의 동정을 받을 수는 있지만, 날마다 "어이구, 불쌍한 것" 따위의 말을 듣고 싶지는 않을 겁니다. 스스로도 잘 알고 있는 사실이니까요. 그런 말은 레기네의 아픈 곳을 더욱 쑤시는 결과를 낳을 뿐입니다! 물론 레기네는 어여쁘지요. 하지만 그보다 훨씬 중요한 것은 레기네가 용감하다는 사실이에요! 그리고 "아……나는 이 블로그의 팬이에요!"라는 댓글을 남기는 분들 보세요. 도대체 무슨 팬이 되고 싶다는 말인가요? 레기네의 글 쓰는 방식이 좋다는 말이었으면 합니다만? 아니면 레기네가 대단하기 때문인가요? 레기네는 자신의 메시지를 전달하기 위해 블로그를 개설했지 여러분이 이 아이의 머리를 '토닥이며' "가여운 꼬마 같으니"라고 하는 걸 듣고 싶어 한 건 아닙니다. 이 사람들은 그런 말을 한 다음 곧바로 흥청대며 술이나 퍼마시고 다음날 머리가 아프다고 투덜대기나 하겠지요.

그리고 끊임없이 죽음에 관해 들먹거리는 분들도 보세요. 빌어먹을 초점을 대체 어디다 맞추는 겁니까??? 모든 게 잘될 거라는 데 초점을 맞추란 말입니다. 젠장! 감사합니다!!

– 소프센

그저 짧게 한 마디 전하고 싶어 글을 씁니다. 레기네님이 블로그에 글을 쓰며, 그리고 암에 맞서 싸우며 다른 사람들을 위해 어마어마하게 큰일을 하고 있다는 말을요.

얼마 전 헌혈을 하면서 간호사에게서, 레기네님에 관한 이야기를 들은 열 예닐곱 살 청소년들이 헌혈을 하러 몰려왔더라는 이야기를 들었습니다. 헌혈이 허락되는 열여덟 살이 되면 그들이 분명 다시 찾아올 거라고 나는 믿고 있어요! 그밖에도 틀림없이 레기네님의 소식을 듣고 찾아온 헌혈자들이 헤아릴 수 없이 많았을 거예요. 레기네님으로 인해 세상이 한층 더 따뜻한 곳이 되었네요!

당신은 세상을 더 나은 곳으로 만들고 있어요, 레기네님! 간간이 당신을 떠올리며 모든 일이 순조롭게 풀려 어서 건강을 되찾기를 기원한답니다! 즐거운 견진성사 되세요!

– 스티나(Stina)

너 언제 죽니?

– J

여러분의 따뜻한 격려에 천만 번 감사드립니다!

J: 너 정신 나갔구나? "너 언제 죽니?"라고? 누구든 내일 당장 자동차 사고로 죽을지는 아무도 모르는 거야. 누가 언제 죽는지는 아무도 확실히 알 수 없다고! 상처를 주려고 일부러 그런 질문을 하는 거니? 내게 가망이 별로 없다는 건 나도 알고 있어. 요즘 너처럼 쓰레기 같은 댓글을 쓰는 사람이 점점 많아진다는 느낌이 드는데, 도대체 왜 그런 건지 모르겠구나.

이런 글보다는 긍정적인 말이 내게 훨씬 더 와 닿는답니다. 대부분이 좋은 댓글이라 천만다행이에요. 이게 내게는 커다란 의미가 되지요! 그냥 저렇게 쓰레기 같은 글을 보면 화가 날 뿐입니다. 다른 사람들까지 그렇게 하도록 부추기는 자극제가 될 수도 있거든요. 어떤 사람들은 배려라고는 눈곱만큼도 없을뿐더러, 삶에서 진짜 중요한 게 뭔지도 모른답니다. 이런 두려움을 안고 산다는 게 무슨 의미인지 안다면 그토록 거만을 떨지도 못할 게 분명해요. 안타깝게도 인생은 너무나 불평등해서, 그래선 안 되는 사람들이 꼭 이런 병에 걸리곤 하지요. 나 자신만을 염두에 두고 하는 말은 아닙니다. 노르웨이는 물론이고 세계 각지에서 헤아릴 수 없이 많은 사람들이 난치병으로 고통 받고 있습니다. 내가 아는 모든 암 환자들은 새 삶을 선물 받아 마땅한 사람들입니다!

– 레기네

미국에서 날아온 소식
2009년 5월 5일 00시 44분, 일기

　오늘 크리스티안순의 주치의가 전화를 걸어 미국에서 연락이 왔다는 소식을 전해 주었습니다. 엄마와 아빠, 나는 큰 기대를 안고 병원으로 향했지요. 2주일 동안이나 답변을 기다려야 했거든요. 미국의 의사는 왕립병원의 진단 결과에 대부분 동의하며, 내게 가능성이 매우 희박하다는 사실도 인정하지만 내 상태가 안정적이고 기타 질환의 증후가 보이지 않는다면 나를 데려가 치료할 용의가 있다고 말했답니다. 치료는 아직 시험단계에 있는 화학요법(?)을 여러 주기에 걸쳐 시행하는 방법으로 이루어지며, 이 요법이 관해(골수 내의 암세포가 5퍼센트 이하로 경감됨)[38]의 효과를 불러올 것이라고 했습니다. 완전 관해가 이루어진 후에는 골수 재이식을 고려해볼 수도 있다고 합니다. 우리 쪽에서 원한다면 내 건강상태를 점검하고 그쪽 의사가 직접 내 세포를 확인할 수 있도록 내가 미국으로 와도 좋다고 하네요.

　엄밀히 따지면 우리도 다른 대답을 기대한 건 아니었습니다. 내가 완전히 치유될 가능성이 낮다는 것은 새삼 물어볼 것도 없었지요. 그 점이라면 다들 명확히

---

38) 관해(Remission): 혈액생성을 정상화하고 골수 내의 암세포를 소멸시킴으로써 병의 모든 징후를 제거하는 것.

받아들이고 있습니다. 긍정적인 건 그들이 새로운 치료법을 시도해볼 준비가 되어 있다는 사실이었습니다. 가능성이 희박하기는 하지만 효과가 있을지도 모르고요.

이제 어떻게 해야 할지 심사숙고하는 일만 남았습니다. 이곳에서 치료를 계속할 것인가, 아니면 미국행을 택할 것인가?

의사들과 이 일에 관해 의논하기 위해 목요일에 트론하임에 가기로 했습니다. 전문가들의 관점으로 상황을 파악하는 일이 무엇보다 중요하니까요. 우리는 어디든 최선의 치료 가능성이 있는 곳을 택할 겁니다. 노르웨이에서 치료를 계속하는 편이 낫다고 판단되면 그렇게 할 거고요. 현재로서는 모든 게 매우 불투명하지만, 미국행에 비중이 쏠릴 경우 지체 없이 그쪽으로 가서 미국 의사들의 진료를 받아야 할 겁니다. 연락을 해 온 병원은 텍사스 주에 있고 내가 앓고 있는 종류의 암에 관한 한 최고의 권위를 자랑하는 병원들 중 하나라고 하네요.

그밖에도 우리는 문의를 한 영국과 독일의 병원들로부터 응답이 오기를 기다리고 있습니다. 그쪽에서는 어떤 판단을 할지 궁금합니다.

다행이도 나는 점점 나아지고 있습니다. 오늘은 열이 없었는데, 그것만도 좋은 신호입니다. 여동생의 견진성사에도 참석할 수 있어 얼마나 기뻤는지 모른답니다! 정말 멋진 행사였어요. 성공한 날이라고나 할까요. 교구 간호사님들이 도와주신 덕분에 주말의 대부분을 집에서 보낼 수 있었습니다.

질의응답 – 1부
2009년 5월 7일 01시 24분. 정보

내일(목요일) 아침 일찍 의사들을 만나러 트론하임에 갑니다. 상담 내용은 미국의 병원 등의 문제에 관한 것입니다. 지금 복용하는 약이 효과가 없는 것 같아 심히 스트레스를 받고 있습니다. 뭔가 해야 할 일이 있다면 신속히 시작해야 합니다. 귀가하는 대로 새로운 소식을 전하겠습니다. 여기 여러분의 몇몇 질문에 대한 대답입니다.

'아네(Ane)'님의 질문:

● 건강을 회복한다면 그동안의 이야기에 관해 책을 써 볼 의향이 있나요?

대답: 예. 매우 흥미진진한 일이 될 것 같습니다.

● 유서를 작성해 놓았나요?

대답: 아니오.

● 죽음이 두려운가요?

대답: 예.

● 그렇다면 왜인가요?

대답: 내 삶에 대해 수많은 계획을 세워 놓았기 때문입니다. 더 오래 살고, 더 많이 보고, 더 많이 경험하고 싶습니다. 당연한 일 아닌가요?

● 언젠가 내가 레기네님을 만날 수 있을 거라고 생각하나요?

대답: 결코 아니라는 말을 결코 할 수 없는 게 사람이지요.

● 만난다면 나를 껴안아줄 수 있나요?

대답: 세균 등에 관해 지독한 결벽증이 생긴 상태라 아마도 껴안아주지는 못 할 것 같군요 ;)

● NN님이 자신의 블로그에 레기네님을 일상의 영웅이라고 빈정대는 글을 쓴 데 대해 어떻게 생각하나요?

대답: 매우 유치한 글이라고 생각합니다. 내 인생에는 인기 블로그 순위에 오르는 것보다 중요한 다른 일들이 많거든요.

● 그를 어떻게 생각합니까?

대답: 개인적으로 아는 사이가 아니기 때문에 그에 관한 내 견해를 지나치게 피력해서는 안 될 것 같군요. 간단히만 대답하자면 그다지 내가 좋아하는 타입은 아닙니다.

● 매일 들어가 보는 블로그가 있다면?

대답: 마렌-소피, 안네 마리, 소피에 프뢰이소(Sofie Frøysaa)의 블로그.

● 학교에 다시 나갈 건가요?

대답: 건강을 회복하면 다시 갈 것입니다.

● 장래희망은 무엇인가요?

대답: 심리학자, 사진가, 언론인.

● 죽음 뒤에는 무엇이 온다고 생각하나요?

대답: 모든 것이 암흑에 잠기고 영원한 잠에 빠지는 것, 그저 인간으로서 존재하는 일이 끝나는 것이라고 생각합니다.

● 가족들과 아주 긴밀한 유대관계를 맺고 있는지?

대답: 예.

● 유년시절의 기억들 중 가장 멋진 기억은 무엇인가요?

대답: 멋진 기억이라면 셀 수도 없을 정도로 많답니다. 특별한 기억을 꼽으라면 말린(Malin)과 함께 매일 먹이가 필요한 북극곰을 친구로 삼기로 한 일입니다. 우리는 북극곰을 날마다 찾아가 먹을 것을 주었지요.

● 가장 끔찍한 기억은?

대답: 외모 때문에 멸시 당했던 때입니다.

● 외딴섬에 좌초될 경우 누구와 함께 있었으면 좋겠습니까?

대답: 가장 친한 친구들이 함께 있으면 좋겠지요.

● 레기네님에게 가장 큰 의미를 지닌 것은?

대답: 가족, 친구들, 우리 고양이.

'오다(Oda)'님의 헌혈에 관한 궁금증:

● 술(혹은 담배)과 관련해 주의해야 할 사항이 있는지(나는 비흡연자이지만 혹시 궁금해 하는 사람들이 있을지 모르므로), 또 키스나 섹스 등은 어떤지 알려줄 수 있나요? 그밖에도 헌혈을 하려면 '해서는 안 되는' 것이 있을까요? '규정을 어길' 경우 어떤 결과가 초래되나요?

대답: 특별한 주의사항은 없는 걸로 알고 있습니다. 중요한 건 신체 건강하다는 점, 그리고 전염 우려가 있는 질병이 없어야 한다는 점입니다. 헌혈 기본조건이 충족되는지 확인하는 데는 단 한 번의 건강검진으로 충분합니다. 그러나 헌혈 지침의 권장사항에 어긋나지 않도록 하는 일은 어마어마하게 중요합니다. 그것이 수혈자에게 미칠 수 있는 파급효과 때문이지요.

'마리스베(Marisve)'님의 질문:

● 즐겨 떠올리는 추억이 있나요? 혹은 또 한 번 경험하고 싶은 일은?

대답: 친구들과 콘서트나 축제에 갔던 추억, 그 중에서도 특별히 즐거웠던 순간들을 떠올릴 때 행복하답니다. 그리고 다시 한 번 하고 싶은 일은 가족들과 휴가를 보내는 거예요.

'말린두스(Malindus)'님의 질문:

● 블로그 주소를 'sinober'라고 한 이유는 무엇인가요?

대답: sinober는 'Cinnabar(진사辰砂, 황화수은으로 구성된 붉은 빛의 광물 –역자 주)'에서 유래한 단어입니다. 너무나 아름다운 광물이지요. 빨간색은 내가 가장 좋아하는 색 중 하나이기도 합니다.

'실리에'님의 질문:

● 어디에서 영감을 얻나요? 레기네님의 에너지는 어디에서 비롯된 것이지요?

대답: 음악과 자연, 그리고 내 생각과 감정으로부터 영감을 얻습니다.

'미스 노스(Miss North)'님의 질문:

● 좋아하는 사진가는?

대답: 페터 베스테(Peter Beste)와 맷 머후린(Matt Mahurin)의 작품들이 매우 훌륭하다고 생각합니다.

익명의 블로거의 질문:

● 레기네님의 병에 관해 좀더 알고 싶습니다. 화학요법을 받을 때 머리카락 등이 빠졌다고 했는데, 조금씩 빠졌나요? 체모가 전부, 말하자면 눈썹과 속눈썹, 겨드랑이와 다리에 난 털 등도 빠지나요?

대답: 체모가 모두 빠지기까지는 오랜 시간이 걸렸습니다. 맞아요, 조금씩 점점 빠집니다. 처음에는 머리카락만, 나중에는 눈썹과 속눈썹도 잃었지요. 죄다 빠져 버리기까지는 넉 달 정도 걸렸습니다.

● 병이 일상생활에 어떤 영향을 끼치나요? 통증이 있다거나 속이 울렁거린다거나 하는 게 느껴지는지, 아니면 자신이 병에 걸렸고 그게 몸을 갉아먹는다

는 사실을 그저 알고 있을 뿐인가요?

대답: 당연히 병이 일상생활에 지장을 초래한다는 것을 느끼지요. 학교에도 갈 수 없고, 다른 사람들은 당연히 하는 일들을 못 하니까요. 면역력이 형편 없기 때문에 어디서든 감염되지 않도록 조심해야 합니다. 사람이 많은 장소에 나가지 못하는 것도 그래서입니다. 강한 통증은 없지만 기진맥진해 있고, 여느 건강한 사람이 가진 만큼의 기력도 없습니다.

● 의사들이 열일곱 살밖에 되지 않은 레기네님에게 '사형선고'를 내린 일이 옳았다고 생각합니까?

대답: 당연히 열일곱 살밖에 안 된 여자아이에게는 괜찮지 않은 일입니다. 하지만 더 이상 가망이 없다면 어쩔 수 없지요. 다만 의사들은 할 수 있는 방법을 다 시도해봐야 하고, 환자들도 다른 치료법을 더 받아보고 싶은지 스스로 결정할 수 있어야 한다고 생각합니다.

'리스베트(Lisbeth)'님의 질문:

● 이렇게 표현할 수 있는지 모르겠지만, 레기네님의 병과 관련해 긍정적인 면이 있는지요?

대답: 긍정적인 점이라면, 삶을 한층 더 소중히 여기는 법을 배우고 하루하루를 예전보다 더욱 즐기게 되었다는 점입니다.

● 가장 무서워하는 것은?

대답: 지옥 같은 통증이 무엇보다도 무섭습니다. 물론 죽음도 두렵고요.

● 의사들이 레기네님을 포기했다는 사실을 알았을 때 가장 먼저 머릿속에 떠오른 생각은 무엇인가요?

대답: 말하지 않아도 짐작할 수 있지 않나요? 당연히 내가 죽어야 한다는 것과 더 이상 희망이 없다는 것, 모든 게 정말 끝이라는 생각이 들었지요.

● 긍정적으로든 부정적으로든 이목을 끌게 된 것에 대해 어떻게 생각하나요?

대답: 대개는 주목받게 된 일을 좋게 여깁니다. 사람들은 내가 참고 견뎌내며 더욱 긍정적인 생각을 하도록 도와주었어요. 지금까지 받은, 그리고 여전히 받고 있는 지지는 예전이나 지금이나 비할 데 없이 소중합니다. 경멸하는 글을 남기는 이들도 더러 있습니다만, 이들은 뭐가 뭔지도 모르는 어리석은 인간일

뿐더러 아마도 남에 대한 동정심이 완전히 결핍된 것일지도 모릅니다.

● 레기네님은 정말 겉으로 보이는 것처럼 강인한 사람인가요? 그런 용기는 어디서 오는 거지요?

대답: 이런 날도 있고 저런 날도 있습니다. 날마다 기분이 달라요. 다만 이런 상황에 처하면 강해지는 법을 배우게 마련입니다. 달리 선택권이 없으니까요.

'베아테(Beate)'님의 질문:

● 예전에 스포츠를 즐겼나요? 그렇다면 어떤 종류의 스포츠인가요?

대답: 무용을 배우고 축구와 복싱을 했지요.

● 가장 좋아하는 밴드는?

대답: 울버, 인슬레이브드, 바르드루나.

'카롤리네(Caroline)'님의 질문:

● 치료를 받지 않을 때면 병원에서 무엇을 하지요? 책을 많이 읽는다거나 하나요?

대답: 보통의 경우 치료를 받지 않을 때는 병원에 있지 않습니다. :) 치료중일 때를 말씀하시는 것이겠지요? 대부분은 시간을 때우기 위해 텔레비전을 봅니다. 사실 그것 말고는 딱히 할 일이 없어요.

'이네 아말리(Ine Amalie)'님의 질문:

● 진단 결과를 들었을 때 무슨 생각을 했나요?

대답: 두려움 때문에 제정신이 아니었고, 이제 끝이라고 철석같이 믿었습니다. 치료라든지 회복 가능성 등에 관해 온갖 생각이 머릿속에 맴돌았지요.

● 머리카락이 없는 상태로 지내기가 어떤가요?(내가 보기에는 잘 어울리지만 레기네님 스스로 느끼는 바를 알고 싶습니다.)

대답: 짜증스럽지요. 완전히 발가벗은 느낌이거든요. 가끔씩 나는 머리칼 뒤에 자신을 숨길 수 있도록 헤어스타일을 꾸미는 것을 좋아했거든요. 여러 헤어스타일을 해 보고 머리칼을 빗고 머리를 감는 일이 끔찍이도 그리워요.

● 건강이 회복된 뒤의 미래 계획을 어떻게 세우고 있나요?

대답: 물론 계획이 없는 건 아니지만, 계획을 세우거나 이것저것 상상하는 일이 매우 조심스럽습니다. 내 삶을 살고, 하고 싶은 일들을 하고, 좋아하는 사람들과 시간을 보내고 싶은 마음이 간절합니다. 뭔가 의미 있는 일을 하는 것이 내 바람입니다. 병원에서 투병중인 사람들에게 더 나은 조건을 만들어주는 데 헌신하고, 특히 상태가 위독한 암 환자들을 돕고 싶습니다. 물론 세계여행을 하며 사진을 찍고 싶기도 하고요.

나머지 질의응답은 다음번에 올리겠습니다!

Get rich or die trying
2009년 5월 7일 22시 52분, 일기

시험적으로 복용해 본 약이 별다른 효과가 없었다는 사실이 비로소 확인되었습니다. 약이 효과를 발휘하기까지 걸리는 시간이 너무 길고, 틀림없이 여러 주기에 걸쳐 치료를 받아야 할 텐데 우리에게는 그럴 시간이 없습니다. 병이 완전히 통제 불능으로 악화된 상태거든요. 의사들 말로는 혈액표본을 들여다보니 암세포만 득시글거리고 있다고 합니다.

우리는 고용량 화학요법이 최선의 해결책이라는 결론을 내렸습니다. 효과가 있을지, 내가 과연 견뎌낼 수나 있을지는 아무도 모릅니다. 그저 시도해봐야 한다는 생각뿐입니다. 집에 가서 죽음이나 기다리고 있지 않으려면 그것 말고는 대안이 없습니다. 우리는 효과가 있을만한 것은 모두 시도하고 있습니다. 두 차례 화학요법을 통해 관해를 달성하는 것이 지금 우리의 계획입니다. 이후에는 골수 재이식을 실시하겠답니다. 모든 게 순조롭게 진행된다면 말이지요. 제발 항암제가 암세포를 제거해서 또 한 번 골수이식을 받을 수 있기를 바랄 뿐입니다. 시간이 촉박하기 때문에 화학요법은 월요일에 바로 시작할 겁니다. 트론하임의 의사들은 미국행이 무의미하다는 견해였습니다. 미국 의사들이 제안한 치료법은 여기서도 시행할 수 있기 때문이지요.

또다시 집중치료를 앞두고 있으려니 힘이 드네요. 하지만 어쩔 수 없다는 것을 알고 있습니다.

마법의 치료제라도 있었으면 하는 마음이지만 그런 건 있을 리 없지요. 언젠가 아래 사진에서처럼 쾌활한 모습을 되찾았으면 좋겠습니다. 그때가 되려면 아직 좀더 기다려야 합니다.

손님의 글

2009년 5월 8일 17시 03분, 방명록

내 블로그를 애독하시는 한 블로거님이 방명록을 남기고자 하십니다. 소피에 프뢰이소님이 그 주인공입니다. 부정적인 댓글을 남기는 사람들에게 꼭 한 마디 해 주고 싶다고 합니다. 글 자체도 매우 훌륭할뿐더러 이렇게 저를 지지해주는 게 굉장히 기쁘답니다! 거의 모든 방문자님들이 저를 좋게 보아 주셔서 다행이에요. 현명하고 친절한 분들입니다. 하지만 블로그가 어느 정도 인기를 얻다 보면 꼭 부정적인 댓글이 점점 더 많아지는 법이지요.

소피에 프뢰이소님을 나는 진심으로 좋아한답니다. 내가 자신의 팬이라는 건 본인도 알고 있을 거예요!

칠 좀 드십시오!

레기네의 블로그 애독자님들께,

주의! 이 글에 대한 책임은 전적으로 나에게 있습니다.

내 이름은 소피에 프뢰이소입니다. 다른 여러 분들처럼 나도 지난해 11월 레기네의 블로그가 문을 연 이래로 꾸준히 이곳을 드나들고 있습니다. 여러분 중 대부분은 격려의 말과 호의적인 말을 남기지요. 그리고 동정심을 보이며 레기네에게 좋은 일만 있기를 기원해 줍니다. 당연히 그래야 하지요! 안 그런가요? 그럼에도 세상에는 가정교육이 덜 되고 레기네에 대한 연민이라고는 찾아볼 수 없는 멍청이들이 있습니다. 이 글은 바로 그런 사람들을 겨냥한 것입니다.

나는 레기네의 블로그를 애독하는 사람일 뿐 아니라 레기네의 친구이기도 합니다. 그래서 간간이 쓰레기 같은 댓글로 쓸데없이 레기네의 에너지를 소모시키는 사람들을 보면 어이가 없고 분노하고 슬퍼하게 되지요.

NN이 '천국의 드라마'라는 제목으로 그야말로 최고로 비열한 글을 썼다는 건 공공연히 알려진 사실입니다. blogg.no 사이트의 유명 블로그 순위목록에 관한 글이지요. 이 글에서 그는 레기네가 이 매력적인 순위목록의 상위권 자리를 차지할 자격이 있는지 없는지 블로거들에게 물었습니다. (그가 답변들 중 일부만을 블로그에 공개했다는 사실도 짚고 넘어가야겠습니다. 그래서 그처럼 비열하고 경악스러운 댓글들을 허용했다는 사실이 더욱 압권이더군요.)

당연히 레기네의 최고 우선순위는 인기를 얻거나 방문자 수를 늘리는 것입지요. 그것 말고는 어떤 목표도 없답니다. 말하자면 "자기 PR은 무조건 다 좋은 것"이라고나 할까요. (아, 내가 깜빡했군요. 이 글이 아마도 반어법을 이해 못하는 사람들을 염두에 두고 쓴 글이라는 사실을 말이에요. 이거 미안합니다.) 또 다른 한 명청이는 바로 어제 레기네의 블로그에 악성 댓글을 토해놓고 갔더군요. 다른 명청이들도 노르웨이 국민의 사회적 지성지수의 평균을 확 깎아먹는 데 단단히 한 몫을 했고 말이지요. (참고로 그 사람은 사과를 했답니다. 다른 말로 하면 아직 희망은 남아 있는 겁니다! 그렇지 않다면 내가 이런 글 따위는 쓰지도 않았을 겁니다.)

오늘도 참 인상적인 댓글을 하나 더 발견했습니다. 어떤 여자아이가 이렇게 썼더군요. "질문에 대답하는 태도가 짜증스럽고 언짢기 짝이 없구나." 이 정도면 참 자극적이지 않습니까? 아가야, 레기네가 들은 것 같은 소식을 전해 들었더라면 너는 어땠겠니? 아무래도 상관없다는 투로 어깨나 한번 으쓱하고 말 것 같니? 단언하건대 너는 이 상황이 얼마나 심각한지 전혀 모르고 있는 게 틀림없구나. 이건 말 그대로 - 너무나 쓰디쓰고 부당한 일이지만 - 죽느냐 사느냐에 관한 문제야! 지난주에 나는 휴대전화기를 잃어버렸지(레기네를 문병하고 돌아오는 길에 비행기에서). 바로 그 때 나는 짜증스럽고 언짢은 상태였단다. 그처럼 무의미한 돌발 사건이 일어났을 때 짜증스럽고 언짢은 기분이 든다고 하는 거야. 네가 이 단어를 그런 데다 갖다 붙이는 것 자체가 정말이지 이해가 안 가는구나! 정말로 너는 암에 걸린 채 살아야 하는 사람이 그저 짜증스러운 기분일 뿐이라고 여기는 거니? 사물을 다른 각도에서 바라본다는 것에 대해 들어본 적 혹시 있니? 없다고? 그럴 거라고 거의 짐작은 하고 있었다만.

그리고 여러분이 보내는 질문들이라는 것도, 쉽게 말해 사람 기분을 북돋우는 건 아니더군요. 예를 몇 개 들어 주지요. "죽음이 두려운가요?" "의사들이 열일곱 살밖에 되지 않은 레기네님에게 '사형선고'를 내린 일이 옳았다고 생각합니까?" "더 이상 어떤 희망도 남아 있지 않으며 당신이 한 달 안에 죽는다는 소식을 듣는다면 뭘 하겠어요?" 그렇게들 레기네의 아픈 곳을 들쑤시고 싶나요? 왜 그리도 죽음에 심취해 있는 거지요? 그 중에서도 최고로 뻔뻔스러운 언사는 이거였지요. "고이 잠드소서." 당신들은 레기네가 최악의 상황을 두려워해야 하는 처지임을 스스로 명확히 감지하고 있다는 생각이 안 드나요? 어째서 긍정적인 것에만 몰두하도록 북돋워주지 못하는 겁니까? 희망은 아직 남아 있고, 레기네가 당연히 이겨내리라는 사실을 말입니다!

지상의 한 자리를 차지할 자격이 있는 사람, 레기네가 바로 그런 사람입니다. 우리에게 끝도 없이 많은 것을 가르쳐주는 사람, 레기네가 바로 그런 사람이지요. 그리고 우리의 지지를 필요로 하는 사람, 그래요, 바로 레기네입니다! 레기네는 '겨우' 열일곱 살이지만 이미 대다수의 다른 사람들보다 많은 것을 경험했습니다. 레기네는 인생의 가장 쓰디쓴 면을 맛보았으면서도 결코 용기를 잃지 않았습니다. 레기네는 삶을 더욱 소중히 여길 것을 우리에게 가르쳐주고 있습니다. 삶을 다른 각도에서 바라볼 것을, 그리고 삶이 귀한 선물이라는 것을 가르쳐주고 있기도 합니다. 우리가 지상에서의 삶을 부여받았고, 그렇기 때문에 이를 최대한으로 누려야 한다는 점을 일깨우는 거지요.

레기네는 모범적인 사람입니다. 따라서 이 아이를 당신들의 어리석은 행동에 희생양으로 삼는 건 뻔뻔스럽다 못해 순전히 야만적인 행동입니다. 아마도 어떤 이들은 레기네가 겨우 열일곱의 나이에 지상에서 이루어낸 것에 대해 - 비열하고도 부정한 방식으로 - 질투를 표출하는 건지도 모릅니다. 자신들은 거기까지 도달하려면 까마득하거든요.

나는 이미 네 살 때 어머니로부터, 상냥한 말이나 유익한 비판을 하지 못할 바에야 아예 입 닥치고 있는 편이 낫다는 것을 배웠습니다. 내가 제안하는 바는, 지금부터 "남이 나에게 하기를 바라지 않는 행동을 나도 남에게 하지 말자."라는 원칙에 따라 행동하자는 것입니다.

이 글에 대해 질문이 있거나 "저 사람 정말 까탈스럽군." 따위의 비난을 하고 싶은 분은 내 블로그에 직접 댓글을 달아 주십시오.

　- 소프센

완전투입
2009년 5월 9일 18시 55분, 일기

이런저런 일들에도 불구하고 지난 주말은 즐거웠습니다. 월요일에는 또 다시

지옥행이니 그때까지 최대한 편안히 지내려 노력하고 있습니다. 오늘 저녁에는 맛있는 음식을 먹고 가족들과 함께 느긋하게 보낼 작정입니다. 그밖에도 마틴과 많은 시간을 보냈는데, 정말 즐거웠지요. 어쨌든 병에 대해서는 잠시 잊게 해 주는 일들을 하려 노력중입니다. 내가 아주 중요시하는 것을 꼽으라면 바로 내 관심을 다른 데로 돌려주는 친구들입니다. 월요일이 다가올수록 두려움도 점점 커져가네요. 이 끔찍한 화학요법은 결코 재미있는 건 못 됩니다. 하지만 어쩔 수 없습니다. 더 이상 잃을 것도 없으니 곧바로 내 모든 것을 완전히 투입할 수도 있는 것이지요. 트론하임의 의사들은 내가 고용량 화학요법을 받아야 한다는 데 의견의 일치를 보았습니다. 나를 돕기 위해서라면 할 수 있는 것은 다 할 분들입니다. 다만 내게는 정말 힘든 일이라는 것도 모두 알고 있습니다.

도착
2009년 5월 10일 22시 03분, 일기

차로 세 시간 반이나 달린 끝에 마침내 트론하임의 성 올라브스 병원에 다시 와 있습니다. 다행이도 내일 이른 아침까지는 아무 치료도 안 받게 되었지만, 그 다음에는 정말 시작입니다. 일단은 검사를 위해 골수를 채취한 뒤 화학요법에 착수하게 됩니다. 골수 속에 얼마나 많은 암세포가 포진하고 있는지는 생각조차 하고 싶지 않습니다. 하지만 결과가 어떻든 간에 화학요법은 받아야 합니다. 치료는 5일 주기인데, 이 닷새 동안은 늘 그렇듯 녹초가 되어 보내게 될 거라 예상하고 있습니다. 치료가 끝난 뒤에는 더 심할 겁니다. 또다시 패혈증이 발생할 가능성이 있는데, 정말 진저리쳐진답니다. 그나마 우리가 그새 내 몸에 대해 좀더 알게 되었다는 게 다행입니다. 내 몸이 어떻게 반응할지 알고 있으니 아마 적절한 항생제를 준비해놓을 수도 있을 테고요. 내게 투여될 항암제는 반짝이는 약제와 파란색을 띤 약제입니다. 전에도 이걸 맞은 적이 있는데 효과가 있었어요. 이번에도 그랬으면 좋겠습니다. 안 그럴 이유가 없잖아요? 기다려 봐야지요. 파란색 항암제를 처음 맞은 이후로 파란색이 들어간 간식거리가 꺼려지더군요. 파란색 슬러시는 아예 말도 꺼내기 싫다니까요. 우웩!

여러분 중에도 틀림없이 에스펜 스텐(Espen Steen)에 관해 들어보신 분이 있을 겁니다. 그는 2007년 1월에 자신이 대장암에 걸렸다는 사실을 알게 됩니다. 항암제와 자외선 치료는 물론 수차례에 걸쳐 수술을 받아야 했습니다. 그러나 나중에는 암이 간에까지 전이되었다는 이야기를 듣습니다. 그는 별다른 효과도 내지 못하는 화학요법을 계속해서 받았습니다. 수술도 몇 차례 더 받았지만 마침내 암세포가 폐 전체에 퍼져 있다는 것만 발견하고 맙니다. 의사들은 에스펜 스텐을 위해 할 수 있는 게 더 이상 없다는 것을 깨닫고 불치 판정을 내렸습니다.

하지만 에스펜 스텐은 그렇게 '쉽게' 항복하려 들지 않았습니다. 몇몇 병원을 전전하며 정보를 구한 끝에 텍사스 주의 휴스턴 시에서 일하는 버진스키(Burzynski) 박사에게서 치료를 받기로 결정했지요. 그러나 에스펜 혼자서는 치료에 들어가는 막대한 비용을 감당할 수 없었습니다.

그 치료법은 노르웨이에도 있습니다만, 에스펜의 암을 치료하는 데 시행되지는 않습니다. 때문에 여기서 치료받을 수 없었던 에스펜은 어마어마한 비용을 지출하며 미국까지 건너갈 수밖에 없었지요.

치료는 성공적이었습니다. 에스펜의 홈페이지에 들어가면 모든 이야기를 읽으실 수 있습니다. 에스펜 혼자서는 치료비를 감당하기 역부족이기 때문에, 여러분이 보태는 작은 성금 하나하나가 그에게는 소중한 도움이 될 것입니다.

화학치료를 받는 중입니다. 게다가 지금까지 기대 이상으로 효과가 나타나고 있습니다. 원래는 5일 주기로, 말하자면 월요일부터 금요일까지 화학요법을 받는 것으로 예정되어 있었는데 지금은 금요일에 항암제를 맞을 필요가 있는지 고려중입니다. 내일 나오는 혈액검사 결과를 일단 지켜보기로 했습니다. 골수채취를 하지 않는 한은 골수 내에서 무슨 일이 일어나는지 알 수 없지만, 혈액검사 결과상으로는 치료가 큰 효과를 발휘하는 걸로 나오거든요. 의사들도 매우 놀라는 것 같습니다.

화학요법을 시작할 무렵 내 백혈구 수치는 26이었습니다. 건강한 사람의 경우 이 수치가 3~10범위 내로 나온답니다. 이 숫자로 혈액 내에 암세포가 많이 있는가를 판단하게 됩니다. 다만 세균에 감염된 경우에도 수치가 높게 나올 수는 있습니다. 암에 걸린 사람이 아무런 치료를 받지 않을 경우 이 수치는 지속적으로 상승하지요. 내 경우 수치가 하루 사이에 26에서 5로 떨어졌습니다. 이처럼 급격한 감소는 화학요법의 효과가 탁월하다는 것을 보여주는 증거입니다.

골수 내에 암세포가 얼마나 많은지 확인하기 위해 약 2주일 뒤에 또 한 번 골수검사를 받기로 했습니다. 정말 떨리는 날이 될 것 같아요!

지금까지 별다른 부작용도 나타나지 않았답니다. 크게 식욕이 있는 건 아니지만 음식도 조금씩 넘길 수 있어요. 운 좋게도 구토 증세가 나타나지 않았거든요! 그밖에도 그저 피곤한 게 다입니다. 하지만 의사들은 아마 다음 주에 패혈증에 걸리는 걸로 대가를 톡톡히 치를 거라고 하네요.

혹시 화학요법이 끝난 직후에 주말을 보내기 위해 집에 다녀올 수 있을지도 모르겠습니다. 그냥 희망사항입니다. 그렇지 못할 경우 한동안 집에 가기는 틀린 일이 될지 몰라요.

지금 마틴이 병문안을 와 있습니다. 병원에서 하룻밤을 보낼 수 있게 되었답니다. 부모님 말고 다른 사람이 올 수 있어 참 좋네요. 물론 부모님이 와 계신 것도 좋지만 말이에요!

어제는 항암제 투여 후에 시내에 다녀왔습니다. 중간에 어느 영화관을 지나쳤는데, 그곳에서 아주 다양한 DVD를 판매하고 있더군요. 데이비드 린치(David Lynch)의 〈블루 벨벳(Blue Velvet)〉을 구입했답니다. 정말 멋진 영화에요. 강력 추천입니다!

안 울레우 슬라템(Slatem)님(내 사진전을 기획해주신 친절한 그분)으로부터 들은 이야기인데, 모르텐 크로그볼드 작가님이 나에 관해 사전에 아무 말도 하지 않은 채 유명한 사진작가들을 내 사진전에 모셔왔답니다. 그런데 그분들이 내 사진을 마음에 들어 했다는 거예요! 그런 이야기를 들을 때마다 날아갈 듯이 기쁘답니다. 심지어는 몇몇 작품이 팔리기도 했는데 정확히 몇 점인지는 아직 모르겠습니다. 나중에 인터넷 판매도 하게 될 것 같아요. 그렇게 된다면 정말 멋진 일이겠지요.

신발

저녁 여섯 시에 열리는 자선공연 잊지 마세요!

2009년 5월 14일 17시 03분, 일기

　오늘 저녁 여섯 시에 '타히티'에서 자선공연이 열린다는 걸 여러분에게 상기시켜 드리고자 합니다. 음악과 춤이 곁들여진 환상적인 오락 프로그램이 준비되어 있답니다. 나도 가고 싶은 마음이 굴뚝같지만 아무래도 참석하지 못할 것 같아요. 내일은 마지막 화학요법을 받는 날이라 아마 그 후에 집에 가게 될 것 같고요. '타히티' 근처에 사는 분들은 꼭 공연에 가 보시기 바랍니다. 공연에서 모인 기금은 아동 및 성인 암환자의 병원 조건을 개선하는 일과 골수이형성증후군 연구에 쓰일 것입니다. 지금까지는 이 일이 활동적으로 이루어지지 않은 걸로 보입니다. 많은 분들이 미국에는 내 병을 낫게 할 기적의 치료법이 있는 걸로 잘못 생각하고 있습니다. 현재는 미국에서 쓰는 것과 똑같은 요법을 노르웨이에서 무료로 받을 수 있는데, 이건 앞으로도 변함없으면 좋겠습니다. 뭔가 변동사항이 있을 경우 여러분에게 알려드리도록 하지요. 화학요법을 시작하기 전에는 내 혈액의 90퍼센트를 암세포가 차지하고 있었습니다. 수치가 이렇게 높았던 적은 여태껏 없었어요. 어마어마하지요! 골수 내의 암세포는 26퍼센트였습니다. 월요일에 화학요법을 시작하지 않았더라면 죽기까지는 얼마 걸리지도 않았을 겁니다. 지금은 혈액 내에 암세포가 눈에 띄게 많아 보이지는 않는데, 골수의 상태도 마찬가지였으면 좋겠네요. 골수를 채취해보기 전까지는 결코 알 수 없는 일이지만 말입니다. 좋은 결과가 나오기를 바라고 있고 기분도 상당히 좋지만, 미리부터 너무 기뻐해서는 안 되겠지요.

　오늘은 마틴과 아빠와 함께 카페에 가서 즐거운 한때를 보냈습니다. 나초와 케이크도 먹었어요. 할 수 있는 데까지는 이렇게 병원생활로부터 잠시 벗어나는 것도 좋지요. 오늘 저녁에는 꼭 데이비드 린치의 영화를 볼 작정입니다. 입원실까지 운반할 수 있는 대형 평면 텔레비전이 병원에 있거든요. 거의 영화관 수준이라니까요. 정말 멋지지 않나요!

레기네와 마틴.

그녀, 궁지에 몰리다
2009년 5월 17일 23시 04분. 일기

자, 주말도 무사히 지나갔습니다. 좋은 일이에요! 집에서 보낸 주말은 아주 유익했답니다. 지금껏 아무 부작용도 나타나지 않아서 요 며칠을 최대한 활용하도록 노력하고 있습니다. 그러나 면역력이 제로로 떨어져서 절대 감염되지 않도록 조심해야 합니다. 실은 열이 오르기를 기다리는 중입니다. 언제고 열이 솟구칠 수 있지만 감사하게도 집에 머물다가 상태가 나빠질 때만 병원으로 가도 된답니다. 꼭 나빠져야 한다는 건 아니지만 그럴 가능성이 매우 높기 때문에 큰 기대는 하지 않기로 했습니다.

5월 16일은 성공적인 하루였습니다. 친구들과 야외에서 바비큐를 하며 여유로운 시간을 보냈거든요. 날씨가 아주 화창해서 하루 종일 밖에 앉아 있을 수 있었지요.

오늘 하루는 병원에서 보내는 여느 날과 다름없이 시작되었습니다. 체내에서 혈소판이 즉각 감소하므로 매일 혈소판을 투여 받아야 하지요. 그래도 수혈이 오래 걸리지는 않기 때문에 큰 불만은 없습니다. 이후에는 꽤 좋은 하루가 될 조짐이 보였습니다. 전통의상을 차려입고 할머니 댁에 가서 식사를 했지요. 그 다음에는 연못⁴⁰에서 친구들을 만났지만 안타깝게도 기대만큼 즐거운 시간은 아니었습니다.

나는 집으로 돌아가기로 했습니다. 나중에 마틴이 들러 줘서 기분이 다시 좋아졌어요. 저조한 기분으로 하루를 보내게 될 것 같았는데 그렇지 않았지요. 마틴은 내 기분을 좋게 만드는 방법을 잘 알거든요. 우리는 차로 근처를 돌아다니며 패스트푸드를 산 뒤에 외곽의 자연 속에 주차를 했습니다. 그리고 어느 벤치에 앉아 화창한 날씨를 즐겼어요. 황홀했답니다.

오늘이 나의 마지막 5월 17일이 될 것이라는 느낌을 다행이도 지워버릴 수 있었습니다. 그런 생각은 하고 싶지 않아요. 자선공연에 와 주신 모든 분들과 뮤지션들에게 깊은 감사의 마음을 전합니다. 비록 나는 편집된 공연 비디오를 본 게 전부지만, 내가 본 것만도 톱클래스 공연이었어요! 이렇게 많은 사람들이 동참하고 지지를 표명해준다니, 정말 고마운 일입니다. 믿을 수 없을 정도예요! 모금된 돈이 총 1만 1천 크로네에 달한답니다! 〈티덴스 크라브〉지에도 이날 저녁의 공연에 관한 기사가 몇 장의 사진과 함께 실렸습니다.⁴¹

병원에서의 긴 하루
2009년 5월 19일 17시 19분, 일기

어제 드디어 고열이 덮쳤습니다. 사실 예견했던 바이긴 합니다. 주말을 그처럼 즐겁게 보낼 수 있던 게 천만다행이에요! 친한 친구인 실리에가 방문한 참인데 갑자기 열이 솟구쳤습니다. 다행이 위독한 정도까지는 아니었고요. 우리는 크리스티

---

40) 여기서 말하는 연못이란 크리스티안순의 여러 시내가 모이는 지점을 가리킨다. 예전에는 식수공급원으로 쓰였던 이 연못의 주변지역에 현재는 여러 산책로가 조성되어 있다.

41) 이 기사의 노르웨이어 원문 링크는 다음과 같다: http://www.tk.no/speilet/article4332495.ece. 거의 50여 명의 청소년들이 이곳에서 음악 공연을 펼쳤고 90명 이상이 방문했다.

안순으로 달려와 항생제를 처방받았고, 덕분에 체온도 매우 빨리 떨어졌습니다. 끔찍한 오한까지는 들지 않았던 게 기쁠 지경입니다. 지금은 모든 게 좋아진 듯하지만, 혹시 모르는 일이지요.

이제 집에 가도 될지 어떨지 아직 잘 모르겠습니다. 상태가 안정되면 틀림없이 가도 될 거예요. 그래도 하루 세 번 항생제를 복용해야 하고 거의 매일 수혈도 받아야 합니다. 오늘은 참으로 긴 하루였습니다. 혈액은행은 수혈할 혈액을 이미 오래전부터 준비해 두었는데도, 그게 도착하기까지 세 시간이나 걸렸어요. 아무래도 사람들이 나를 깜빡했던 것 같아요. 한 간호사가 내게 체온계 작동법을 물었을 때는 웃음을 참을 수 없었답니다. 내 생각에는 평생 체온계를 한번쯤 사용해보지 않은 사람은 없을 것 같은데!

지금 마틴이 와서 말동무가 되어주고 있습니다. 오랫동안 천장만 쳐다보고 있는 건 꽤나 지루한 일이랍니다.

실은 오늘 저녁에 잠깐 집에 갔으면 해요. 정말 그럴 수 있었으면 좋겠네요. 그리고 내가 모든 걸 이겨낼 거라는 쪽으로 마음이 기울어지고 있습니다. 어쨌거나 지금까지는 심각한 일이 벌어지지 않았으니까요. 느낌도 그다지 나쁘지 않고요.

그밖에 페이스북에서 내 사진들을 판매중이라는 것도 이야기해야겠네요. 모든 수익금은 모금통장으로 직접 입금됩니다. 모금통장 이야기가 나와서 말인데, 돈을 어디에 쓰는 게 가장 좋은 방법인지 궁리중입니다. 나는 청소년과 성인들이 보다 편안하게 투병기간을 보낼 수 있도록 병원 환경 개선 운동에 적극 참여하고 있습니다. 나도 직접 체험했고 다른 사람들에게서 듣기도 한 바에 따르면 성인들의 병원 환경이 특히 나쁩니다. 여가 프로그램이나 그에 상응하는 시설이 거의 없답니다. 모인 돈을 어떻게 쓰면 좋을지 여러분의 제안을 기꺼이 받겠습니다! 창의력을 발휘해 주세요! 모금운동은 '레기네 스토케를 위한 투쟁'이라는 페이스북 사이트에서 펼쳐지고 있습니다.

페이스북 회원이 아닌 분들은 다음 웹사이트에서 사진들을 보실 수 있습니다: http://smirr.deviantart.com/gallery/

참고로 여기 올라와 있는 사진들이 모두 판매용은 아님을 말씀드립니다. 사진의 제목도 여기서는 다르다는 사실도요.

주문은 이메일 annolaug@online.no로 해 주세요.

참고:

안 울레우의 메시지:

레기네의 멋진 페이스북 사진전에 오신 것을 환영합니다! :-) 크리스티안순에서 열린 사진축제 〈노르딕 라이트〉를 방문한 세계 최고의 사진작가들 여럿이 레기네의 재능에 감탄을 금치 못했답니다! 축하해요, 레기네! 레기네님은 스스로를 자랑스러워할 근거가 충분하답니다!

사진들은 레기네의 바람대로 장기간에 걸쳐 페이스북을 통해 판매될 예정입니다. 전시회나 사진 판매에 관해 문의하실 분은 주저하지 말고 내 이메일(annolaug@online.no)로 연락주세요.[42]

- 안 울레우 :-)

질의응답 - 2부
2009년 5월 21일 19시 05분, 정보

아예 안 하는 것보다는 늦더라도 하는 게 낫겠지요. 여기 드디어 질의응답 2부를 올립니다. ;)

'토니에(Tonje)'님의 질문:

● 백혈병과 관련해 조금 더 알고 싶습니다. 다만 대답하고 싶은 마음이 들지 않으면 안 하셔도 되요. 제가 궁금한 건 다음과 같습니다. 처음에 어떤 증상들이 나타났나요? 애초에 의사를 찾아가게 된 계기는 무엇인가요? 그럼 앞으로도 모든 일이 잘 되기를 바랍니다. 레기네님은 해낼 거예요!

대답: 일단은 지독히 어지러웠고요, 귓속이 윙윙거리고 어딘지 느낌이 이상했습니다. 그리고는 한여름에 심한 독감이 오더니 연이어 부비강염을 앓았지요. 여러 주일 동안 심한 두통이 가시지 않았고 방광염에 자주 걸렸으며 인후염에도 걸렸어요. 거의 기절 직전까지 간 적이 여러 번이나 될 정도로 기력이 없었고요. 똑바로 서 있는 것조차 힘겨운 경우가 잦아져서 아침식사를 하려다가 서 있지 못하고 의자에 주저앉곤 했답니다. 병을 발견하기 얼마 전에는 양발

---

42) 안타깝게도 사진 판매는 이미 종료되었다.

에 푸른 멍이 들고 잇몸에 출혈이 있었어요. 이 기간 동안 병원을 들락날락했는데 무엇 때문인지 아무도 알아내지 못했습니다.

'아이린(Eirin)'님의 질문:

● 골수이식이 무엇인가요? 이식하는 동안에 무슨 일이 벌어지며 의사들은 무엇을 하지요? 또 어떤 과정을 통해 이루어지나요? 암에 걸렸다는 말을 들었을 때 어떻게 반응했지요? 아직 머리카락이 있었을 때의 모습을 보여줄 수 있나요?

대답: 골치 아픈 의학정보 사이트를 찾아다니지 않아도 되도록 최대한 간략하게 설명해줄게요. 골수기증자의 줄기세포를 환자의 정맥으로 주입하는 것이 골수이식이랍니다. 줄기세포는 이식 후 2~4주가 지나면 스스로 골수 속으로 들어가 그곳에서 새로운 혈액세포를 생산하기 시작합니다. 줄기세포는 기증자의 혈액으로부터 혹은 골수로부터 채취할 수 있습니다.

내 첫 반응은 울음을 터뜨린 것이었어요.

'아네(Ane)'님의 질문:

● 애완동물이 있었거나 현재 있나요? 그렇다면 무슨 동물인가요? 이름은 무엇이지요?

대답: 요세피네라는 이름의 고양이가 한 마리 있어요. 스니프(Sniff)라는 토끼도 있기는 한데 토끼는 여동생이 책임진답니다. 비록 대개는 부모님이 돌봐야 하지만요. 그렇지 않아, 엘리세? ;)

● 일주일간의 남유럽 여행과 백만 크로네 중에 선택하라면 어떤 쪽을 택하겠어요?

대답: 당연히 백만 크로네지요. ;)

● 어떤 음악을 좋아하지요?

대답: 거의 록과 메탈을 즐겨 듣지만 가끔씩 다른 음악도 들어요.

'Problematic'님의 질문:

● 병에 걸리기 전에도 블로그가 있었나요?

대답: 예전에 블로그가 있기는 했는데 오랫동안 운영하지는 않았어요.

● 울버의 오랜 음악활동 역사 중 어떤 시기를 가장 좋아하나요?

대답: 울버의 음악이라면 다 듣지만 물론 다른 곡들에 비해 좋아하는 곡이 여럿 있어요. 특히 〈Bergtatt〉, 〈Kveldssanger〉, 〈Teaching in Silence〉가 좋은 것 같아요.

'비올라이네(Violaine)'님의 질문:

● 나쁜 소식을 듣게 될 거란 예감이 들면 잠을 설치나요?

대답: 예.

● 가장 좋아하는 책은?

대답: 댄 브라운(Dan Brown)의 《천사와 악마(Angels & Demons)》가 아주 멋진 작품이라고 생각해요.

'리사(Lisa)'님의 질문:

● 암에 걸렸다는 이야기를 어떻게 받아들였나요?

대답: 나쁘게요.

● 언제 그 사실을 알게 되었지요?

대답: 2008년 8월 23일이었던 걸로 기억해요.

'마리안네'님의 질문:

● 완치되었다는 소식을 들으면 제일 먼저 무엇을 할 건가요?

대답: 그저 삶을 즐기며 마음 내키는 대로 뭐든 즐길 거예요. 자유를 즐기면서.

● 전에도 늘 지금처럼 호감 가는 사람이었나요?

대답: 대답하기 어려운 질문이군요. 다만 병에 걸린 이래로 나 자신이 무척 많이 달라졌다는 건 알고 있어요.

익명의 블로거님의 질문:

● 더 이상 가망이 없으며 한 달 안에 죽을 거라는 말을 들으면 무엇을 할 건가요?

대답: 별거 안 해요.

● 좀처럼 받아들이기 힘든 생각이 있었거나 아직도 있나요? 그리고 병에 걸린 뒤로 그런 생각들에도 변화가 있었는지?

대답: 죽음에 대한 생각을 받아들이는 일이 어렵습니다. 죽음에 대한 내 생각은 사실 예전이나 지금이나 변한 게 없어요. 전에도 죽음은 늘 두려운 존재였으니까요.

'요한나(Johanna)'님의 질문:

● 어디에서 힘을 얻나요?

대답: 어려운 질문이네요. 스스로에게도 간혹 그런 질문을 던지곤 했지요. 분명 든든한 아군들이 있다는 점이 한몫을 할 거예요. :)

● 병에 걸려서 도리어 얻은 것도 있다는 생각이 드나요?

대답: 많은 것을 경험할 수 있었지요. 좋은 것이든 나쁜 것이든 말입니다. 그렇게 생각하면 이 시간이 내게 유익한 뭔가를 가져다준 셈이에요. 투병 경험을 통해 더 나은 인간으로 거듭났다는 느낌이 들거든요.

● 헌혈과 골수기증 촉구 말고도 어떤 활동을 하고 있나요?

대답: 우리 지역의 자연을 보호하는 일에 참여하고 있습니다. 우리 집 앞의 숲이 사라진 건 굉장 슬픈 일이에요. 그밖에도 동물을 학대하는 사람들을 더욱 엄중히 처벌할 것을 촉구하는 데도 참여합니다.

'크리스티나(Kristina)'님의 질문:

● 의사를 찾아가기 오래 전부터 병의 조짐이 보였나요?

대답: 예. 약 3개월 전부터 그랬습니다.

● 어떻게 해서 그렇게 긍정적인 사고방식을 갖게 되었으며, 어떻게 그처럼 쾌활할 수 있나요?

대답: 비관적인 태도가 하나도 좋을 것 없다는 사실을 이미 오래 전에 깨달았거든요. 그런 태도는 상황을 더 나쁘게 만들 뿐이지요. 그래서 대개는 이 일을 긍정적으로 보고 명랑한 태도를 유지하도록 애쓴답니다. :)

● 잠드는 게 두려운가요?

대답: 아니오. 그래야 할 이유가 있나요?

● 내가 흥미롭게 여기는 점이 한 가지 있습니다. 의사들은 몇 달 전에 레기네님의 병을 고칠 수 없다고 이야기했지요. (그리고 내 기억이 맞는다면 어느 보수 성향의 정치가도 같은 경우였고요.) 레기네님의 블로그가 엄청난 인기를 얻게 된 지금 의사들이 그 생각을 바꾼 것 같아 보이는데요. 레기네님을 계속 치료하기로 말입니다. 그걸 보고 이런 생각이 머릿속을 스쳐가더군요. 의사들이 애초에 건강상의 이유가 아니라 경제적 혹은 행정적인 이유로 처음에 그런 결정을 내린 건 아닐까요?

대답: 인기 블로그를 가졌다고 해서 치료되는 건 아닙니다. 그런 식으로 일이 이루어지진 않아요. 오슬로의 왕립병원은 나를 포기하기로 결정했지요. 지금은 트론하임의 성 올라브스 병원에서 이곳 의사들의 책임 하에 치료를 받고 있는 것입니다.

● 치료가 얼마나 오래 걸리나요?

대답: 대답하기 아주 어렵네요. 얼마나 걸리느냐는 치료가 얼마나 효과를 발휘하느냐, 그리고 정확히 어떤 방법이 사용되느냐에 따라 달라집니다.

● 레기네님처럼 생명에 위협이 될 정도로 큰 병에 걸린 사람을 어떻게 대해야 할까요? 사람들이 어떤 태도로 레기네님을 대하는 게 좋은지요? 듣기 좋은 말은 어떤 것이고, '절대로' 해서는 안 되는 말은 무엇인가요?

대답: 정말 좋은 질문입니다. 가장 중요한 것은 자신이 상대방을 지지하고 있으며 항상 곁에 있다는 걸 보여주는 일이지요. 내 친구들이 모두 그랬답니다. 그저 보통 사람들과 다름없이 대하는 것도 좋고요. 내가 병을 앓고 있다는 사실을 친구들이 아예 '잊어버릴' 때가 좋았어요. 죽음에 관한 바보 같은 질문은 무슨 일이 있어도 피하세요. 조금은 상대방의 입장이 되어 생각하는 것도

훌륭한 방법이랍니다. 물론 그걸 완전히 이해할 수는 없겠지만, 그렇게 하면 너무나 당연한 걸 질문하는 상황은 피할 수 있을 거예요. 사람들이 아주 사소한 일, 가령 헤어스타일이 제대로 안 나왔다는 둥의 일을 가지고 불평을 늘어놓는 게 내게는 최악이거든요. 이런 일이 일어나지 않도록 조심해야 한다는 게 내 생각입니다.

'크리스틴(Kristin)'님의 질문:
● 열여덟 번째 생일을 어떻게 보내고 싶은가요?
대답: 병에 걸리지만 않았더라면 친구들과 취하도록 술을 마시러 다니고, 인생을 즐겼을 거예요. 정말 재미있었을 텐데!

'마르테'님의 질문:
● 기독교 신자인가요?
대답: 아니오.
● 갑작스럽게 병원 생활을 해야 하는 상황을 어떻게 극복하나요? 주사라든지 그 밖의 것이 무서운지, 아니면 그런 것에 익숙해졌나요?
대답: 아니, 물론 주사는 무척이나 부담스러운 것이긴 하지만 나는 한 번도 그걸 무서워한 적이 없어요. 하지만 지금은 히크맨 카테터를 하고 있기 때문에 주사를 맞는 일은 별로 없답니다. 히크맨 카테터는 가슴에 삽입되어 채혈이나 항암제 투입을 할 때 쓰지요. 병원생활에 익숙해지는 일은 무척 어려웠습니다. 하루 종일 사람들에게 둘러싸여 지내는 일이 힘들었어요. 나는 사생활을 무척 중요하게 여기는데 여기선 그게 전혀 없었으니까요. 10주 동안이나 사람들 틈에 뒤섞여 지내야 했어요. 한밤중에 병실에 드나드는 간호사들 때문에 잠에서 깨는 일도, 채혈 때문에 사람들이 이른 새벽에 깨우는 것도 부담이었습니다. 항암제와 수액을 매단 링겔대를 항상 밀고 다니는 것도 일이었고요.
● 텔레비전을 자주 보나요? 가장 좋아하는 프로그램은 무엇인가요?
대답: 병에 걸리면 노예처럼 텔레비전 화면에 매달리게 되지요. 나는 텔레비전 시리즈물인 〈트윈 픽스(Twin Peaks)〉의 광팬이에요. 텔레비전에서는 더 이상 방영하지 않지만 DVD로 볼 수 있어요. 정말 재미있답니다!

● 하루의 소박한 정점이 있다면 무엇이지요?

대답: 매일 매일 달라요. 다만 친구들이 문병 오는 일은 늘 즐거워요!

'잉그빌드(Ingvild)'님의 질문:

● 혹시 레기네님이 이미 이에 관해 글을 쓴 적이 있는데 내가 놓친 것인지도 모르겠네요. 아무튼 질문은, 레기네님은 백혈병의 원인이 무엇인지 알고 있나요?

대답: 순전히 우연에 의한 거예요. 이 병은 누구나 걸릴 수 있는 병입니다.

'이사벨(Isabell)'님의 질문:

● 만약에 병이 백퍼센트 완치되고 온갖 꿈이 실현되는 날이 온다면, 레기네님은 지금의 투병 경험을 없었으면 더 좋았을 것으로 생각할까요, 아니면 중요한 인생 경험의 하나로 여기게 될까요? 투병 경험은 레기네님을 인간적으로 어떻게 변화시켰나요?

대답: 어려운 질문이네요. 나는 인간적으로 크게 변했고, 사물을 전혀 다른 눈으로 보게 되었습니다. 하지만 이런 일을 겪지 않아도 되었더라면 더 좋았겠지요.

사진기록
2009년 5월 22일 01시 08분, 맑기

오늘은 페르 에릭(Per Erik)과 산책을 하며 사진을 찍었습니다. 얼마나 즐거웠는지 모른답니다! 끊임없이 셔터를 눌러댄 것 같아요. 날씨는 더할 나위 없이 맑았고, 신선한 공기를 쏘이며 한동안 마시고 싶던 맥주 한 잔을 느긋하게 즐겼습니다.

오늘 바깥바람을 쏘일 수 있었던 것은 감염이 빠른 속도로 치료돼서 며칠 전부터 열이 가라앉은 덕분이에요. 천만다행입니다! 면역력은 아직 약한 상태라 또다른 감염이 언제든 발발할 수 있습니다. 혈액수치는 오늘 저절로 올라갔는데 이는 골수에서 뭔가 힘을 발휘하고 있다는 신호입니다. 아마 얼마 안 가 면역력도 상승하지 않을까요? 그러기를 희망하고 있습니다!

일요일에 트론하임으로 왔습니다. 또다시 골수채취 일정이 잡혀 있었거든요. 사실 이번에는 그다지 긴장되지 않았습니다. 너무 큰 희망은 갖지 말라고 의사들이 미리 당부해 두었기 때문입니다. 내 세포들이 아직 '활기를 부여받지' 못한 상태라 세포의 수도 많지 않다고 합니다. 기억하기로는 세포가 열다섯 개밖에 발견되지 않았다는데 이건 엄청나게 적은 숫자예요! 그나마도 좋은 소식은 이 열다섯 개의 세포가 건강하다는 사실이랍니다! 암세포는 발견되지 않았다고 하네요. 지금 시점에서는 최고로 긍정적인 신호지요! 그래서 우리도 월요일 오전에 벌써 귀가할 수 있었습니다. 머리가 아프고 좀 어지럽기는 했습니다. 마취제를 맞고 난 뒤에는 언제나 후유증이 따르거든요.

이제 어떻게 될까요? 일단 나는 집에서 2주일을 보낸 뒤 또다시 골수채취를 하러 병원으로 가야 합니다. 아직은 관해가 이루어졌다고 판단하기 이르지만 2주일 뒤에는 확실히 알게 될 거예요. 아, 집에서 지내게 되었다니, 얼마나 기쁜지 모르겠습니다! 의사들은 만에 하나 백혈구 수치가 급격히 상승한다면 그 전에라도 병원에 와야 한다고 말했습니다. 그럴 가능성은 적지만 말이에요. 지금부터 2주일을 집에서 보내도 된다는 사실에는 다음과 같은 두 가지 의미가 있습니다.

1. 토요일에 울버 콘서트에 갈 수 있다는 것.
2. 다음 주 토요일에 집에서 생일을 맞을 수 있다는 것.

날아갈 것처럼 행복합니다! 모든 게 정말 실현되도록 안정된 상태가 유지되기를 간절히 바랄 뿐입니다. 그야말로 타이밍이 완벽히 맞아떨어진 거라고 할 수밖에요! 하지만 언제나처럼 성급하게 기뻐하지는 않으렵니다.

2주일 뒤에 골수채취를 하고 나면 아마도 일이 어떻게 진행될지 알게 될 겁니다. 지금까지 계획된 게 아무것도 없다는 사실이 무척이나 부담스럽습니다. 의사들이 당장 다음 골수이식 계획을 세웠으면 좋겠어요. 첫 번째 이식이 무용지물이었기 때문에 이번에는 다른 방식으로 이루어져야 한다는 건 손바닥 들여다보듯 빤한 일이잖아요. 의사들이 지난번과 똑같이 하려 들면 어쩌나 너무 걱정됩니다.

아스타아스타

벤치

마지막 말

이번에도 아자시티딘을 쓸 거라고 벌써 이야기하던데, 지난번에 이게 결국 불발로 끝났던 터라 어쩐지 미덥지가 못하네요. 약을 처방하고 난 뒤에 병만 급격히 악화됐지요. 또다시 그런 일이 일어나는 것은 원치 않습니다.

하지만 한편으로는 나도 아직 골수이식을 계획할 수 없다는 걸 알고 있습니다. 관해가 되었는지 의사들도 아직 모르니까요.

부디 다음 번 골수검사에서 모든 게 보다 확실해지고 의사들의 계획에 대해서도 상세히 알게 되었으면 좋겠어요! 그때까지는 집에 머무는 시간을 최대한으로 즐길 작정입니다.

'옛날' 사진들을 훑어보는 일을 나는 무척이나 좋아한답니다. 즐거운 시절을 떠올릴 수 있으니까요. 하지만 사진들을 보고 있노라면 이런 날들이 이미 지나가 버렸다는 생각이 들어 슬퍼지기도 합니다. 보세요, 선글라스가 잘 어울리지(않나)요?

Through the years
2009년 5월 27일 18시 35분, 일기

방랑자

2009년 5월 28일 23시 54분, 일기

오늘 오전에 엄마, 아빠와 함께 영화관에 다녀왔습니다. 〈천사와 악마〉라는 영화를 봤는데, 정말 멋진 작품입니다! 물론 책이 훨씬 낫지만 말이에요! 여러분도 이 책을 읽었거나 영화를 보셨나요? 댄 브라운의 음모이론은 너무나 흥미진진한 것 같아요. 내가 읽어볼 수 있도록 다음 작품이 빨리 발표되었으면 좋겠어요. 우리는 영화관 상영실을 통째로, 그것도 무료로 사용했답니다. 영화관 직원 여러분께 감사드립니다! 사람들이 내 생각을 하고 나를 위해 이런 일을 베풀어준다는 건 정말 감동적인 일이에요! 현재 나는 정말이지 영화관에 자주 갈 수 있는 처지가 못 되거든요.

그 뒤에는 안네 마르테와 엘리 안을 만나서 〈트윈 픽스〉 에피소드 세 편을 보았습니다. 내 덕분에 두 사람도 이 시리즈물에 중독된 것 같아요. 그만큼 재미있다니까요!

그밖에도 올레순(Ålesund)에서 벌어진 오늘 경기에서 나를 위해 모금활동을 해 주신 크리스티안순 축구협회 팬클럽 여러분들에게도 감사의 마음을 전합니다. 멋진 활동이에요! 인터넷에도 이와 관련된 기사가 실렸답니다.[43]

다만 나는 기사 내용 중 노르웨이 의사들이 나를 포기했다는 이야기가 마음에 들지 않습니다. 골수이식이 언제 시행될지(내가 그때까지 버텨낼 수나 있다면) 아직 불확실한 건 사실이지만, 적어도 지금으로선 그게 정확한 표현은 아니거든요.

이번에도 사진을 몇 장 찍었습니다. 그 중 일부를 보여드릴게요.

---

43) 기사에 따르면 팬클럽 '우글란(Uglan)'은 레기네를 위한 모금통장의 액수를 크게 늘리기 위한 활동을 펼쳤다. 더불어 의사들이 레기네를 위해 할 수 있는 일이 많지 않다고 여긴다는 내용도 실려 있다. (http://www.nrk.no/nyheter/diskrikt/more_og_romsdal/1,6627347)

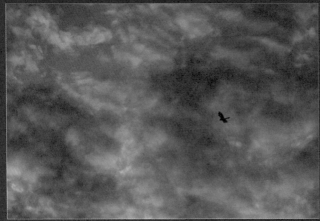

푸른 하늘이여 안녕

로프

방랑자

나는 사랑을 사랑한다. 그리고 사랑을 위해 산다.
하지만 현재로서는 누군가 내게 정을 붙이는 게 꺼려진다.
많은 사람들이 나와 친해지고 나면 나를 좋아하게 된다.
나는 물러선다.
내가 죽은 뒤에 그 누구도
슬픔을 안고 남겨지기를 바라지 않으므로.
하지만 결국은 그렇게 될 것 같은 예감이 든다.

너 없는 아름다운 날

2009년 여름

2009년 여름

울버 콘서트
2009년 6월 1일 00시 28분, 일기

토요일에 울버 콘서트가 있었습니다. 릴레함메르의 문학제에서 열렸는데, 울버가 다시 라이브로 공연한 것은 15년 만에 처음 있는 일이었어요. 세계 각지에서 사람들이 공연을 보러 몰려들었습니다. 이는 매우 특기할 만한 점이랍니다. 심지어 알래스카나 브라질에서 온 사람들도 있었어요. 울버 팬들에게는 그야말로 역사적인 밤이었지요!

나는 운 좋게도 콘서트 전후로 백스테이지를 구경할 수 있었답니다!

정말 멋졌어요! 밴드의 멤버들을 일일이 만나볼 수 있었으니까요. 저런, 얼마나 멋진 팀인지! 약간 긴장하기도 했고 무슨 말을 해야 할지도 몰랐지만, 그래도 좋았어요. 사람들이 아주 진국이었고 거만한 데라곤 없어서 참 친근했지요. 그들을 만난 건 참으로 특별한 경험이었답니다!

콘서트에 정말로 갈 거라곤 상상도 못했기 때문에, 그럴 수 있었던 게 정말 기쁩니다. 현실로부터 잠시 달아날 수 있어서 좋았어요.

수집함에서 판매되고 있던 레코드판 중 〈Shadows of the Sun〉을 샀는데, 내가 알기로는 100매 한정판으로 나왔던 음반이었어요. 진짜 귀한 거지요(어마어마하게 비싸기도 하고요).

콘서트도 굉장히 훌륭했고, 음향효과가 환상적이었답니다. 공연을 좀더 오래 했으면 좋았을 텐데! 무대 위에서 공연이 열리는 동시에 커다란 화면에 비디오가 상영되기도 했어요. 범상치 않은 영상이었지요. 첫 번째 것은 작가 데이비드 어빙 (David Irving)[44]을 비판하고 세계 제2차 대전 중의 유대인 희생 규모를 보여주는 내용이었습니다.

추신: 내 골수가 다시 조금씩 제 기능을 하는 것 같아요. 면역력이 조금이나마 다시 안정되었거든요. 기대해도 좋다는 신호인 셈이지요. 계속 안정된 상태가 유지돼서 다음 주 내내 집에 머물 수 있었으면 좋겠네요.

---

44) 데이비드 어빙은 홀로코스트를 부정했다.

울버 멤버 크리스토퍼 '가름' 뤼크(Kristoffer 'Garm' Rygg), 토레 윌비사케르(Tore Ylwizaker)와 함께.

멋진 분들에게 드리는 감사의 말씀
2009년 6월 4일 22시 30분, 일기

오늘은 그저 www.beltespenner.com 관계자 여러분들이 나를 위해 그토록 심혈을 기울여 주신 데 대해 감사의 마음을 전하고자 글을 씁니다. (이번 일의 책임자이신) 토마스 아담스님은 모금운동에 너무나 애를 쓰셨습니다. 이분이 이끄는 팀은 우리의 의류 컬렉션을 만드느라 수고해 주셨어요. 이 모든 걸 무료로 해 주신답니다. 수익금은 곧바로 모금통장으로 들어가고요. 굉장한 일 아닌가요? 너무나 친절하신 분들입니다! 이런 활동이 더 좋은 세상을 만드는 거지요.

지금까지 약 1천 5백여 벌의 옷이 판매되었고 여기서 나온 수익은 10만 노르웨이 크로네가 넘는답니다. 그토록 많은 분들이 이 옷들을 사고 싶어 한다니 대단한 일이에요. 우리도 그렇게 많이 팔릴 거라고는 생각지 못했거든요. 구매자 여러분들께도 감사드립니다!

덕분에 얼마나 큰돈이 모금통장에 모였는지 한번 생각해보세요! 내게는 이게 너무나 큰 의미랍니다. 다른 수많은 암 환자들과 그 가족들에게도 마찬가지일 거예요.

생각 같아선 토마스 아담스님과 다른 직원들에게 뭔가 답례를 하고 싶은데, 지금의 나로서는 감사하다는 말씀을 드리는 것밖에 할 수 없네요. 이 일을 내가 얼마나 소중히 여기고 있는지 알아주시리라 믿습니다!

또 하나 말씀드릴 것이 있습니다. 의류 배송이 다소 늦어지더라도 불평하지 말아 주셨으면 합니다. 좀 늦더라도 다 배송될 거니까요. 산더미처럼 많은 양의 옷을 제작하는 데는 많은 시간이 걸린다는 점 양해해 주세요.

오늘은 내 생일입니다!
2009년 6월 6일 00시 18분, 일기

예, 마침내 오늘입니다! 드디어 나는 열여덟 살이 되었어요. 이렇게 될 거라고 누가 상상이나 했을까요? 내 삶을 이렇게 연장시켜 준 새로운 요법을 받게 된 게 기쁘기 그지없습니다. 그걸 시작하지 않았더라면 나는 틀림없이 오늘 이 자리에 이렇게 앉아 있지 못했을 테니까요. 믿을 수 없습니다! 오랫동안 간절히 기다려 온 이 날이 드디어 왔다니! 비록 내가 상상하던 그대로는 아니지만요. 전에는 혼자서 술을 구입할 수 있다는 것, 스스로 모든 일을 결정할 수 있다는 것, 운전을 하고 투표를 할 수 있다는 것 때문에, 한 마디로 말해 성년이 된다는 이유로 열여덟 살이 되기를 손꼽아 기다렸지요. 물론 이런 걸 할 수 있다는 사실에는 변함이 없습니다. 다만 다른 평범한 청소년들처럼 즐기지 못할 뿐입니다. 그래도 이 열여덟 번째 생일은, 내가 아직 살아 있으며 이 끔찍한 병과의 싸움을 계속해나갈 것이라는 상징과도 같답니다!

어제(금요일)는 계획했던 대로 마틴과 저녁식사를 하러 외출했습니다. 즐거운 저녁시간이었어요! 레스토랑에 사람이 거의 없었기 때문에 뭔가에 감염될까 전전긍긍할 필요도 없었답니다. 나중(오늘, 토요일)에는 가장 친한 친구들과 생일을 즐길 예정입니다. 먼저 '페페스(Peppes)'라는 곳에서 식사를 하고 볼링을 친 다음, 뭔가 마실 것을 준비해 우리 집에 느긋하게 앉아 즐길 생각이에요. 생각만 해도 즐겁습니다!

참, 어제(금요일) 모르텐 크로그볼드를 만났다는 얘기를 하려던 걸 깜빡했군요! 안 울레우님 덕분이었지요. 너무나 좋은 분일뿐더러 나를 위해 정말 많은 일을 해 주신답니다. 그저 감사하다는 말밖에는 할 수가 없어요! 모르텐님을 만난 건 정말 즐거웠습니다. 교양 있고 흥미로운 분이었는데, 이분이 내게 매우 열렬한 관심을 보여주신 게 나에게는 매우 의미 있는 일이었답니다.

여기에 실리에 순드(Silje Sund)가 졸업 작문을 쓰기 직전에 찍은 내 사진을 올립니다. 실리에는 헌혈과 관련된 주제를 선택했답니다. 실리에, 너는 정말 성실한 학생이야. 나는 네가 아주 우수한 성적을 받을 거라 확신한단다!

실리에 순드

그 밖에도 좋은 소식은 일요일에 트론하임에 가지 않아도 된다는 것입니다. 현재 상태가 매우 좋기 때문에 며칠 더 기다려도 되거든요. 얼마나 걸릴지는 모르지만 분명 다음 주 중반까지는 미뤄질 거예요.

이후로 며칠 동안 1천 3백 명이 넘는 블로거들이 레기네의 생일을 축하해 주었다. 여기 축하글 몇 개를 선별해 싣는다.

친애하는 레기네, 생일을 축하한다. 그리고 병마와 싸워 나가는 네 힘에도 축복이 내리기를! 나도 정기적으로 네 블로그의 글을 읽으며 깊은 감명을 받곤 한단다. 거의 쉰여덟 살이 되어 가는 이 늙은 할미가 장담하건대, 너는 이 싸움의 승리자가 될 거야! 너는 물론이고 너를 지지하는 모든 사람들이 지닌 긍정적인 사고방식이 바로 커다란 강점이지! 트론하임의 성 올라브스 병원의 의사들은 뛰어난 전문가들이니 안심하고 그들의 손에 치료를 맡기려무나. (내 딸이 병에 걸렸을 때의 경험으로 알고 있단다.) 계속해서 박차를 가해라, 레기네. 그러면 모든 게 잘 될 거야!!!

– 히트라(Hitra) 섬의 어느 할머니가 안부를 전하며

사랑스러운 아가씨,

열여덟 번째 생일은 대부분의 사람들에게 하나의 지표가 되지요. 운전면허증도 딸 수 있고, 주류도 구입할 수 있고, 투표권도 주어지는 나이니까요. 레기네님에게는 더욱 특별한 기념일이 되겠군요. 감히 이 날을 맞으리라는 소망조차 품지 못했던 때가 있었으니까요. 가족과 친구들, 그리고 노르웨이 전체가, 레기네님이 이 날을 맞지 못할지도 모른다는 두려움을 품었었답니다. 레기네님이 어떤 고난을 헤쳐나가게 될지 조금도 알지 못한 채 말이에요. 이 블로그 덕분에 우리는 백혈병에 대해 좀더 잘 알게 되었습니다. 레기네님이 안고 살아가야 하는 고통스러운 현실이 어떤 것인지 어렴풋이나마 짐작할 수 있게 된 것입니다. 레기네님이 아니었더라면 언제까지고 몰랐을 테지요.

그리고 지금, 레기네님의 날이 밝았습니다. 지금까지 당신이 거둔 승리를 보면서, 앞으로도 수없이 많은 생일을 맞이하기를 수많은 사람들이 기원해주고 있답니다. 강인하고 용감한 레기네님이라면 얼마든 싸워나가리라고 믿습니다. 우리도 깊은 감동을 안고 지켜볼 것입니다!

좀 모순된 이야기지만 나는 레기네님이 아주 어린아이였으면 했답니다. 가장 좋아하는 생일 케이크와 선물을 받고, 아무 근심도 없이 즐거운 하루를 보내는 아이 말이지요. 아무것도 고민하지 않아도 되는, 그저 명랑하고 '평범한' 아이였더라면. 앞으로 수많은 평범한 날들이 레기네님을 기다리고 있을 테지만, 강하고 늠름하고 용감하게 견뎌야 하는 힘든 날도 많을 거예요. 이토록 수많은 사람들이 레기네님의 운명을 지켜보며 마음으로 당신을 생각하고 있습니다. 우리 모두 레기네님이

건강을 되찾기를 희망하고, 또 그럴 거라 굳게 믿는답니다. 그러나 어찌됐건 오늘은 '당신의 날'이니 일 분 일 초를 마음껏 즐기도록 하세요!

이미 알고 있겠지만 나도 레기네님 생각을 많이 한답니다. 내 가족들도 레기네님이 어떻게 지내는지 함께 지켜보고 있어요.

다시 한 번 진심으로 축하의 말을 남깁니다. 생일을 맞은 레기네님은 물론 어머니와 아버지, 여동생, 그리고 레기네님과 가까운 모든 분들에게도 축하하고 싶어요. 그분들을 생각하면 정말 기쁘답니다!

ㅡ 마음으로 다정한 포옹을 보내며, 헤스티아베르덴

너는 내가 아는 소녀들 중 가장 경이롭고 위대하며 강인한 사람이야! 다시 한 번 생일을 축하한다, 사랑하는 레기네! 너는 세상을 더 나은 곳으로 만들고 있구나!

ㅡ 소프센

레기네님의 블로그를 읽을 때마다 미소가 절로 나와요. 동시에 암 같은 것이 세상에 존재한다는 데 대해 슬프고 화가 나기도 하지요. 그래도 레기네님이라는 사람과 그 의연함이 나를 기쁘게 한답니다! 지금까지 보여준 강인함의 깊이는 아무도 잴 수 없을 정도예요. 진심으로 생일을 축하하고, 아주 멋진 하루를 보내기 바랍니다!

레기네님에게는 그럴 자격이 있답니다. 그리고 앞으로도 행운을 빌어요. 레기네님은 정말 멋진 사람이에요! 레기네님 같은 분은 세상에 하나뿐일 거예요!

ㅡ 응원을 보내며, 열다섯 살 요한네가

생일을 축하합니다. :)

나도 레기네님으로부터 자극을 받아 골수기증을 신청했답니다. 예전에는 헌혈만 했었지요!

지난 목요일 성 올라브스 병원에 헌혈을 하러 간 김에 유전자 검사를 위한 표본채취도 했어요. 언젠가 레기네님과 같은 어려움을 겪는 사람들을 도울 수 있었으면 해요!

ㅡ 올라브

레기네, 앞으로!!!!

생일을 맞아 최고의 축하를 보낸다!!!! 모든 일에 행운이 있기를!!!! 아직도 너와 네 가족들을 생각하며 정기적으로 블로그에 들어와 본단다. 병에 맞서는 네 자세가 어마어마하게 용감하다고 느끼곤 하지……너희 가족들을 생각할 때도 감동이 밀려오곤 해……부모님에게 안부 전해 다오……오슬로에서는 자주 연락하지 못했지만, 그 시간을 아주 소중히 여기고 있단다……SK(스베인 코레)가 그립구나……너라도 큰 성과를 보이고 있어서, 그리고 원하던 일들을 하게 되어서 기쁘다!!

- 다정한 안부를 전하며, AM(안네 마리)

최고의 생일이었습니다!
2009 6월 8일 0시 31분, 일기

축하해주신 모든 분들 너무나 감사합니다! 날아갈 것 같이 기분이 좋았답니다. 지금껏 그렇게 많은 축하인사를 받아본 적이 없거든요! 지난번 글에서 몇몇 질문을 못 보고 넘어간 것 같은데 그분들에게 사과드립니다. 댓글이 너무 많아서 일일이 읽기가 힘들었어요. 혹시 질문을 했는데 답을 못 받은 분들이 계시면 다시 한 번 질문해 주시길 바랍니다.

그밖에 〈다그블라데〉지에 또 나에 관한 기사가 실렸음을 알립니다.[45]

먼저 나는 식구들과 생일파티를 했습니다. 케이크와 그 밖에 여러 가지 맛있는 음식을 먹고 편안히 즐겼어요. 멋진 선물도 많이 받고 용돈도 받았습니다.

나중에는 제일 친한 여자 친구들과 파티를 했는데 천국이 따로 없었지요. 지금까지의 생일들 중 최고였습니다! 빠진 건 건강뿐이었습니다. 친구들과 나는 잊지 못할 저녁을 보냈어요. 먼저 '페페스'에서 피자를 먹었는데, 레스토랑 측에서는 내가 많은 사람들과 접촉하지 않도록 따로 방을 마련해 주셨답니다. 그 뒤에는 볼링장에 갔습니다. 나는 겨우 4등에 그쳤지만(우리는 모두 여섯이었어요) 그래도 너무너무 재미있었습니다. 볼링장을 나와서는 우리 집으로 왔는데, 이때부터 본격적으로 파티가 시작되었어요! 맛있는 음료와 좋은 사람들, 카메라, 구슬픈 90년대 음악, 이 모든 게 환상적으로 뒤섞였습니다! 내내 스테레오 오디오를 틀어 놓고 록

---

45) 기사에는 레기네가 모든 고난에도 불구하고 열여덟 번째 생일을 맞게 되었다는 내용이 실려 있다. (http://www.dagbladet.no/2009/06/06/nyheter/innenriks/kreft/kreftbehandling/kreftforskning/6589908)

음악을 따라 부르며 괴성을 지르기도 했답니다. 그보다 더 좋을 수는 없었어요. 여러분의 선물과 축하인사에 수천 번 거듭 감사드립니다!

Key to the gate
2009년 6월 9일 11시 55분, 일기

오늘 저녁에 다시 트론하임에 가야 합니다. 수요일 아침에 골수천자가 나를 기다리고 있거든요. 즐거운 시간이 끝나고 이제 현실로 돌아갈 때입니다. 앞으로 우리는 여러 가지 일에 맞부닥뜨릴 테고, 거기에 대해 나름의 입장을 취해야 합니다. 의사들이 앞으로의 계획에 대해 여태껏 입을 열지 않고 있는 점이 나를 매우 불안하게 만드네요. 아마 완전 관해가 이루어질 때까지 또 한 번 화학요법을 받아야 할지도 모릅니다. 하지만 정확한 것은 검사 결과가 나와야만 알 수 있습니다.

그 다음에는? 공여자 임파구 주입술을 받게 될까요? 의사들이 또다시 아자시티딘을 쓰려는 건 아닌지? 골수이식을 또다시 받게 될지, 그렇다면 언제, 어떻게 받는 건지? 혹시 나에게 결정권이 주어진다면 어떻게 해야 할까요?

이런 심정을 입 밖에 내는 일은 거의 없지만, 미래가 이토록 불확실하다는 점은 심리적으로 어마어마한 부담이 됩니다. 어제는 별안간 사람들이 내게 어떻게 지내냐고 묻는 일이 없어졌다는 사실을 깨달았습니다. 아마 그런 걸 묻는 게 두려운 모양입니다. 혹은 내가 명랑하고 만족스러워 보이는 게 거기에 한몫하는 건지도 모르고요. 아마도 나는 그저 아주 잘 지낸다고만 대답했겠지요. 오해는 하지 마시길 바랍니다. 실제로도 나는 명랑하고 잘 지내고 있으니까요. 단지 머릿속을 떠도는 온갖 생각들이 나를 괴롭힐 뿐이에요. 그걸 떨쳐내려고 밀어버리려 내내 애쓰고 있습니다. 가끔 성과가 있기도 하지만, 그렇다고 그런 생각들이 완전히 사라지는 건 아니에요. 무시하려 들면 오히려 폭풍처럼 밀려들어 나를 두렵게, 또 좌절하게 만듭니다. 그러다 보면 빈틈이 생기고, 그러면 이 모든 것이 위력을 발휘하며 한꺼번에 덮쳐 오지요.

어제는 안네 마르테를 만나 카페에도 들르고 시내를 쏘다녔습니다. 얼마나 즐거웠는지! 비록 그게 머릿속에 도사리고 있던 생각들을 또 한 번 자극하기는 했지만 말입니다. 내게 이런 것을 할 기회가 자주 있어야 하는데. 다른 모든 사람들이 가진, 하고 싶은 일을 언제든 할 자유가 나에게도 주어져야 하는데. 지금은 건강한 몸으로 새로운 삶을 시작해야 할 때인데! 그런데 나는 다시 이 불확실성을 안고 살며 위험한 치료를 감수해야 하는 겁니다. 이런 상황에서 내 병이 완치될 수 없다는 왕립병원 의사의 말은 엎친 데 덮친 격이었지요. 날마다 그 생각을 하며 살게 되었으니까요. 내가 다시 건강해질 거라고 믿어주는 사람이 어딘가에 있기나 할까요?

나쁜 소식
2009년 6월 11일 23시 32분, 일기

여러분에게 좋은 소식만 전할 수 있다면 좋으련만, 이번엔 그러지 못하겠네요. 수요일에 골수검사를 받았습니다. 결과는 내 골수 속에 암세포가 너무 많다는 것이었습니다. 화학요법이 우리가 노리던 효과를 내지 못한 것입니다. 골수 속에 건강한 백혈구가 10 내지 15퍼센트 정도밖에 없어서 상황이 이제 정말 나빠 보입니다. 이날은 나와 우리 가족에게 그야말로 드라마틱하게 흘러갔습니다. 주치의 선생님이 눈물을 보여서 분위기는 한층 더 가라앉았지요. 모든 희망이 물거품이 된 듯 보였습니다. 골수가 아직도 충분한 수의 건강한 혈액세포를 생산해내지 못하고 있기 때문에 더 이상 고용량 화학요법도 받을 수 없는 상태입니다. 그건 곧 죽음을 의미하는 거라고 의사가 말했습니다. 대신에 월요일부터 알약으로 된 낮은 용량의 항암제를 복용하기로 했습니다. 이런 방법으로 암세포를 죽이는 데 두 번 성공했기 때문입니다. 그래봤자 가능성은 희박합니다. 그래도 골수가 좀더 자리 잡을 시간을 벌도록 이 약이 병을 억제시킬 수는 있기 때문에, 그 뒤에는 다시 고용량 화학요법을 받을 수 있을지 모릅니다.

의사들은 내게 희망을 잃지 말라고 당부했지만 나는 희망을 간직하는 일이 과연 가능할지 자신이 없습니다. 그런 생각에 그토록 매달리고 굳게 믿어 왔건만, 내내 낙관적으로 생각해 왔건만, 이제 그런 태도를 유지할 수 있을지 모르겠습니다. 어떤 요법도 소용이 없는 것 같아 나는 끔찍한 절망에 빠져 있습니다. 너무나 무서워요! 하지만 내가 할 수 있는 게 아무것도 없네요. 어떤 약도 효과를 내지 못하고 병만 점점 악화되는 것을 몸으로 느끼는 일은 잔인하기 짝이 없습니다! 아직 죽고 싶지 않은데, 당장은 모든 게 암울하기만 합니다.

레기네의 글이 수많은 사람들의 마음을 울렸다. 637명이 블로그에 댓글을 남겼다. 여기에 그 중 몇 개를 소개한다. 이 중에는 레기네 자신의 댓글도 있다. (레기네의 댓글에는 특히 여기에 소개되지 않은 글들에 관한 언급도 있다.)

사람이란 때로 절망에 빠질 수도 있는 겁니다. 그래도 괜찮아요. 때로는 모든 게 너무나 부담이 되는 법이니까요. 지극히 자연스러운 일이니 너무 자책하지 않아도 됩니다! 누구나 가끔씩 숨을 고를 여유가 필요합니다. 머릿속을 떠나지 않는 생각들을 억지로 잊기란 물론 어렵지요. 하지만 내가 보기에 레기네님은 조금도 양보하지 않겠다고 스스로에게 의무를 부여하고 있는 듯합니다. 또 어느 정도는 그러는 데 성공했고요. 하지만 슬픔도 받아들일 줄 알아야 합니다. 언제나 강하기만 할 필요도 없습니다! 낙관적인 사고방식도 물론 중요하지만 때로는 이것이 지나치게 부담으로 작용하거든요. 그냥 주저앉아서 불행해 하고 슬퍼하세요. 그 다음에 마음의 준비가 되면 다시 일어날 수 있도록 도움을 청해도 늦지 않습니다. 레기네님이 준비가 되었을 때 희망도 돌아옵니다. :)
– 익명의 블로거

정말 슬픈 소식이네요, 레기네님! 나락으로 떨어진 기분, 눈앞이 캄캄한 기분을 잘 이해할 수 있어요.
하지만 레기네님은 우리를 그토록 감동시킨 강인함을 되찾도록 노력할 분이에요. 다시 강해져서 싸워 나가세요! 죽는다니, 말도 안 되는 소리예요! 레기네님이 살아갈 날들은 아직 창창하답니다.
나도 마음으로 응원하며 하루에도 몇 번씩 레기네님의 블로그를 찾아온답니다. 건강을 회복했다는 글이 올라올 날을 손꼽아 기다리고 있어요. 그런 글은 반드시 올라올 거니까요. 그것 말고는 생각도 할 수 없답니다. :)
– 마음으로나마 힘을 보태고 싶은 이웃 블로거

친애하는 레기네님,
레기네님이 어떤 심정일지 알 것 같다는 말은 하지 않겠어요. 그와 똑같은 처지에 있지 않고서는 누구도 알 수 없을 테니까요. 하지만 정말 비통하고 충격적인 소식이에요! 이 블로그에 댓글을 다는 수많은 사람들이 레기네님이 고작 열여덟 살이라는 걸 잊어버린 것 같아 놀랍군요. 너무나 무섭고 깊은 절망에 빠지는 게 당연하지요! 그렇지 않을 사람이 어디 있나요?

어제 성 올라브스 병원을 지나치며 안으로 들어가 레기네님을 꼭 껴안아주고픈 심정이었습니다. 레기네님의 곁을 지키며 내가 응원하고 있음을 알려 주고 싶었어요. 레기네님의 부모님과, 그들이 지금 처해 있는 절망적이고 암울한 상황이 자주 떠오른다는 이야기도 해야겠네요. 자신이 낳은 아이가 병에 걸리고 겁에 질려 있는 모습을 보는 건 잔인한 일이니까요. 두 분이 어떻게든 그런 고통을 면할 수 있기를 진심으로 바랍니다. 나도 아이가 있기 때문에 부모라면 자식을 위해 모든 걸 할 거란 사실을 알고 있어요. 내 말은요, 착한 레기네님, 우리가 레기네님을 위해 할 수 있는 일이 뭐 없을까요? 그게 뭐든 간에요?! 그토록 많은 사람들이 레기네님과 부모님을 생각하고, 어서 건강을 되찾기를 기도하고 있어요. 부디 싸움을 계속해 갈 힘이 내려지기를! 믿음은 산도 옮길 수 있다는 말이 진실이기를 희망합니다!
- 진심이 담긴 안부와 함께, 사라(Sarah)

미친 듯이 날뛰며 분노를 터뜨리고 절망하고 울어요. 감정을 억누르지 말고 모두 분출시켜 버리세요. 사람은 언제고 두려움과 절망에 맞서 싸울 수 있는 존재가 아닙니다. 언제나 강해 보이는 게 중요한 게 아닙니다. 울고 나서 작은 걸음으로라도 조금씩 나아가세요. 작은 발걸음은 비록 오래 걸리더라도 언젠가는 당신을 목적지로 데려다 줄 것입니다. 아직은 모든 게 잘될 수도 있어요, 레기네님. 그래야만 합니다!
- LH

친애하는 레기네,

저런, 안 돼! :-(

이 소식만은 듣고 싶지 않았는데.

네 마음을 너무나 잘 느낄 수 있단다. 내가 대신 그 자리에 있어 줄 수만 있다면. 나는 너보다 삼십 년을 더 살았으니까. 하지만 정말이지 잘 되어야만 해!

할 수 있는 한 견뎌 보렴. 우리도 할 수 있는 모든 걸 다 할 테니. 매일 댓글을 쓰지는 않지만 매일 너를 생각하고 있단다.

대화를 나눌 수 있는 좋은 친구들이 있었으면 좋겠구나. 그저 네 이야기를 들어주고 곁에 있어주는 사람이 있다면 훨씬 나아진다는 것을 나는 경험을 통해 알고 있거든.

진심으로 모든 일이 잘 되길 빌며, 다정하고 낙관적인 안부 인사를 보낸다.

– 올라프(Olaf) :-)

아, 저런, 이렇게 끔찍한 소식을 듣게 되다니! 눈물이 앞을 가리는구나. 네가 그토록 두려움에 떨고 있다니, 너무나 슬프다. 하지만 어떻게 두렵지 않을 수 있겠니. 그래도 희망은 아직 사라지지 않았단다. 이 사실을 잊지 말거라!

마음 같아선 곁에서 너를 꼭 안아주고 싶지만, 사랑하는 사람들이 이미 네 곁을 지키고 있을 거라고 생각한다. 어머니와 아버지, 동생에게도 안부 전하거라!

– 마음을 다해 포옹을 보내며, 엘세

여러분의 댓글에 감사드립니다! 모든 댓글을 읽어보고 있지만 일일이 답해드리기는 힘드네요. 부디 이해해 주시기를 바랍니다. 여러분이 이렇게 글을 써 주셔서 정말로 기뻐요!

'헤스티아베르덴'님: 헤스티아베르덴님의 블로그에 찾아가서 말씀하신 곡을 들어볼게요. 감사합니다!

많은 사람들이 내게 상담할 사람이 있는지 물어보셨어요. 하지만 정신과 의사를 찾아가 주절주절 늘어놓는 일은 내게 무의미하답니다. 병원의 담임목사님과 두 번 대화를 나누었는데 그건 매우 유익했어요. 하지만 혼자서도 충분히 생각을 정리할 수 있을 것 같습니다.

'disippelen'님: 나는 남이 내게 자신의 신앙을 강요하는 걸 원치 않습니다. 그만큼 싫은 일도 없어요! 독실한 신자들을 존중하지만 나 자신이 억지로 신앙을 강요당하고 싶지는 않아요. 내가 성령의 은총으로 치유될 수 있을 거라고 믿는 건 당신 마음인데, 안타깝게도 내 생각은 그렇지 못하군요. 그러니 믿음이 없다는 이유로 내가 지옥에 떨어질 거라고 말하는 것도 상스럽게 느껴질 뿐입니다. 전도하려면 다른 데나 가서 알아보세요. 여기서 헛수고하지 마시고.

'Cia'님: 예, 해보고 싶은 건 아직도 많습니다. 하지만 지금은 한 걸음씩 순서 대로 해 나아가고 있어요. 당장은 어떤 계획도 세울 처지가 못 됩니다. 친구들과 외출할 수 있다면 그것만으로도 족합니다. 더 바랄 게 없지요.

많은 분들이 저를 위해 뭔가 할 수 있는 일이 있는지 물어보셨습니다. 정말 친 절하신 분들이에요. 하지만 내 블로그에 격려의 말을 남겨주시는 것만으로도 충 분하고도 남습니다. :)

상아탑으로부터 들려오는 목소리
2009년 6월 13일 21시 25분, 일기

나쁜 소식에도 불구하고 그 후로 잘 지내고 있습니다. 그런 끔찍한 소식을 듣 고 난 직후가 늘 가장 힘든 시간이지요. 하지만 나쁜 생각은 조금씩 밀어 버리고 있습니다. 그래야만 하니까요. 계속 그 생각에만 골몰해 있다 보면 미쳐 버릴 거예 요. 내게 최선의 방법은 나쁜 생각을 할 수 있는 한 쫓아 버리는 것입니다. 물론 의 지가 무너지고 비관적인 생각만 가득한 날도 이따금 있지만, 그래도 괜찮습니다.

요즘은 상태가 아주 양호해서 하고 싶은 건 뭐든지 할 수 있답니다. 어쨌건 지 금까지는 그랬어요. 쇼핑센터에 가서 옷가지를 잔뜩 사 왔어요. 잠깐 동안의 즐거 움인 셈이지요. 실은 이 옷가지들을 어떻게 해야 할지 모르겠어요. 어차피 그 옷 들을 전부 입어보지도 못할 거란 생각이 너무나 자주 머릿속에 떠오르거든요. 지 난 며칠 저녁은 항상 나를 위해 주는 친구들과 함께 영화를 보며 보냈답니다. 어 제는 그림을 그렸고 오늘은 사진을 찍었지요. 결과물은 마음에 들지만 아직 그림 은 완성되지 않았어요. 나는 그림에는 영 소질이 없나 봐요!

Made of glass
2009년 6월 15일 13시 10분, 일기

오늘의 혈액수치 검사 결과는 지난 주 수요일의 것과 똑같았습니다. 안정적이 에요. 면역력도 어느 정도 좋아졌어요. 혈액 상태만 보면 크게 악화된 건 아닌 셈 입니다. 의사들이 내게 뭘 해 주어야 할지 몰라 난감해 한다는 느낌이 듭니다. 머 리 아프도록 궁리하고 회의를 거듭하고는 있습니다. 내게서 무얼 더 기대할 수 있 을까? 무엇이 최선의 효과를 불러올까? 말하자면 타협점을 찾아야 하는데 그게

Made of glass

쉽지만은 않습니다. 내게 필요한 건 효과가 있으면서 내 몸이 견뎌낼 수 있는 방법입니다. 그나마 내 면역체계가 다소 나아졌기 때문에 치료계획이 약간 수정되었습니다. 항암제를 정제 형태로 복용하는 대신에 내일부터 시타라빈(Cytarabine)이라는 약제를 4일 동안 정맥을 통해 주입받기로 했습니다. 의사와 상담을 마친 뒤에 낙관주의가 되돌아왔어요. 이 약제가 효과를 보일 수 있다는 말로 들렸거든요. 어느 정도인지는 모르지만 시타라빈이 병을 억제한다는 사실은 알고 있습니다. 얼마쯤은 효과를 보일 거예요(내 생각에는 말입니다). 단정 짓기는 어렵지만, 어쨌든 알약보다야 강할 테지요.

아무튼 시타라빈은 지난 가을에는 잘 들었습니다. 그때는 지금보다 고용량으로 처방받기는 했지만. 그래도 이번에도 잘 되었으면 좋겠어요.

인간의 생명은 유리처럼 깨지기 쉽습니다. 사람들은 자신이 불로장생할 거라 여기지만 안타깝게도 그건 틀린 생각입니다. 물론 죽음에 대해 생각하는 건 누구에게나 어려운 일이지요. 죽음을 가볍게 받아들일 만한 사람을 나는 보지도 못했습니다. 하지만 영원히 사는 것과 언젠가 죽는 것 중에 어떤 게 더 나을까요? 나는 영원히 사는 게 좋을 거라고는 생각지 않습니다. 이건 순전히 내 의견일 뿐이니 사실이 어떻든 상관없습니다. 어쨌든 죽음은 젊어서건 늙어서건 우리 모두가 언젠가는 맞닥뜨려야 할 존재입니다. 우리는 모두 같은 길을 걷고 있는 셈입니다.

늙어서도 이처럼 죽음을 두려워하는 건 마찬가지일까요? 아니면 살 만큼 살았으니 죽어도 괜찮다고 생각할까요? 어떻든 간에 내 생각에는 젊은 나이에 죽음을 마주하는 것이 더 힘든 일인 듯합니다. 하지만 나는 나름대로 인생에서 뭔가 이루었다고 생각하고 있고, 아무것도 이루지 못한 채 늙기만 하는 것보다는 훨씬 낫다고 생각합니다. 지나간 삶을 되돌아보며 "도대체 내가 뭘 한 거지?"라고 생각한다고 상상해보세요. 분명 끔찍한 느낌일 겁니다. 나도 내 삶에서 더 많은 것을 이루고 싶었습니다. 건강했더라면 실제로도 그렇게 했을 테지요. 정말 많은 일을 할 수 있었을 거예요. 많은 것을 체험하고, 뭔가에 기여하기도 하고요. 좋은 말로 하자면 지금은 그저 힘을 내는 수밖에요! 비록 백퍼센트 완치라는 건 아득히 먼 이야기가 되어 버린 것 같지만 말입니다.

Angry Chair
2009년 6월 19일 22시 28분, 일기

안녕하세요! 오랫동안 글을 올리지 않아 많은 분들이 걱정하셨네요. 나는 '평안'하답니다. 월요일에 화학요법을 시작해 오늘 끝났어요. 지난 며칠간은 아주 기진맥진한 상태였고, 지금은 약간 열이 나면서 두통과 관절통, 복통이 있습니다. 항암제 탓인 것 같아요. 혈액수치는 아주 나쁘지 않습니다. 말하자면 지금 내 상태를 고려할 때 좋다는 소리고, 보통 사람들의 경우였다면 재난 수준이었겠지요. 예상외로 면역력이 좋아져서 깜짝 놀랐습니다. 하지만 항암제 때문에 이제 도로 나빠질 거라고 예상하고 있습니다. 오늘은 다섯 시간을 병원에서 보내야 했어요. 일단은 채혈을 하고 구토 방지제를 처방받은 다음 항암제 투입을 받았습니다. 연이어 두 차례 혈액보존이 있었고, 그것도 모자라 심장이 정상인지 확인하기 위해 초음파 검사도 받았답니다. 다 끝난 다음에는 완전히 나가떨어져서 나머지 시간 내내 휴식을 취해야 했습니다.

목요일에는 〈다그블라데〉지에서 젊고 상냥한 두 여자 취재원들이 병원을 방문하셨습니다. 다음 호 〈프레다그(FREDAG)〉지[46](6월 26일자)에 나에 관한 인물소

---

46) 〈다그블라데〉지의 청소년 매거진

개기사를 신고자 하셨어요. 괜찮은 일이라고 생각돼서 인터뷰를 수락했습니다. 매우 개인적인 사항에 관해 질문하셨는데 덕분에 나도 나 자신이 누구이고 무슨 생각을 하는지 명확히 그릴 수 있었어요. 그게 인터뷰의 목적이기도 했고요. 어떤 결과물이 나올지 벌써부터 기대됩니다. 이번 인터뷰는 내 블로그와 병에 관해서만 집중적으로 다루었던 기존의 〈다그블라데〉 기사들과는 전혀 달랐습니다. 매우 좋은 기사가 될 것 같아요.

이제 나는 쿼트 페스티벌 참가계획을 세우기 시작했습니다. 제발 축제에 갈 수 있었으면! 아직은 이 소망이 이루어질지 어떨지 확언하기 어렵습니다. 치료 여부, 그리고 내 상태가 얼마나 좋은가에 달려 있어요. 꼭 갈 수 있도록 뭔가 방법을 찾았으면 좋겠는데. 축제 주최측에서 자유 입장권과 호텔을 제공해 주셨거든요. 굉장하지요! 갈 수 있게 되면 친구인 엘리 안도 함께 갈 겁니다. 지금은 감히 즐거운 마음으로 기다려보려 합니다. 슬래시(Slash)의 음악을 라이브로 듣는다니, 상상이 가나요? 게다가 매릴린 맨슨(Marilyn Manson)까지!

여러분의 모든 이메일에 일일이 답장을 해 드리려고 노력중입니다. 할 수 있는 데까지 해 볼게요!

축제와 가발을 위해 건배를
2009년 6월 24일 01시 40분, 일기

여러분도 즐거운 한여름의 파티를 즐기셨기를 바랍니다. 바로 나처럼 말이에요!

며칠 전에 위장에 세균감염이 발발했답니다. 대체 왜들 화장실에 다녀와서 손을 씻지 않는 거냐고요! 세상에나, 얼마나 지독했는지! 잠깐 병원신세를 져야 했지만 지금은 다시 좋아졌습니다.

오늘은 최고의 하루였습니다. 혼자서 집을 독차지하고 내 최고의 친구인 엘리안을 초대했어요. 우리는 바비큐를 하며 즐거운 시간을 보냈습니다. 바비큐 소시지는 정말이지 그 진가를 제대로 인정받지 못하고 있다니까요! 샴페인도 한 병 꺼내와 – 뚜껑이 이미 따져 있는 병이었어요 – 다음 주의 축제를 위해 건배했습니다. 그리고 내 가발을 위해서도. 가발이라고? 예, 제대로 읽으신 게 맞습니다! 실은 가발을 너무나 싫어하지만 오늘은 머리칼이 너무나 그리워서 한번 써 보기로 했어요. 잘 어울리더군요!

축제 입장권과 호텔은 이미 준비되어 있습니다. 〈다그블라데〉지로부터 선물로 받았어요. 너무나 감사합니다! 건강한 상태가 유지되기만 바랄 뿐입니다. 치료 때문에 문제되는 일도 없었으면 해요. 일단은 잘될 거라고 생각하고 있답니다!

가발 쓴 모습 어떤가요? 진짜 머리카락 같나요? 진짜 머리카락으로 만든 가발이랍니다. 원래는 누구의 머리카락이었을까요? 그리고 여러분은 어떤가요? 좋은 하루를 보내셨는지?

황홀한 여름
2009년 6월 26일 0시 34분, 일기

오늘도 바비큐를 했습니다. 이번에는 카리나와 실리에와 함께였어요. 세계 최고의 요리를 만들었답니다! 마리나데 소스를 바른 닭가슴살 구이, 감자튀김, 베르네즈 소스와 샐러드를 먹었는데 정말 맛있었어요! 이번에도 샴페인을 곁들여 봤는데 음식과 너무 안 맞아서 레모네이드로 갈아탔습니다. 식사 후에는 집 안으로 들어가 〈인질(Hostage)〉이라는 영화를 봤어요. 아주 박진감 넘치는 영화였답니다! 후식으로는 아이스크림과 딸기를 먹었지요. 너무나 즐거운 하루였어요!

여러분에게 한 가지만 물어볼게요. 가발이 정말 아니라고 생각하나요? 정말 그래요? 왠지 그런 느낌이 드는데. 그래도 오늘은 병원에서 가발을 쓰고 있었던 덕에 사람들의 시선을 끌지 않아 좋았답니다. 어쨌든 가발이 꽤 괜찮은 것 같아서 한번 시도해 보기로 결심했습니다. 나 자신도 가발을 쓴 게 훨씬 예쁜 것 같아요.

머리카락을 영영 잃어버린 사람들을 생각하면 참 안됐어요! 머리카락이 없다는 건 정말이지 끔찍한 일이거든요. 시간이 흐른다고 익숙해질 수나 있을까요? 아무래도 나는 못할 것 같습니다. 요즘 사람들은 어찌나 외모에만 치중하는지! 쓸 만한 가발을 찾는 것도 어려웠습니다. 맘에 드는 걸 찾을 때까지 적어도 스무 개는 써 봤을 거예요. 하지만 내 원래 머리칼과 똑같은 건 없었고 대개는 헤어스타일이 영 아니었고요. 할머니들이나 쓸 법한 것뿐이었다고요! 선택의 폭을 좀 넓혀 주었으면 좋겠는데. '가발'이라는 말도 뭔가 어감이 좋지 않아요. 세상에는 하필 왜 그런 이름이 붙었는지 이해하기 힘든 게 많기도 하다니까요.

여러분이라면 머리카락이 빠졌을 때 가발을 쓰시겠어요?

어떤 가발이 더 나은 것 같아요?

180 두려움에 맞서

점점 더 많은 사람들이 레기네의 사연에 감동받았다. 개중에는 얼마 전 무대 공포증을 이겨낸 록밴드 울버도 있었다. 울버는 자신의 공식 홈페이지에 "우리는 해냈다. 음악에 맞서. 그리고 너도."라는 제목으로 다음과 같은 글을 올렸다.

레기네 스토케, 골수이형성증후군/급성골수성백혈병을 선고받은 용감무쌍한 소녀. 우리의 고통은 너의 것과는 비교조차 할 수 없다. 네가 콘서트에 올 수 있었던 것, 그리고 너와 인사를 나눌 수 있었던 일을 기쁘게 생각한다. 그런 불행을 맞닥뜨리고도 얼굴 가득 미소를 잃지 않는 자세가 경이로울 뿐. 죽음을 가지고 격앙된 농간을 부린 우리를 용서하기를. 그것 말고는 무슨 이야기를 해야 할지 알지 못했을 뿐이니.

레기네의 블로그를 정기적으로 방문하는 사람들 중 일부는 울버의 글을 읽었고, 또 다른 일부는 〈다그블라데〉지에 실린 기사를 읽기도 했다. 그러나 6월 26일 레기네의 글에 달린 466개의 댓글은 대부분 퀴트 페스티벌에서 어떤 가발을 쓸지에 관한 것이었다. 그 중 몇 개를 여기에 소개한다.

안녕, 레기네,
그거 알아요? 레기네님은 머리카락이 있든 없든 똑같이 예쁘다는 것 말이에요. 그리고 내 생각에는 레기네님에게 어떤 게 가장 좋은지 알려면 자신의 내면에 귀를 기울여야 할 것 같아요. 머리카락이 있어야 마음이 편하다면 가발을 쓰고, 그렇지 않다면 쓰지 마세요.

나는 가발을 써야 하는 당사자의 느낌이 중요하다고 봐요. 익숙해질 수 있냐고요? 글쎄요, 분명 그런 사람들도 있을 테지요. 어떤 사람에게는 가발을 써서 마음이 한결 가벼워질 수도 있겠지요. 반면에 전혀 익숙해질 수 없는 사람도 있을 거예요. 사람은 저마다 다르니까요. :-)

나도 화학요법을 받고 나서 머리카락이 빠져 버렸답니다. 아주 예쁜 가발을 두 개구하기는 했는데 한 번도 가발이 편하게 느껴진 적이 없어요. 둘 중 하나는 적어도 내 옛날 머리모양과 아주 비슷했는데도 나는 어쩐지 '가짜'라는 느낌을 지워버릴 수 없더라고요.

그래도 처음엔 종종, 외출할 때는 가발을 썼습니다. 그러다가 내가 그걸 쓰는 게다른 사람들을 위서라는 걸 문득 깨달은 뒤로 그만두었어요.

두 개 다 레기네님에게 잘 어울립니다. 가끔씩 변화를 좀 주는 것도 좋지요!

레기네님에게 가장 편한 쪽을 택하세요! 얼마간 괜찮은 나날을 보내고 있기를 바랍니다!

– 다정한 안부를 전하며, 리세(Lise)

〈다그블라데〉지의 〈프레다그〉매거진에 실린 인터뷰 기사를 방금 읽었어요. 레기네님은 정말로 똑똑할 뿐 아니라 아주 아름다운 영혼을 가진 분 같군요.

블로그와 신문기사로 레기네님의 사연을 읽으면서 레기네님을 '알고' 난 뒤로 너무 많은 것을 배웠답니다. 레기네님이 내게 정말 많은 것을 준 셈이지요! 보다 상냥하고 만족할 줄 아는 사람이 되고, 주위 사람들 역시 친절한 태도로 대해야겠다는 의지가 깨어났으니까요.

나는 신을 믿지는 않지만, 그래도 때로 기도를 올린답니다. 그게 나에게는 근심과 열망을 표출할 수 있는 하나의 방법이거든요. 레기네님을 위해서도 기도했습니다. 레기네님은 정말로 훌륭한 사람이에요! 당신을 생각하며 좋은 일만 있기를 희망하고 또 희망할게요!

(아, 그리고 내 생각에는 곱슬머리로 된 가발이 훨씬 예쁜 것 같아요. :))

– 안네

아니, 전혀 안 그래요. 가발(혹은 '사자의 갈기'라는 표현은 어떨까요?)은 탈모로 고민하는 모든 사람들의 마음을 훨씬 가볍게 해 주거든요. 남자든 여자든 말이에요. 헤어스타일은 왼쪽 것이 나은 것 같아요. 물론 레기네님은 어느 사진에서고 다 예쁘지만. :)
- 토마스

내가 보기에는 오른쪽 사진의 가발이 나은데요. 그리고 나는 가발 쓰는 데 전혀 거부감이 없답니다! 티나 터너(Tina Turner)를 생각해봐요. 내가 알기로는 그녀는 언제나 가발을 쓰고 있었거든요. ;) 그리고 레기네님처럼 록음악을 했고요!
- 셰르스티(Kjersti)

축제의 시간입니다!
2009년 6월 28일 21시 47분, 일기

내일은 쿼트 페스티벌을 보러 날아갑니다. 오후 두 시 반 비행기고요, 지금은 여행 가방을 싸고 있어요. 축제는 화요일에 시작되는데 그야말로 최고의 프로그램으로 짜여 있답니다!

출연하는 밴드 명단은 다음과 같아요.
- 슬래시 & 프렌즈
- 매릴린 맨슨
- 볼비트(Volbeat)
- 플라시보(Placebo)
- 스캄반크트(Skambankt)
- 파밀리엔(Familjen)
+ 그밖에도 다수의 좀 '작은' 밴드가 출연합니다.

얼마나 대단한 공연이 될지, 설레어서 어쩔 줄 모를 지경이랍니다!

정말 재미있을 거예요! 호텔과 입장권을 제공해 주신 〈타게블라데〉지와 축제 주최측에게 너무나 감사드립니다!

축제에 갈 수 있도록 도와주신 트론하임의 주치의 선생님, 그리고 당연히 부모님께도 감사의 말을 전하고 싶어요. 나는 수요일에 잠깐 크리스티안순의 병원에 들러 채혈만 하면 됩니다. 모든 게 잘 될 거예요!

호텔이 시내 중심부에 있다는 것도 참 잘된 일입니다. 편리한 도심에서 한여름의 축제를 누릴 수 있으니까요. 잔디밭에 앉아 좋은 음악을 들으며 맥주 한 잔을 마실 일이 벌써부터 너무나 설렌답니다.

여러분 중에도 쿼트 페스티벌에 가는 분들이 있나요?

슬래시 앤 프렌즈
2009년 6월 1일 13시 19분, 일기

어제는 내 생애 최고의 콘서트에 다녀왔습니다. 바로 슬래시 앤 프렌즈의 공연이었지요. 혹시 모르는 분들을 위해 잠깐 설명하자면 슬래시는 건스 앤 로지스(Guns N' Roses)의 기타리스트였답니다. 역사상 가장 뛰어난 기타리스트 중 한 사람이지요.

먼저 크리스티안산(Kristiansand)으로 가는 길에 공항에서 슬래시를 '만난' 이야기부터 시작해야겠습니다. 우리 바로 앞에 서 있었다니까요! 믿을 수가 없었어요! 탑승을 한 뒤에는 그의 좌석이 우리 바로 뒷자리라는 것도 알게 되었습니다. 우리는 있는 용기를 다 짜내어 사인을 한 장 부탁했고, 슬래시는 느릿느릿 그러마고 대답했답니다! 우리는 또 비행기가 착륙한 뒤에 다 같이 사진을 한 장 찍을 수 있는지 물었지만, 그러기에는 기다리는 사람이 너무 많았어요. 우리는 또 기내에서 그의 아내인 페를라 허드슨(Perla Hudson)과 기타리스트 로니 우드(Ronnie Wood)도 잠깐 보았습니다.

우리가 묵게 된 호텔도 – 믿을 수 없게도 – 바로 슬래시 & 프렌즈가 머무는 호텔이었어요! 이런 행운이라니! 우리는 역시 건스 앤 로지스의 전 멤버였던 지그 재그(Zig Zag)와 사진을 찍었습니다. 그날 하루 동안 우리에게 어떤 일들이 일어났는지 한번 상상해보세요! 게다가 그건 그 대단한 하루의 시작에 불과했답니다. 우리는 완전히 제정신이 아니었지요.

콘서트가 시작되기 전에는 쇼핑하러 나가서 예쁜 물건들을 샀습니다. 날씨도 더 할 나위 없이 좋았어요. 그 다음에는 호텔에 가서 콘서트에 맞게 차려입고 날아갈 듯한 기분으로 출발했습니다. 다행이도 우리에게는 사진촬영권이 있어서 경계선 앞에 서서 밴드의 사진을 찍을 수 있었지요. 물론 거의 슬래시의 사진을 찍

Regine Stokke

슬래시

었어요. 콘서트는 믿을 수 없을 정도였습니다!

밴드는 관객들(거의 2만 명!)을 열광의 도가니로 몰아넣었습니다. 공연평가에서 최고점(최고 6점에 6점 만점)을 받았는데, 정말이지 그러고도 남을 정도였어요! 〈Paradise City〉, 〈Sweet Child O' Mine〉, 〈Paranoid〉, 〈War Pigs〉, 〈Honky Tonk Woman〉, 〈Knocking on Heaven's Door〉, 〈Whole Lotta Love〉등을 연주했는데, 모두 록음악 역사상 최고로 꼽을 만한 곡들이었지요. 퍼기(Fergie)는 내게 어마어마한 충격을 주었습니다. 정말 멋졌어요!

처음 세 곡이 나오는 동안에는 사진을 찍을 수 있었지만, 그 다음에는 뒤로 물러서야 했습니다.

그밖에도 VIP입장권을 가진 덕분에 쿼트 페스티벌을 마음껏 누비며 즐기고 있답니다.

오늘 저녁에는 즐거운 일이 더 남아 있어요.

볼비트, 플라시보, 매릴린 맨슨
2009년 6월 2일 02시 19분, 일기

또 한 번의 환상적인 저녁을 보냈습니다. 오늘도 엄청나게 멋진 공연을 수없이 보았지요! 그 중에서도 최고는 매릴린 맨슨이었습니다. 엄청난 쇼를 보여 주었어요! 이 사람은 정말이지 대단하다니까요.

레기네의 가장 친한 친구인 엘리 안에게도 쿼트 페스티벌은 영원히 잊지 못할 경험이었다. 여기 레기네와 함께 다녀온 축제에 관해 이야기하는 엘리 안의 글을 소개한다.

지난 수년간 우리는 여름마다 축제를 찾아다녔습니다. 아이스크림을 손에 들고 잔디밭에 앉아 콘서트를 보며 여름날을 즐긴 뒤, 저녁이 되면 텐트 앞에서 바비큐를 하는 것보다 즐거운 일은 없었지요. 우리에게는 늘 여름이 오기 한참 전부터 계획을 세우고 손꼽아 기다리던 전통이었답니다. 하지만 이번 여름에는 모든 게 예전과는 달랐습니다.

Regine Stokke

맨슨2

플라시보1

볼비트2

볼비트3

맨슨3

레기네와 나는 달레(Dahle)의 베란다에 앉아 한여름의 저녁 한때를 즐기고 있습니다. 그릴에서는 소시지가 익어가고 뚜껑을 딴 샴페인도 있었지요. 며칠 후면 퀴트 페스티벌이 시작될 예정입니다.

지금까지는 계획을 세운다거나 지레 기뻐한다는 게 무척 조심스러웠습니다. 축제 참가가 무산될지 모른다는 두려움 때문이었지요. 레기네가 너무 아파서 여행을 하지 못할 수도 있고 치료 일정이 잡힐지 어떨지도 모르는 일이었습니다. 우리의 소중한 나날에 장애가 될 만한 일은 이렇게 많기도 했습니다.

가벼운 여름옷을 차려입고 기대에 한껏 부푼 채, 우리는 크리스티안산 행 비행기를 타기 위해 가르데르모엔(Gardermoen)[47]에서 만났습니다. 그리고 놀랍게도 기타리스트 슬래시가 우리와 같은 비행기에 타는 걸 보았어요. 우리는 슬래시를 한 번, 그리고 서로를 한 번씩 번갈아가며 바라보았습니다. 이게 정말 현실이란 말이야? 탑승할 때 우리는 긴장되고 흥분한 열네 살짜리 아이들처럼 킬킬댔습니다. 도저히 믿을 수 없었어요! 크리스티안산에 착륙하기도 전에 이미 성공한 여행이 된 셈이니까요. 탑승 후의 여러 시간을 우리는 최고로 좋아하는 뮤지션으로부터 반 미터도 채 떨어져 있지 않은 자리에 앉아 보냈답니다! 그가 아직 거기 있는지 확인하려고 이따금씩 좌석 틈새로 훔쳐보며, 그때마다 경탄을 금치 못했습니다. 그리고 우리를 기다리고 있을 멋진 며칠간에 대해 수다를 떨었어요. 얼마나 환상적인 나날이 될지 거의 상상도 할 수 없었습니다.

우리는 아이스크림을 한 개씩 들고 크리스티안산 중심가의 다리 위에 앉아 있었어요. 우리가 지나가는 행인들을 구경하는 동안 구름 한 점 없는 하늘에서는 햇볕이 내리쬐고 있었습니다. 아이스크림을 든 소년이 다리 난간 위에서 균형을 잡고 있었는데, 금방이라도 물속으로 떨어질 듯 아슬아슬해 보였습니다. 우리는 산들바람 한 점이 불어와 무슨 돌발 사태를 일으킬지 상상해 보았습니다. 그 다음에는 중년의 남자가 윗옷을 벗고는 은회색 털이 듬성듬성 돋아난 상체를 드러낸 채로 해를 향해 다리 위에 드러누웠습니다. 절로 웃음이 나왔지요. 눈에 보이는 모든 것이 일상적인 모습에서 벗어나 있었습니다. 레기네는 부두에 정박해 있는 배 근처를 맴돌고 있는 백조를 향해 카메라 셔터를 눌렀습니다. 백조들은 일생

---

47) 오슬로의 공항 이름.

을 제 짝과 함께 보낸다고 합니다. 그리고 짝이 죽고 나면 혼자 남겨진 백조는 슬픔에서 헤어나지 못한다지요. 백조는 고요하고 우아한 자태로 찰싹이는 물결 위를 미끄러지며 멀어져 갔습니다. 우리는 넋을 잃고 백조를 바라보며 어떤 면에서는 동물이 인간보다 영리한 건 아닌지에 관해, 그리고 동물들의 뛰어난 본능과 감각에 대해 이야기를 나누었습니다. 인간이 동물들로부터 배울 점은 참 많은 것 같습니다.

레기네의 체력에 한계가 있었기 때문에 우리는 쇼핑과 콘서트 관람, 레스토랑에서 식사를 하는 등의 일정 사이사이에 휴식을 취했습니다. 레기네의 기력이 완전히 소모되지 않도록 말이지요. 채혈을 하러 간간이 병원에도 들려야 했어요. 레기네는 검사 결과에 대해 알고 싶어 하지 않았습니다. 나쁜 소식을 듣게 될 경우 오랫동안 손꼽아 기다려 온 여행의 즐거움이 사라질 것을 우려해서였습니다.

레기네는 공인이 되었습니다. 이 친구는 사람들이 주위로 몰려들어 자신의 블로그를 좋게 평가해주고 행운을 빌어주는 것을 소중히 여기고 있답니다. 그러나 지금은 그저 이 여름을 손꼽아 기다려 온 평범한 청소년이고 싶어 합니다. 그래서 지금처럼 긴 머리칼로 변장한 채 잠시 익명의 군중 속에 섞일 수 있는 기회가 레기네를 위해서는 무척 좋은 일입니다. 호텔에서 레기네는 취향에 맞게 가발을 자르고 다듬은 뒤에 새 헤어스타일을 하고 외출합니다. 기자들에게 붙잡혀 있는 일도, 한참 동안이나 멈춰 서서 레기네를 쳐다보는 사람들을 만날 일도 없습니다. 언론은 우리가 이 도시에 발을 들여놓는 순간부터 레기네에게 주목했습니다. 어딘지 낯이 익은 얼굴인데 어디서 봤더라, 하는 떨떠름한 표정을 보는 일이 우리에게는 마냥 재미있었어요.

레기네가 VIP입장권을 가진 덕분에 나까지 혜택을 보고 있답니다. 북적이는 사람들 틈에 섞일 필요 없이 무대 가장자리에서 좋아하는 밴드의 사진을 찍을 수도 있어요. 무대 바로 앞에 자리를 잡고 우리는 슬래시 앤 프렌즈가 등장하기를 설레는 마음으로 기다렸습니다. 기자들 및 기타 언론사 관계자들 틈에 섞여 있었는데, 그들 중 누가 팬인지 금세 알 수 있었지요. 카메라가 무대를 향하고, 우리는 그토록 푹 빠져 있던 뮤지션들을 가까이서 볼 수 있었습니다. 드디어 슬래시 앤 프렌즈가 무대 위로 등장했습니다. 스포트라이트가 켜지자 우리 뒤쪽의 군중들로부터 열광적인 함성이 터져 나왔고, 이는 음악소리와 뒤섞여 마치 소리의 양

탄자처럼 우리를 뒤덮었습니다. 우리는 평생 다른 일이라곤 해본 적도 없다는 듯 열심히 사진을 찍어댔어요. 이따금씩 열광적인 눈빛을 교환하며 서로를 향해 벅찬 미소를 짓기도 했습니다. 뭐라고 외치기도 했는데, 우리의 목소리는 기타의 굉음과 귓속까지 파고들며 웅웅거리는 베이스 소리에 묻혀 버렸습니다. 하지만 말이 필요 없었습니다. 레기네의 표정이 모든 것을 말해 주고 있었으니까요. "믿을 수 없어!"라고 외치는 것을 입모양으로 알아볼 수 있었지요. 그 순간 레기네의 눈빛은 기쁨으로 빛나고 있었습니다. 그 애가 말한 그대로였어요. 슬래시는 그야말로 정석 로큰롤 가수답게 한 발을 무대 가장자리의 모니터 위에 걸친 채 뛰어난 리프(Riff, 기타 연주에서 같은 리듬이 반복되는 것 -역자 주)를 연주했습니다. 우리는 검은 선글라스 너머로 비치는 그의 눈동자를 볼 수 있었지요. 레기네가 내 머리를 끌어당기더니 내 귀에 대고 "슬래시가 우리를 알아봤어!"라고 소리쳤습니다. 우리는 웃음을 터뜨리며 그가 우리만 쳐다본다고 마음껏 착각했지요. 몇 곡을 듣고 난 뒤에는 맥주 한 잔을 들고 잔디 위에 앉아 한여름 밤의 열기와 음악을 만끽했습니다. 환상적인 음악이 벤디크(Bendik) 만에 울려 퍼졌습니다. 우리 바로 앞에는 반쯤 벌거벗은 젊은 남자 두 명이 곤드레만드레 취한 채 잔디밭 위를 뒹굴고 있었어요. 우리는 어처구니없이 웃으며 머리를 절레절레 흔들었습니다. 내일이 되면 저들은 아마 이 공연이 얼마나 환상적이었는지 기억도 하지 못할 거예요. 불쌍한 녀석들 같으니! 축제의 서막은 굉장했습니다. 스스로를 그저 음악에 내맡기는 일은 어마어마한 해방감을 안겨줍니다. 지금 일어나고 있거나 앞으로 일어날지 모를 나쁜 일마저 잊게 만들지요. 레기네도 오랜만에 평범한 십대 소녀의 기분으로 되돌아가 있었습니다. 우리는 파라솔 그늘에서 점심을 먹으며 쇠를란데(Sørlandet)의 여름은 정말 목가적이라는 데 입을 모았습니다. 배가 고파지면 항상 결국은 클럽 샌드위치로 발걸음을 향했지요. 오후에는 쇼핑하러 나가 양손에 봉투를 잔뜩 든 채 쇼핑가를 돌아다녔습니다. 긴 하루가 지나면 샌들을 신은 발이 아파 왔습니다. 피곤함과 들뜬 기분의 결합 덕분에 웃음이 끊이지 않았어요. 콘서트가 시작되기 전에는 호텔에 앉아 와인이나 다른 음료를 마셨습니다. 음악의 볼륨을 최대한으로 올려놓고, 우리 목소리가 그 소리를 능가하도록 목청껏 따라 부르기도 했답니다. 그리고 틈만 나면 호텔에 딸린 바와 테라스 레스토랑이 한눈에 보이는 창가에 서 있곤 했어요. 쿼트 페스티벌에서 공연을 하는 뮤지션들 중 대다수가 우리 호텔에 묵었거든요. 카메라와 방 열쇠를 항상 손닿는 곳에 두고 유명한 가수가 보이면 뛰쳐나갈 준비를 하고 있었지요. 그런데 언제나 느려터진 엘리베이터가 말썽이었습니다. 우리는 엘리베이터 문이 채 열리기도 전에 성급히 달려 나가 테라스로 돌진했어요. 호텔에 체크인을 할 때는 론 우드가 바에 앉아 있는 걸 보았는데, 이 정도는 놀라운 일도 아니었답니다. 밤이면 우리는 침대에 누워 우리가 경험한 일들에 관해 수다를 떨었습니다. 온갖 것에 대해 번갈아 가며 각자의 생각과 추측을 이야기했지요. 비록 레기네의 병에 관한 생각은 늘 그 자리에 있었지만, 그 순간의 분위기만은 결코 잊을 수 없을 거예요.

우리 둘 다 레기네가 이 여행을 할 수 있게 된 게 말할 수 없이 기뻤습니다. 여느 여름과 거의 똑같았으니까요. 단지 텐트 대신 호텔에 묵고 1회용 바비큐 대신 룸서비스를 받는다는 게 다를 뿐이었지요. 우리는 이번 여행이 '일생일대의 대사건'이라는 데 의견일치를 보았답니다. 영원히 우리 두 사람의 일부분으로 남을 값진 추억 말입니다.

    지난 금요일에 페스티벌에서 돌아왔습니다. 그건 뭐랄까, 그야말로 굉장했지요! 콘서트를 직접 볼 수 있었다니, 정말 멋진 일입니다. 나도 대체로 기력을 유지한 덕분에 하고 싶던 것도 대부분 할 수 있었어요. 콘서트에도 가고 쇼핑도 하고 카페에도 가고요. 지난여름 이래로 이렇게 활동적으로 뭔가를 한 적이 없다는 생각이 문득 스칩니다. 생각하면 어처구니없네요. 엘리와 나는 이번 축제가 그야말로 '올해의 대사건', 아니, '인생의 대사건'이었다는 데 의견을 모았답니다.

    혈액검사 결과는 내 상태가 나빠지고 있음을 보여주었습니다. 면역력이 떨어지고 암세포 수는 증가하고 있어요. 좋지 않은 조짐이지만, 이 병이 원래 그렇습니다. 골수에 암세포가 득시글거린다는 것도 이미 알고 있었는데요, 뭘. 트론하임의 의사들은 당장 오늘부터 아자시티딘을 투여하는 게 가장 현명한 방법이라고 판단했습니다. 이 방법이 효과를 나타낼 가능성이 있고, 그럴 경우 이게 암을 박멸하는 가장 쉬운 방법이라고 합니다. 만약 소용이 없다면 다른 방법, 말하자면 위험한 방법을 써야 합니다. 결론은 기다려봐야 한다는 것입니다. 해외의 다른 전문가들도 이것이 옳은 결정이라는 의견을 보내 왔습니다. 그나마 혈소판 수치가 증가해서 다행입니다. 긍정적인 건 다 생각해야 합니다. 다만 자연의 법칙이란 하나가 좋아지면 다른 하나가 나빠지도록 되어 있다는 게 안타까울 뿐이지요. 둘 다 가질 수는 없는 법입니다. 지금 내 상태도 축제에 갔을 때처럼 좋지 못합니다. 활동을 너무 많이 한 데 대한 반응이 뒤늦게 찾아와 몸을 갉아먹는 거겠지요. 혈액성분 수치도 낮아져서 지금은 병원에서 수혈을 받고 있습니다.

    그밖에 Norway Inc에서 너무나 친절하게도 오슬로에서 열리는 메탈리카(Meallica) 콘서트 초대권을 선물해 주셨습니다. 입장권은 물론 교통편과 숙박료까지 모두 부담해 주신다고 하네요. 너무나 멋진 배려라고 생각지 않으세요? 어쨌든 엘리 안과 나는 가기로 계획을 세워 놓았답니다. 기대는 되지만, 갈 수 있을지 아직 확실하지 않기 때문에 조심스럽습니다. 치료 일정이 겹칠 수도 있고 거기 갈 만큼 상태가 좋을지 어떨지도 모르니까요. 이번에도 성공하기를 온 마음을 다해 소망하고 있답니다!

    축제에서 사람들이 나를 알아보는 걸 보고 무척이나 놀랐습니다. 가발을 쓰고 있었기 때문에 더 의외였지요! 사람들이 빤히 쳐다보거나 하는 일이 없어서 사실은 가발을 쓰고 다니는 게 너무 편했습니다. 모처럼 내 또래의 평범한 여자아이들과 다를 바 없는 기분이었어요. 잠시 현실로부터 도피한 셈이었지요. 그리고 콘서트에서 대스타들의 사진을 찍는 일이 내게는 너무나 소중한 일이었답니다! 그런 기회가 누구에게나 주어지는 건 아니니까요. 내가 공연에서 찍은 사진들이 여러분의 마음에 든다니 정말 기쁩니다! 내가 올린 사진은 아주 작은 일부분에 지나지 않아요. 안타깝게도 그 많은 콘서트 사진들을 인터넷에 올리는 데는 한계가 있답니다. 많은 분들이 내게 어떤 카메라를 쓰냐고 물으셨는데, 니콘 D70이라는 모델입니다. 퀴트 페스티벌 사진은 별로 수정하지 않았지만 평소에는 어도비 포토샵 프로그램으로 작업한답니다.

깜빡하고 언급하지 않았는데, 크리스티안순 아마추어 사진가 클럽의 후원으로 두 가지 경매가 인터넷에서 진행 중입니다. 수익금은 모금통장으로 들어가고요. 감사합니다!

2009년 6월 9일, 레기네는 4월 27일자 일기를 인터넷에 올렸다.

일기: 2009년 4월 27일

사람들이 내 앞에서 불평을 늘어놓는 게 너무나 싫다. 대체 뭐가 불만이란 말이야?, 나는 속으로 묻는다. 실낱같은 생명줄을 이어가고 있는 사람 앞에서 자신의 인생에 관해 하소연하는 것을 보면 그 사람의 됨됨이가 드러난다. 자신이 가진 모든 걸 당연하게 여기는 나쁜 버릇이 드러나는 것이다. 나는 차마 들어줄 수 없다고 생각하며 귀를 막아 버린다. 그런 말을 들을 때마다 힘이 쭉 빠져 버리므로.

제발 좋은 이야기를 해 달란 말이다. 내가 다시 건강해질 거라고. 그 말은 언제든 기꺼이 들을 수 있다. 비록 때로는 누군가 그런 말을 하거나 쓰는 걸 보면 신경질적으로 반응하는 것도 사실이지만, "당신이 뭘 안다고 그래?"라는 생각이 머릿속을 파고들어서이다.

나는 내가 믿어야만 하는 것과 느낄 수밖에 없는 것 사이에서 시달리고 있다. 상반된 감정이 병존한다. 내가 살아남을까, 죽을까? 무(無)의 세계로 긴 여행을 떠나게 될까, 아니면 밝은 빛 속의 삶으로 돌아가게 될까? 아직은 모든 게 불확실하다.

한편으로는 아무려면 어떠랴 싶은 마음도 든다. 살고 싶지도 죽고 싶지도 않은 심정이랄까. 그게 최선이다. 절망, 두려움, 근심 따위의 감정들을 가둬 버려서 그것이 내게 아무 영향도 미치지 못하게 하는 것이다. 비록 마음 속 깊숙이에서는 모든 걸 느끼고 있지만, 겉으로는 모든 것으로부터 거리를 둔다.

끊임없이 뭔가를 하려 애쓰다 보니 스트레스도 많이 쌓인다. 아무것도 느낄 수 없도록 항상 뭔가를 손에 잡고 있어야 한다. 냉담해지고 싶은 게 아니라 그냥 지긋지긋할 뿐이다. 삶이라는 지극히 당연한 것을 손에 넣으려 투쟁을 벌이는 일이 지겹다.

싸움이라면 이제 정말 지겨워. 내면 깊숙한 곳에서는 모든 게 잘될 거라는 데 회의를 품고 있다. 그래도 희망을 잃지 않으려 애쓰지만, 희망에 대한 믿음을 잃었다. 희망이 실망으로 끝난 일이 너무나 많기 때문에. 다시 한 번 믿고 희망을 가져 볼 수 있을까?

뭔가를 느낀다는 것 자체가 내게는 어렵기만 하다. 기쁨을 느끼면서도 속으로는 내가 제대로 기뻐하고 있지 않다는 걸 안다. 표면적인 기쁨이라고 할까, 어쨌든 설명하기 어려운 묘한 감정이다.

사람들은 모든 게 잘 될 거라고, 내가 건강을 회복할 것임을 믿으라고 말한다. 모든 게 그렇게 쉬울 수만 있다면! 나는 세상의 어두운 면을 알아 버렸고 고통 받는 사람들을 보았다. 세상에 선이 존재한다는 것도, 삶이 의미 있다는 말도 믿지 않게 되었다. 이 모든 고통에는 어떤 의미도 없다. 누군가 내게 그 반대의 의견을 관철시키려 들면 나는 분노가 치솟는다. "아니오, 삶은 아무 의미도 없어요." 내가 몇 번이고 힘주어 반복하는 말이다. 내가 더 이상 존재하지 않게 된다는 데 대한 공포는 결코 사라지지 않는다. 이 세상을 등지는 일에 확신이 없다. 세상을 떠나고 싶지 않다. 가족들과 친구들이 떠오른다. 그들을 위해서라도 싸워야 하는데. 그렇게 큰 슬픔을 안긴 채 혼자 떠날 수는 없다. 모든 게 암울하기만 할지라도 힘닿는 데까지 뭐든 시도해봐야 한다. 치료가 성공적일 거라고 스스로에게 주문을 걸어보려 애쓴다. 그저 기다리는 수밖에.

기다리는 시간은 세상 최악의 것들 중 하나이다. 그 불확실성, 두려움. 무슨 일이 일어날지 아무도 모른다. 나는 한 발을 무덤에 걸친 채 그 발을 도로 뺄 수 있기만을 바라고 있다. 그런데 희망을 갖지 못하게 절망이 나를 가로막는다.

레기네의 글에 237개의 댓글이 달렸다. 여기 그 중 몇 개와 레기네의 댓글을 소개한다.

레기네님, 정말 진심으로 존경스러워요! 분명 나 말고도 레기네님을 응원하는 사람들이 많을 거예요. 레기네님은 혼자가 아니랍니다. 나도 진심으로 레기네님의 심정을 느끼고 있어요. 내가 도울 수 있는 게 있다면 기꺼이 할 텐데. 하지만 아마도 희망하는 일뿐이겠지요. 잘 될 거라고 믿고 있고, 또 모든 게 다시 좋아지기를 진심으로 바랄게요. 그래도 레기네님, 무섭고 두렵겠지만, 계속 살아가는 일을 멈추어서는 안 돼요! 두려움에 떨고 있기보다는 어떤 재미있는 일, 좋은 일들을 하며 시간을 보낼 수 있을지 궁리해 보세요. 내 말을 꼭 따르라는 건 아니에요. 레기네님에게는 내 말이 어리석게만 들릴지도 모르지요. 나는 겨우 열네 살밖에 안 됐고, 이 일에 관해서도 아무것도 모르니 아예 한 마디도 안 하는 편이 나을지도 몰라요. 하지만 나는 단지 모든 게 불확실하다는 이유만으로 레기네님이 삶을 포기하고 즐거운 모든 일을 그만두고, 하고 싶던 일을 다 포기하지는 말았으면 좋겠어요. 진심으로 모든 게 잘 되기를 바라요! 레기네님은 우리 모두에게 영감의 원천이라는 걸 잊지 마세요!
– 실리에

꼬마숙녀 실리에님: 정말 고마워요! 비록 본인 말마따나 '겨우' 열네 살밖에 안 됐지만 실리에님은 감정이입 능력이 뛰어난 것 같네요. :)
– 레기네

당신 같은 사람이 있다는 게 바로 삶이 의미 있는 이유랍니다, 레기네님. 당신이 다른 사람들에게 주는 모든 것이 바로 당신을 불멸의 존재로 만들지요. 레기네님이 세상에 흔적을 남긴다는 사실이 중요할 뿐 시간은 중요한 게 아닙니다. 당연히 레기네님은 가능한 모든 걸 해 보고 싶겠지요. 살고 싶기도 하고요. 그러나 노인의 삶만큼 길지는 못할지언정 레기네님의 삶은 충분히 가치 있답니다! 이처럼 훌륭한 블로그를 열어 우리가 당신의 영리한 솔직함과 강인함을 엿볼 수 있게 해준 것만으로도, 남들이 꿈꾸는 것보다도 더 많은 걸 이룬 셈이니까요. 끝까지 해내기를, 그래서 건강을 되찾기를 바라고, 또 그러리라 믿고 있을게요.
- 헬레(Helle)

네 심정을 조금은 이해할 수 있을 것 같구나. 나도 암에 걸려 불치 판정을 받았거든. 아직 치료가 완전히 종료된 건 아니지만. 다행이도 나는 인생을 조금 더 살아본 마흔아홉 살이지만, 그렇다고 당장 삶을 끝낼 준비가 되어 있는 건 결코 아니란다. 몇 살을 먹었든 간에 이건 마찬가지일 거야. 힘든 시간을 보낼 때마다 나는 일찍 죽으면 이러이러한 (나쁜) 일들은 겪지 않아서 다행이라고 생각하지. 교수대의 유머라고나 할까. 그래도 도움이 된단다. 그리고 가능한 한 고통스런 현실에 대해서는 생각하지 않으려 노력하고 있어. 일종의 현실도피인 셈인데, 노력하니 그럭저럭 되더구나. 어디선가 이런 문구를 읽은 적이 있다. "슬픔은 깊을수록 잘 드러나지 않는다." 맞는 말이야. 너는 문장력도 매우 뛰어나고 감동적으로 글을 쓸 뿐 아니라, 병이나 죽음처럼 끔찍한 일에 대해 직접적으로 언급하지. 이런 점은 내게도 도움이 된단다. 내가 혼자가 아니라는 사실을 깨닫게 해 주니까. 힘이 남아있는 한, 그리고 견딜 수 있을 때까지 삶에 매달리려무나. 모든 게 잘 될 거야. 그렇게 만드는 힘이 너의 내면에 숨어 있음을 나는 느낄 수 있어. 낯선 이가 다정한 안부를 전한다!
- 안-크리스틴(Ann-Kristin)

"내가 더 이상 존재하지 않게 된다는 데 대한 공포는 결코 사라지지 않는다."
이 문장이 순간적으로 가슴에 파고들었습니다.
왜인지는 모르겠지만, 그저 날카로운 한 마디였어요. 하느님 맙소사, 지금 나는 완전히 감상에 젖어 버렸답니다. :-(웃다가 울다가……. 그야말로 나다워요! 하지만 이번에는 감상에 젖을 근거가 충분한 거죠!
- 빌데(Vilde)

여러분의 친절한 댓글 정말 감사합니다! 할 말을 잃을 정도예요. 일일이 답을 달아 드리고 싶은데. 이렇게 사려 깊고 세심한 댓글들이 나에게 얼마나 큰 의미가 되는지, 그리고 내가 이를 얼마나 소중히 여기는지 여러분이 알아주시길 바랍니다.
- 레기네

근황

2009년 7월 14일 01시 15분, 일기

아자시티딘 요법이 끝났습니다. 모든 게 순조롭게 진행됐어요! 단지 기력이 없고 피곤할 뿐입니다. 배도 아프고요. 하지만 이 정도는 감수해야 한답니다. 지난번 글에 여러분이 달아 주신 호의적인 댓글 감사합니다. 얼마나 힘이 되는지 말로는 못 할 정도예요! 어떤 분들은 거의 소설이라 해도 됨직한 긴 글을 쓰셨더군요! 나를 위해 그렇게 시간을 내 주시는 게 내게는 얼마나 귀한 일인지 모르겠습니다. 많은 분들이 정말 지혜로운 말씀을 해 주시니까요. 일일이 답을 해 드리고 싶었는데 그러기는 너무 벅차네요. 조만간 여러분이 보내 주신 메일에도 답장을 하겠습니다. 지난 며칠 동안에는 그럴 만한 기력이 없었어요.

요 며칠간은 엘리와 함께 영화를 여러 편 본 것 외에는 특별히 한 것이 없었습니다. 하루는 함께 외식을 하러 나가서 아주 즐거운 시간을 보냈어요! 이번 혈액 검사 결과가 꽤 나쁘지 않을 거라고 예상하고 있습니다. 혈액성분은 그대로이고 내 면역력은 한층 나아졌어요. 다만 좀 덜 좋은 소식은 백혈구 수가 증가하고 있다는 사실입니다. 꾸준히 증가하고 있어요. 지난번처럼 주체할 수 없이 급증할까 봐 걱정입니다. 그러면 정말 큰일이거든요. 소름끼치는 일입니다. 백혈구 수가 점점 증가하는 걸 지켜보는 기분은 참으로 불안합니다. 2주 후에 치료 주기를 한 번 더 반복하기로 일정이 잡혀 있습니다. 이 상태가 유지되었으면 좋겠지만, 누구도 단언할 수 없는 일입니다.

오늘은 어느 분이 블로그에 실어줄 것을 부탁하며 메일로 글을 보내셨습니다. 읽어볼 가치가 있는 글이에요. 문장력도 뛰어난데다, 감동적인 사연이 들어 있거든요. 다음 글에서 함께 소개할까 합니다.

손님의 글

2009년 7월 15일 01시 31분, 방명록

오쉴드(shild)라는 이름의 부인으로부터 메일을 받았습니다. 내 블로그에 글을 올리고 싶다고 하셨어요.

오쉴드님은 마흔여섯 살이고 폐질환을 앓고 계신답니다. 벌써 8개월째 폐 이식을 기다리는 중이라고 하셨어요.

익스트림 스포츠의 이모저모:
스포츠 갈라(Gala)와 쇼비즈(Showbiz)
익스트림 스포츠

당신은 익스트림 스포츠를 여러 각도로 이해할 수 있다는 점에 관해 곰곰이 생각해본 적 있나요?

그 뒤에 숨은 심리, 즉 도전을 받아들이고 위험을 감수하려는 심리가 비단 스포츠에만 국한된 것이 아님을 아는지요? 건강이나 심지어 목숨을 걸고서라도 생각한 것을 실행하는 일이. 암벽이나 급물살, 높은 산이나 까마득한 급경사에 관한 이야기만은 아닙니다. 고뇌나 사랑, 그밖에 이와 유사한 것들에 관해서도 아니고요. 내가 말하고자 하는 것은, 어떤 사람에게는 문턱을 넘는 일에조차 자기 극복이 필요하다는 겁니다. 건강한 보통 사람이 오랫동안 등산을 할 때보다 훨씬 더 기력을 요할 정도로 말입니다. 또 어떤 사람에게는 입을 열어 자기 의견을 말하는 것이 다른 누군가가 커다란 강의실에서 강의를 하는 것보다 훨씬 어렵고 힘든 일입니다. 또 다른 누군가에게는 연극을 관람하러 가는 것이 체력적으로 어마어마하게 힘든 일이고요. 스타 축구선수가 중요한 경기를 여러 날 앞두고 하는 것만큼이나 마음의 준비를 단단히 해야 할 정도로 말입니다. 잠시 쇼핑을 다녀온 뒤에 뉴욕 마라톤 경주에서 뛰기라도 한 것처럼 녹초가 되어 여러 날을 누워 쉬어야 하는 사람도 있습니다. 건강을 잃은 사람에게는 스스로 세운 목표를 달성할 수 있을지 판단하는 일조차 너무나 불투명합니다. 마치 킬리만자로를 등반하러 가면서 산 위의 날씨가 어떤지도 까맣게 모르는 사람처럼 말입니다.

그러나 이 모든 일에는 공통된 요소가 있습니다. 전투태세를 갖추고 위험을 감수하는 용기, 감히 자신의 한계에 다가서고 불확실성을 받아들이는 용기, 중요한 것에 집중하는 용기가 그것입니다. 그러한 도전이 신체적 손상을 야기할 수 있음을 인지하는 동시에, 당당한 승리감을 맛볼 수 있음을 아는 것도 공통점이지요. 어떤 조건 하에 어떤 목표를 추구하느냐에 따라 말입니다.

최근에 그런 익스트림 스포츠를 감행한 여인을 나는 알고 있습니다. 당신을 지지하며 응원의 깃발을 흔들겠습니다. 당신이 승리자가 되던 꼴찌를 하던, 혹은 목적지에 도달조차 하지 못한다 해도 말입니다. 단언합니다! 행운을 빕니다!

매년 텔레비전에서는 〈올해의 스포츠 갈라〉가 방송됩니다. 여기서는 무모한 이들 중에서도 가장 무모한 이들, 최고 중의 최고가 상을 받습니다. 다양한 분야에서 뽑힌 이 스포츠 선수들에게는 칭송과 영광, 명예 또한 부여됩니다. 우리의 외경심을 자아내고 투지와 인내력을 발휘하고 승리에의 의지를 불태우는 선수들, 스스로 세운 목표에 도달하고 성공을 거둔 선수들입니다.

선수들은 한 명씩 단상 위로 올라와 감사의 말을 전합니다. 가족이나 코치, 선수단 동료들 등, 뒤에서 자신을 지지해주고 승리하는 데 한몫을 한 사람들에게 감사하며 이렇게 말하지요. "여러분 없이는 해 내지 못했을 것입니다." "여러분이 아니었더라면 나는 오늘 이 자리에 서 있지 못했을 것입니다."

이들은 강철 같은 의지를 지녔다는 점, 목표를 향해 매진한다는 점에서 공통적입니다. 중요한 일에 집중하는 능력과 끈기, 잘 단련된 육체를 지녔다는 점도 똑같습니다. 또 이들 모두의 등 뒤에는 격려는 물론 자기희생까지 아끼지 않는 한 무리의 조력자들이 있습니다. 선수들이 자신의 일에 집중하고 고된 훈련을 감수하며 먹고 자고 휴식을 취하는 데 이상적인 조건을 갖추도록 돕는 주인공들입니다. 침체기를 겪을 때면 심리치료사들과 팬들이 에워싸고 다시 일어나도록 도와줍니다. 덕분에 선수들은 예전의 힘을 되찾고 에너지를 발산할 수 있게 됩니다.

스포츠의 세계에서는 자기 자신과 욕구, 그리고 목표를 삶의 중심에 두는 일이 전적으로 정당화됩니다. 나아가 이상적인 조건에서 훈련할 수 있도록 주변 인물들이 자신을 응원하고 고무하고 뒷받침해 주며, 호의와 관심을 베풀고 아이들을 돌보아주기를 기대하는 것도 마찬가지지요. 이는 건전한 이기주의이자 삶에서 절대적으로 중요한 '자기 자신에게 집중하기'입니다. 그러나 이처럼 고아한 것을 대하면서 그 뒤에 가려진, 참을성 있고 호의적이고 희생적인 '조력자'를 떠올리는 사람은 없습니다. 선수들이 성공을 거두면 이따금씩 텔레비전에 중계되는 갈라쇼를 통해 보답을 받을 뿐이지요. 이들이 기대할 수 있는 건 그 정도 희망뿐입니다.

여러분은 이제 내가 무슨 말을 하고 싶은 건지 짐작했을 겁니다.

우리들 - 병을 앓고 있거나 다른 일로 고난을 겪고 있는 사람들 - 에게도 그런 지원군이 있다면 어떨지 상상해 보세요!

나 자신이 그런 일을 겪을 경우 그처럼 뒷받침해줄 사람들이 있다고 상상해 보세요!

우리 모두 가족과 다른 사람들로부터 그런 도움과 지지를 받을 수 있다고 상상해 보세요! 행여나 이것이 그들에게 불편을 초래하거나 부담이 될지 모른다는 양심의 가책과 두려움 없이도 말입니다!

건강상으로 불리하기 때문에 우리의 일상적인 활동이 더욱 주목받고 칭송받는다고 상상해 보세요!

사람들이 우리를 영웅, 정확히 말해 일상의 영웅으로 평가해 준다고 상상해 보세요!

TV2 방송국이 우리 익스트림 생존 투쟁가들을 위해 갈라쇼를 연다고 상상해 보세요!

"쇼는 계속되어야 한다."

이것은 오랜 옛날부터 예술가와 배우들의 원동력이었습니다.

서커스 곡예가들의 가장 오랜 모토이자 삶에 대한 은유인지도 모를 이것.

이것이 오늘날 내가 내 삶과, 건강해지고자 하는 나의 노력을 느끼는 방식입니다. 기분이 어떻든 건강 상태가 어떻든 간에 이 '쇼'는 날마다 새로이 시작되어야 한다는 것 말입니다. 가면 뒤에 숨은 예술가처럼, 나는 이 '공연'에 자주 회의를 품곤 합니다. 나는 늘 힘겨운 몸을 이끌고 이 의사 저 의사를 찾아다니지요. 이런저런 병원의 의사들과 통화하기 위해 수백 번 전화를 걸고 메일을 쓰는가 하면, 약국에 약을 주문하고 의료보험사와 여러 가지 문제를 협의해야 합니다. 지난주 중에는 여러 날을 병원에서 보냈습니다. 그곳에서는 날마다 치료를 받으며 흡입제나 정제를 처방받기도 하고, 요즘은 심지어 주사제가 투여되기도 합니다. 저절로 일어나거나 결정되는 일은 하나도 없습니다. 끊임없이 스스로에게 박차를 가하며 모든 게 순조롭게 진행되도록 노력을 기울이고, 무엇 하나라도 걸림돌이 되지 않도록 살펴야 합니다.

잠시 휴식할 수 있도록, 승리감에 도취되어 샴페인 잔을 넘치게 채울 수 있도록, 그리고 성공적인 '공연'이 끝났을 때처럼 청중의 갈채와 영예로 보답 받을 수 있도록, 중간 중간 이 고군분투의 막이 내려졌으면 좋겠다는 생각도 듭니다. 그런 예술가들이 느끼는 '스릴'을 체험함으로써 그들처럼 몇 번이고 새로운 에너지를 얻을 수 있도록 말입니다.

무엇보다도 나는 건강이 호전되고 더 나은 나날과 멋진 일들을 누릴 수 있는 영광이 나에게 주어졌으면 합니다. 비록 그때까지는 "쇼는 계속되어야" 하겠지만……

"쇼 비즈니스 같은 비즈니스는 없다." 이 분야의 사람들이 하는 말입니다. 내 의지로 그런 삶을 선택하지 않은 것이 이보다 기쁘게 느껴질 수 없습니다. 타의에 의한 아마추어 배우 역할을 하는 것만도 충분하고도 남기 때문이지요.

나는 쇼 비즈니스의 비자발적이며 아마추어적인 스포츠갈라에 반감을 품고 있습니다. 그러나 스스로가 마치 야망에 찬 익스트림 스포츠 선수 같다고 느낍니다. 여러분은 어떤가요? 여러분은 누구인가요?

오쉴드의 글에 레기네와 오쉴드 자신의 것을 비롯해 68개의 댓글이 달렸다. 여기서 오쉴드는 이 글을 쓰게 된 배경에 관해 설명하고자 했다.

내 글을 블로그에 올려 주어서 고맙구나, 레기네.

이 글을 쓴 배경에 대해 좀더 설명해야 할 것 같다.

나는 오랜 전부터 만성적 질환을 앓고 있단다. 몇 년 동안이나 감염과 재발의 악순환에서 헤어나지 못하고 있지. 오랜 기간에 걸쳐 관찰해 본 결과 언론은 건강하고 활동적이며 이런 분야에서 큰 성공을 거둔 사람들을 점점 더 집중 조명하더구나. 이런 사실이 나를 자극했지. 비단 나 자신의 처지 때문만이 아니라 내가 알고 있는, 용기와 강인함에 있어 대부분의 보통 사람들을 능가하는 수많은 '일상의 영웅들'이 떠올랐기 때문이란다. 또 지난번에 네가 쓴, 아주 보잘 것 없는 일들을 가지고 끝없이 불평불만을 늘어놓는 사람들에 관한 글에 사람들이 단 댓글들도 자극제가 되었어. 중병을 안고 살아간다는 것이 어떤 건지 건강한 사람들은 전혀 이해하지 못한다는 사실을 깨달았거든. 그래서 내 블로그에 썼던 글들 중에서 이것을 고른 거란다. 이 글이 우리가 처한 상황에 대한 이해를 돕고, 우리와 같은 싸움을 벌이고 있는 다른 사람들로 하여금 그 노고를 인정받게 하는 데도 도움이 될 테니까.

그러나 뭐니 뭐니 해도 내 글들은 너를 향한 찬사문이란다, 레기네! 너는 훌륭하고 강하고 용감하고 솔직하며 자기 성찰을 할 줄도 아는, 무척이나 성숙한 아가씨야!!!
마음으로 너를 응원할게!
- 안부를 전하며, 오쉴드

오쉴드님: 좋은 글을 써 주셔서 기쁩니다! 글도 잘 쓰실 뿐 아니라 여러 가지 중요한 점을 지적해 주셨어요. 제 블로그에 오쉴드님의 글을 올리게 되어 영광이에요. :) 오쉴드님에게도 행운이 함께 하기를, 그리고 모든 일이 좋은 방향으로 진행되기를 바랍니다.
- 레기네

피크닉

2009년 7월 17일 22시 21분, 일기

여러분도 짐작하고 계실 테지만, 현재 내 혈액수치는 일방적으로 나빠지고만 있습니다. 오래 전부터 그랬듯이 골수가 암세포로 채워져 있는 탓입니다. 백혈구가 엄청난 속도로 증가하고 있어서, 진행속도를 둔화시키기 위해 아마도 다음 주에 또다시 화학요법을 받아야 할 듯합니다. 그 다음에는 또다시 아자시티딘을 맞을 것 같고요. 이로써 적어도 뭐가 어찌될지는 알게 된 셈입니다. 아무것도 모르느니보단 훨씬 낫답니다!

오늘은 날씨가 좋아서 엘리와 나는 피크닉을 하기로 했습니다. 먼저 장을 봐서 샌드위치를 만든 다음 숲을 찾아갔습니다. 정말 즐거웠어요! 화창한 날씨에 느긋하게 야외에 앉아 맛있는 음식을 먹는 일은 언제나 즐겁습니다. 나중에는 카리나가 추천한 〈트루 블러드(True Blood)〉라는 제목의 시리즈물을 보았어요. 흡혈귀라든지 뭐 그런 게 나오는 내용입니다. 처음 몇 편부터 벌써 재미있는 걸 보니 매우 흥미로운 시리즈물인 것 같아요! 텔레비전 중독자인 내가 또다시 볼 만한 걸 찾아서 정말 신나요.

아름다운 것
2009년 7월 19일 14시 00분, 일기

아름다운 것은 여름의 더운 공기
아름다운 것은 흐르는 시냇물 속의 진주거품들
아름다운 것은 갓 피어난 봄날의 꽃향기
아름다운 것은 블루베리의 맛
아름다운 것은 보기 드문 우정
아름다운 것은 명랑한 이의 진심에서 우러나는 웃음
아름다운 것은 푸른 하늘
아름다운 것은 별밤
아름다운 것은 풀밭 위를 뛰노는 고양이
아름다운 것은 땅 위로 떨어지는 빗방울 소리
아름다운 것은 영혼이 샘솟는 눈
아름다운 것은 순결함
아름다운 것은 사랑
아름다운 것은 이해력과 강인함과 용기
아름다운 것은 사람들이 한 사람의 외모로부터 판단하는 것과 항상 같지는 않은 것
아름다운 것은 이토록 많기도 하네.
당신에게 아름다운 것은 무엇인가요?

고양이

풍경

암

지난 며칠 동안 컨디션이 그다지 좋지 못했습니다. 그래서 혈액수치가 최악일 거라고 예상했었는데 다행이도 그렇지는 않네요! 그렇다고 검사 결과가 좋은 건 아니지만 지금 시점에서는 괜찮은 거라고 생각하고 싶어요. 어쨌거나 목요일부터는 백혈구 수도 크게 증가하지 않았으니 그게 어딘가요! 의사들도 아자시티딘 요법을 시작하기 전에 화학요법을 받을 필요는 없다는 의견이니 이 정도면 괜찮은 거지요. 아자시티딘은 오는 토요일에 다시 투여하는데, 몸이 이 약을 잘 받아서 이번에는 용량을 두 배로 늘리기로 했습니다. 내 혈액수치는 다음과 같습니다.

HGB[48]: 10.7

혈소판: 38

적혈구: 1.47

백혈구: 8.7

(여러분이 이 수치들의 의미를 다 이해하실 거라 생각하지는 않으니 걱정 마세요.)

약 일주일 후면 메탈리카 콘서트가 열립니다. 감히 콘서트에 갈 일을 기뻐해 보기로 했습니다. 항공권과 호텔도 이미 예약되었고요. 모든 게 다 잘 될까요? 병 때문에 이 모든 일이 쉽지 않아진 게 사실이에요. 그저 공연에만 갈 수 있다면 너무나 행복할 거예요. 다만 신종 인플루엔자에 걸리지 않을까 걱정입니다. 그렇게 운 나쁜 경우를 많이 겪은 탓에.

오늘은 엘리와 외식을 했습니다. 혈액수치도 크게 나빠지지 않았고, 원래 받기로 예정되었던 화학요법도 필요 없을 것 같으니 그야말로 절호의 기회이지요. 이 자유로운 며칠 동안 뭐라도 즐겨야 합니다. 음식도 아주 맛있었답니다!

식사 후에는 우리 집으로 와서 '마리오 카르트(Mario Kart)' 게임을 하고 영화를 한 편 보았습니다.

---

48) 헤모글로빈. 붉은빛을 띠는 혈액 색소

Dead to the world
2009년 7월 27일 0시 24분, 일기

오늘은 쓸 이야기가 별로 없네요. 지난 며칠 동안 내 상태는 지독했습니다. 거의 병문안도 받지 못할 정도였어요. 약 때문에 완전히 녹초가 되었고 혈액수치도 떨어지고 있습니다. 면역력은 괜찮지만 다른 게 다 나쁜 상태니 그것도 소용없어요.

이제 어떻게 될지 모르겠습니다. 끊임없이 피를 뽑고 결과를 검사하는 데도 이제 지쳤어요. 나쁜 소식만 들릴 뿐입니다. 끝없이 기다리는 시간과 나쁜 결과를 눈앞에 놓고 실망하는 일도 이제 혐오스럽습니다. 이게 내 하루를 통째로 망치곤 하지요. 실망감으로부터 채 헤어나기도 전에 다른 실망스런 일이 벌어지기 일쑤입니다. 지금 나는 너무나 외롭습니다. 생각하기도 싫지만 내가 곧 죽을 거라는 두려움이 엄습해 오네요.

다시금 현실에 발목을 잡혀 버렸네요. 오늘은 우울한 생각만 듭니다. 거의 울기 직전이에요. 이제는 좀 평범한 삶을 살고 싶어요. 건강하고 싶어요. 내게 행운은 영원히 오지 않을 거라는 사실을 받아들일 수 없습니다.

The voices
2009년 8월 1일 00시 54분, 일기

메탈리카 콘서트에는 결국 가지 못했습니다. 열이 약간 나고 두통과 관절통이 있어서 전체적으로 상태가 좋지 않았거든요. 최근에는 늘 이랬답니다. 다행이도 조금씩 다시 나아지고 있어요. 비록 공연에는 가지 못했지만 Norway Inc의 배려는 매우 감사히 여기고 있습니다. 추첨에 당선되어 메탈리카를 직접 만날 기회도 있었는데 아쉽네요. 정말 굉장했을 텐데! 하지만 메탈리카가 내가 오지 못한 게 아쉽다고 말해 주었고, 심지어는 내게 바치는 곡이라며 〈Nothing Else Matters〉를 부르기까지 했습니다! 그 이야기를 듣고 놀라움을 금치 못했어요! 얼마나 기쁜 일인지! Norway Inc의 얀 에릭(Jan Erik)님은 내게 콘서트 편집 동영상이 담긴 DVD와 피크(Pick)를 보내 주시겠다고 합니다. 정말 멋지지요! 공연을 보러 가지 못한 게 너무나 아쉬워요! 얀 에릭님이 나를 위해 온갖 준비를 해 주셨는데 말이에요. 이분과 다른 동료들이라도 콘서트를 마음껏 즐기셨기를 바랍니다. 가지 못하게 돼서 실망이 이만저만이 아니었어요. 메탈리카는 수 년 전부터 좋아하던 뮤지션이었으니까요.

오늘도 또 채혈을 했습니다. 백혈구 수치가 6으로 나왔어요! 좋은 수치지요. 계속 이 선에 머물렀으면 좋겠습니다. 수치가 급격히 올라가지만 않는다면 다음 주에는 약도 필요 없고, 그러면 라우마록에는 갈 수 있을지도 모른답니다! 병이 재발되고 얼마 되지 않았을 때 주최측으로부터 축제 자유 입장권 등을 받았거든요. 오늘은 숙소를 예약했어요. 결국에는 내가 갈 수 있을 거라고 믿고 싶으니까요. 축제 기획부에서는 심지어 우리에게 포토패스를 만들어 주겠다고 했답니다! 라우마록에는 특히 내가 가장 좋아하는 밴드 중 하나인 인슬레이브드의 공연도 있답니다. 그들의 앨범 중 〈Monumension〉을 꼭 들어볼 것을 추천합니다.

Written in water
2009년 8월 3일 18시 25분, 일기

사실 그동안 변한 건 아무것도 없습니다. 내 백혈구 수치는 좀더 많이 내려갔어요. 아자시티딘이 이번에는 정말 효력을 발휘하는 모양입니다. 얼마나 반가운 일인지! 하루 종일 꽤나 시달려야 하는데 그 고생이 빛을 본다니 기쁠 수밖에요. 현재 나는 매우 상태가 나쁩니다. 사람들은 내게 "긍정적으로 생각하고, 하고 싶은 걸 해."라고 말하지요. 하지만 침대에만 누워 있어야 하는 상황에서는 기분 좋은 상태를 유지한다는 게 그렇게 쉬운 일이 아니거든요. 거의 그것 말고는 할 게 없어요. 나는 온종일 기진맥진해 있답니다. 아무리 쉬어도 쉰 것 같은 느낌이 들지 않아요. 하루하루가 힘겹고 내 몸 하나 가누기조차 버겁습니다. 괜찮을 때는 잠잘 때뿐이에요. 자면 아무것도 느낄 수 없으니까요. 이런 상태는 심적으로도 큰 영향을 미칩니다. 날마다 절망에 빠져 살게 되요. 상태가 곧 회복되기만 간절히 바라고 있습니다. 이제는 정말 오래 버티지 못할 것 같거든요.

A mask in the mirror
2009년 8월 5일 01시 33분, 일기

여러분의 댓글에 감사드립니다. 진심으로 감사하고 있어요! 이따금씩 극단적인 표현을 해서 죄송합니다. 저조한 기분에서 글을 쓰면 그런 일이 쉽게 생긴답니다. 오늘은 기분이 괜찮으니 혹시 몸 상태도 좀 나아지지 않을까요? 잘 모르겠습니다. 좋아지기를 바랄 뿐이지요. 라우마록 기획팀에서 내게 헬기를 이용해 축제에 오는 게 어떠냐고 물어 오셨습니다. 와, 굉장하지 않나요? 많은 분들이 나를 위해 그처럼 멋진 일들을 해 주어서 너무나 기쁩니다! 비행공포증이 있지만 그래도 그러고 싶다고 대답했어요. 정말 재미있을 것 같아요! 반드시 축제에 가기로 이미 결심했답니다. 가겠어, 가겠어, 가고 말겠어!

내일 또 혈액채취를 해야 합니다. 비록 주말 동안만이지만 그래도 장거리 여행을 하기 전에는 대비가 필요하답니다. 뭐 어쩌겠어요. 이 병이 내 몸 안에 도사리고 있는 한 나는 자유의 몸이 아닌 걸. 원칙적으로 2~3일 이상은 병원을 떠나서는 안 됩니다. 하지만! 병원에 내내 누워만 있는 것보다는 낫지요. 상태를 조금이라도 더 호전시킨 채 떠나기 위해 출발 전에 보존해 두었던 혈액도 투입 받을 거예요. 혹시 혈소판 투입도 필요할지 모르고요. 백혈구 수치가 더 올라가지는 말아야 할 텐데. 이런 걱정이 끊일 날이 없습니다. 가벼운 기분으로 출발할 수 있도록 혈액검사 결과가 좀 좋게 나왔으면 좋겠어요. 결과가 엉망진창이라면 모든 게 다 물거품이 되겠지요. 기분전환이 될 뭔가가 시급히 필요합니다.

Ready to go
2009년 8월 7일 11시 57분, 일기

이제 축제를 향해 떠날 준비가 되었습니다! 지금은 헬기를 탈 생각에 혼자 설레고 있어요. 조금 불안하기도 하지만 말입니다. 아, 정말 흥분되네요! 정말 굉장한 하루, 아니, 굉장한 주말이 될 거예요! 오늘 프로그램에는 인슬레이브드가 포함되어 있답니다. 게다가 그들을 개인적으로 만날 수도 있을 것 같아요! 너무나 멋지지 않나요? 그밖에도 오늘은 훌륭한 밴드가 여럿 무대에 선답니다. 오늘의 깜짝 초대 손님은 누구일지 미처 상상조차 할 수 없네요.

그럼 다녀와서 다시 쓸게요! 여러분도 즐거운 주말 보내시길 바랍니다.

라우마록09
2009년 8월 9일 22시 26분, 일기

축제는 굉장한 경험이었습니다! 너무나 감사한 마음입니다. 직원들 중 한 사람인 마르쿠스(Markus)님은 아주 세심하게 나를 보살펴 주며 내가 편안하도록 최선을 다해 주셨어요. 모두들 친절하기 그지없었습니다. 심지어는 백스테이지에도 들어가도록 허락해주셨답니다! 라우마록 백스테이지에 들어가 보는 건 이번이 처음이었어요. 축제에서 사람들이 나를 위해 해 준 모든 것을 내가 얼마나 기쁘게 여기는지, 말로는 미처 표현할 수 없을 정도입니다.

우리는 어느 유스호스텔에 묵었는데, 나는 그곳에서 받은 환대에도 무척 감사하고 있습니다. 너무나 친절한 어느 여성분께서 신경써주신 덕분에 부족한 것 없이 머물다 왔어요.

온달스네스 아비스(ndalsnes Avis)에서 헬기에서 내리는 내 모습을 몰래 촬영한 것을 알고 쓴웃음이 나왔습니다. 이 사진을 제1면에 실었더군요. 이렇게 뻔뻔스러운 사람들을 보는 것도 참 오랜만입니다. 뭐, 그러려니 해야지요.

헬기로 비행하는 건 굉장했습니다! 생각보다 훨씬 덜 무서웠을 뿐 아니라, 그저 환상적이라고밖에 할 수 없을 정도였어요! 항공기보다 훨씬 좋았답니다. 전혀 긴장되거나 하지도 않았어요. 우리는 트롤스티겐(Trollstigen) 상공을 지나 날아갔는데, 어마어마한 풍광이었지요! 우리 노르웨이의 산들은 다른 어떤 것과도 견줄 수 없는 것 같아요! 나는 벌린 입을 다물 수 없었답니다.

그런데 하필이면 금요일에 방광염에 걸렸지 뭐예요! 추운 날씨에 바깥에서 한참 동안이나 택시를 기다려야 했던 탓입니다. 그래서 토요일에 라우마의 응급실에 가서 약을 처방받아야 했습니다. 병원에서 친절하게 도와주셔서 다행히 모든 게 좋아졌어요. 토요일에는 너무나 기진맥진해서 축제를 많이는 즐기지 못했습니다. 금요일 저녁이 그야말로 절정이었지요! 백스테이지에서 인슬레이브드를 만났거든요. 정말 좋은 사람들이었어요! 콘서트는 그야말로 대단했고 인슬레이브드는 나를 위해 노래 한 곡을 헌사해 주기까지 했답니다. 사인이 들어간 CD와 스웨터 한 벌도 선물 받았어요. 무대 뒤에서 가수들을 만나보는 일은 참으로 흥미진진했습니다.

축제기간 동안 내 블로그의 독자 몇 분이 내게 인사를 건네셨습니다. 무슨 말을 해야 할지 몰라 정말 난감했어요. 하지만 만나 뵙게 되어 정말 반가웠습니다! 다만 사람들과 가까운 접촉을 피해야 하기 때문에 누군가 나를 껴안으려 하면 좀 불편하답니다.

인슐레이븐드6

무제

헬기 비행2

나쁜 소식을 너무 많이 들은 탓에 이제 미래를 상상한다는 게 어렵기만 합니다. 친구들이 장래 무엇이 되고 싶다는 등의, 미래에 관한 이야기를 하는 것을 듣는 일조차 어마어마하게 힘이 들어요. 그런 대화에는 도무지 낄 수가 없습니다. 사실 그런 이야기는 내키지도 않고요. 내게는 고통스러운 화제거든요.

아직 건강을 되찾을 수 있다는 걸 알고 있으면서도 그걸 믿는 게 엄청나게 어렵습니다. 골수이식 후에 병이 재발했다는 건 대부분의 환자들에게 끝을 의미하거든요. 비록 그 후에도 병을 이겨낸 사람이 소수 있기는 하지만. 운이 좋은 사람도 있었고 나쁜 사람도 있었지요. 나는 언제나 운이 없었습니다. 혈액암에 걸린 것도 모자라 그게 매우 다루기 힘든 희귀종이자 난치성이라는 사실까지 알게 되었으니까요. 게다가 불행은 항상 혼자 오지 않는 법입니다. 나는 생명을 위협할 정도로 독한 화학요법을 몇 번이나 받아야 했습니다. 세 번의 패혈증이 나를 거의 죽음의 문턱까지 몰고 갔고요. 한 번은 심한 폐렴으로 산소 호흡기를 달고 있어야 했고, 의사들은 부모님에게 큰 기대는 걸지 않는 편이 좋을 거라고까지 말했답니다. 하지만 나는 모든 걸 이겨냈습니다. 하지만 그 뒤에 또다시 '알아 나가야' 했던 여정도 험난하기는 마찬가지였어요.

그 다음에는 골수이식이 기다리고 있었습니다. 이번에야말로 불운이 나를 비켜가기를 간절히 바랐었지요. 나는 골수이식도 잘 해냈습니다(이런 표현이 맞는 건지는 모르겠지만요). 하지만 3개월 뒤에 병이 재발했어요. 왕립병원으로부터 내가 죽을 거라는 연락이 왔습니다. 지금 생각하면 내가 어떻게 하루하루를 버텨낼 수 있었는지 모르겠습니다. 내 뇌에 껐다 켰다 할 수 있는 전원이 있는 모양이에요. 그리고는 새로운 희망이 찾아왔지요. 우리는 아자시티딘이라는 약에 모든 것을 걸 수밖에 없었습니다. 이 약이 재이식을 가능하게 해줄지도 모릅니다. 행운은 언제쯤 내 편에 서게 될까요?

207명의 블로거가 레기네의 글에 댓글을 달았다. 벵 에이템을 비롯한 많은 사람들이 레기네를 응원했다. 어떤 이들은 다른 치료법을 찾아보라고 조언하기도 했는데, 레기네의 블로그를 정기적으로 찾아오는 GSC라는 블로거는 이에 강력히 반발했다.

아니, 지금 나는 무척이나 화가 나려 합니다! 해외에서 성공을 거두었다는 치료법에 관한 이야기가 이제 와서 별안간 한꺼번에 들려오는군요. 세상에는 완벽히 똑같은 사람이란 없습니다. 두 환자를 놓고 비교할 수도 없는 일이고요. 한 사람에게 긍정적인 효과를 내는 것이 다른 한 사람에게는 완전히 반대의 효과를 불러올 수 있습니다. 우리 노르웨이는 훌륭한 보건체계를 갖추고 있습니다. 레기네의 주치의들이 이 아이를 치료하기 위해 할 수 있는 건 다 하고 있다는 사실을 왜 믿지 못하는 겁니까? 나도 레기네가 무엇에 맞서 싸우고 있는지 조금은 압니다. 레기네에게 지금 필요한 것은 포기하지 말라는 충고가 아닙니다. 이미 있는 힘을 다해 싸우고 있잖습니까! 레기네의 상태가 어떤지 잘 아는 사람이 있다면 바로 레기네 본인입니다. 그런 마당에 감히 남들이 나서서 이 아이에게 우리 블로그 독자들을 위해 힘을 내라고 말하는 겁니까?! 정말 역겹군요! 자기 자신을 위해 싸우기도 벅찬 사람에게 우리를 위해서 힘을 내라니요.

앞으로도 행운을 빌어요, 레기네님. 당신은 정말 탁월한 사람입니다!

- GSC

그래, 레기네. 너와 가족들 모두, 이제 행운을 누릴 자격이 있단다!!! 많은 사람들이 응원하고 있어. 그리고 상황이 허락하는 한 '삶을 최대한 즐기고' 있는 것 같아 기쁘구나. 축제, 공연, 헬기, 그리고 다른 여러 가지를. 너는 거우 열여덟 살이지만 쉰, 예순, 일흔이 된 사람들에게도 흔치 않은 지혜를 갖추었고, 수많은 경험을 했을 뿐 아니라 그들보다 더 많은 성공과 패배를 체험했다고 나는 확신한다. 할 수 있는 한 삶을 즐기도록 노력해, 레기네! 우리들 중 누구도 죽음을 비켜갈 수는 없겠지만 아직 남은 날들로부터 뭔가 결실을 맺을 수는 있으니까. 참고 견뎌라! 너를 응원하고 있을게. 그리고 아자시티딘이 효력을 발휘하기를 바란다!

추신: "삶을 진정으로 사세요. 여러분이 할 수 있는 한." 외이빈 안드레가 자신의 블로그 독자들에게 남긴 마지막 말이었습니다. 그의 블로그는 삶의 지혜로 넘쳐나지요. 누구든 – 건강한 사람이든 병을 앓는 사람이든 – 방문해 볼 가치가 있답니다. [49]

- 벵

---

49) 외이빈 안드레 그뢰세트(Øivind André Grøseth)는 2007년 5월 10일 스물두 살 나이에 혈액암으로 사망했다. 그의 블로그(노르웨이어) 주소는 다음과 같다.: http://www.oastiftelse.no/blog/?page_id=173

에너지가 고갈되다
2009년 8월 16일 18시 16분, 일기

내일 또다시 아자시티딘이 투여됩니다. 생각만 해도 끔찍해요. 그렇지 않아도 지쳤는데 이게 나를 더 짓밟겠지요. 하지만 어쩔 수 없습니다. 오늘은 거의 침대에 누워만 있었어요. 다른 무엇도 할 처지가 못 된다는 건 진저리가 날 만큼 고통스럽습니다. 내게 긍정적인 에너지를 채워 줄 무언가를 하고 싶은 마음이 간절합니다. 밖으로 나가 사진을 찍고 산책을 하고 싶지만 그럴 수가 없네요. 그냥 너무 힘들어요. 창의력을 마음껏 발휘하지 못하는 게 너무 싫어서 하루 종일 우울해하고 있습니다. 좋아하는 일들 중 하나도 할 수 없어서. 당연한 일이지요. 어떤 것에도 힘을 낼 수 없는 이유를 도대체 모르겠습니다. 짐작으로는 지난번에 고용량으로 투입된 약 때문인 것 같습니다. 사실 몸이 아자시티딘에 좀 적응해서 부작용이 덜 나타날 법도 한데, 그럴 기미가 안 보이네요. 기력만 좀 있다면 지금 이 모든 걸 견뎌내기가 훨씬 쉬웠을 거예요.

내 것이 아닌 개학
2009년 8월 19일 23시 59분, 일기

오늘은 병원에 가는 일이 특히 힘듭니다. 내가 다니던 학교를 지나갈 텐데, 오늘은 개학 첫날이거든요. 어딜 가나 학생들의 모습이 보여 너무 고통스러워요. 사실은 나도 오늘 저 무리에 섞여 있었어야 하는 건데. 적어도 병이 재발하기 전까지는 그렇게 계획이 잡혀 있었지요. 정말 불공평한 일이에요! 암 환자들 중 대다수는 시간이 지나면서 자신이 암을 앓는다는 게 부당하다는 생각을 더 이상 하지 않게 된다던데, 나는 도무지 그런 생각을 멈출 수가 없습니다. 내가 아닌 다른 누군가가 대신 걸렸더라면, 하는 생각까지 하게 됩니다. 이기적이지만 인간적인 생각이지요. 누가 나를 비난할 수 있을까요?

엄밀히 따지면 지난 며칠은 비교적 순조롭게 흘러간 편입니다. 월요일에는 수혈을 받고 난 뒤 몸을 좀 추스를 수 있었어요. 아직 몸으로 느끼는 건 별로 없지만 치료도 계속되고 있고요. 그 뒤로 며칠 동안은 엘리가 날마다 찾아왔습니다. 엘리가 있어 얼마나 다행인지 몰라요! 이 친구가 없었더라면 어땠을지. 엘리는 최근 내가 필요할 때 곁에 있어 주는 유일한 사람이랍니다. 지원군이 좀더 있었으면 좋겠는데, 아쉽게도 몇몇 친구들은 나를 저버렸습니다. 정말 짜증나는 일이에요.

어쨌든 엘리와 나는 지난 며칠 동안 케이크를 굽거나 〈트루 블러드〉를 보았습니다. 우리 둘 다 빵 굽는 일과 시리즈물에 완전히 빠져 지냈지요. 그리고 어제는 최고의 스무디를 만들었답니다! 그래서 기분이 아주 좋아졌어요.

오늘은 우편으로 투표를 했습니다. 선거권을 행사하는 건 중요한 일이니까요.

279명의 블로거가 레기네의 글에 댓글을 달았다. 대부분은 응원을 보내고 공감을 표하기 위한 글이었지만, 몇몇 사람들은 다른 누군가가 자기 대신 암을 앓았으면 좋겠다는 레기네의 '소원'을 비난하기 위해 글을 썼다. 여기 양 '진영'으로부터 선별한 댓글 몇 개와 레기네 자신의 댓글을 소개한다.

안녕, 레기네. 나는 어른이고 기혼이며 네 아이의 엄마이기도 하단다. 신문에서 너에 관한 기사를 읽은 뒤로 정기적으로 네 블로그에 들어와 보고 있어. 내 직업은 간호사이고, 완화의료 요법 과정[50]을 추가로 이수했지. 너에게서 배운 것이 많단다. 예를 들어 중병이 젊은이에게 어떤 영향을 끼치는지, 그런 것 말이야. 그러다 보니 친근한 느낌이 들더구나. 너의 내면에는 무척이나 큰 생명력이 깃들어 있는 것 같다. 다른 사람들에게 나누어 주고 가르쳐 줄 수 있는 것을 너는 아주 많이 가졌구나. 지금 받는 치료법이 네게 도움이 되기를, 그리고 부작용이 없기를 바란다. 말로는 내 마음이 잘 전달될 수 없겠지만, 그래도 내가 너를 생각하고 있다는 것을 기억해 주었으면 좋겠다.
- 다정한 안부를 전하며, 라일라(Laila)

안녕, 사랑하는 레기네,
잠자리에 들기 전에(지금 이 '한밤중'에) 재빨리 몇 줄 쓴다. 잠을 청할 때마다 네가 떠오르곤 한단다. 네게 엘리가 있어 얼마나 다행인지 모르겠다, 레기네! 그래, 안타까운 일이지만 시간이 흐르고 '처음의' 관심이 식으면서 인간관계가 하나씩 끊어지는 법이지. 네게는 바로 '지금' 친구들이 필요한데. 더 이상 네 곁에 있어 주

---

50) 완화 의료 요법이란 중병을 앓는 과정에서 병세가 심화되어 시한부 판정을 받은 환자들에게 적용하는 치료법이다. 완화 의료 요법은 환자의 삶의 질을 향상시키는 것을 최우선으로 한다.

지 않는 사람들이 네 글을 읽으며, 이럴 때 사람이 얼마나 상처받고 고독해 하며 쓰라린 느낌을 받는지(어쨌든 내게는 그렇단다) 깨달았으면 좋겠구나. 네가 좋아하는 사람들이 너를 얼마나 필요로 하고 사랑하는지 아는 건 아주 중요한 일이지. 오늘 밤에 푹 잘 수 있기를 바란다. 네 마음이 어떤지 우리도 알고 싶었는데 그걸 먼저 글로 써 주어 고맙다. 잘 자라, 장한 우리 아가!
- 다정한 안부와 함께, 엄마/증조할머니

레기네님의 생각이 지극히 인간적이라는 것을 대부분의 사람들은 이해할 거예요. 우리들 중 다수는 레기네님이 자신의 느낌과 생각을 그처럼 솔직하게 표현하는 게 기쁘답니다. 그럼으로써 우리도 이 병을 다각도에서 보게 되고, 레기네님이 헤쳐 나가야 하는 고난이 어떤 건지 제3자의 입장에서 조금이나마 살펴볼 수도 있으니까요. 진부한 이치를 들먹이며 남을 가르치려 드는 어리석은 댓글들이 달리는 게 안타까울 뿐이에요. 레기네님이 그처럼 솔직하고 용감하게 행동함으로써 이 병이 얼마나 끔찍하고도 무의미한 것인지 짚어주고 있다는 건 어린아이라도 알 텐데. 학교들이 개학을 할 무렵에 나도 레기네님을 떠올렸답니다. 정말 불공평한 일이에요! 그래도 엘리라는 친구가 곁에 있고 지난 며칠을 즐겁게 보냈다니 다행이에요. 치료가 어서 효과를 보이기를 바랍니다!
- 존경과 경외감을 표하며, 낯선 이로부터(26세)

너 말고 다른 사람이 병에 걸리면 좋겠다고? 네가 세상에서 제일 잘난 인간이라도 된다는 거야, 뭐야? 세상이 너를 중심으로 돌아간다고 착각하고 사는 모양이로구나? 네가 학교에 못 가고 아무것도 즐기지 못하고 있으니, 다른 사람들이 그렇게 하는 것도 배가 아프지? 내 말이 틀렸어?
- E

"레기네, 어쩌면 그런 말을 할 수 있는 거지??!!" 아마도 레기네가 끔찍한 삶의 위기를 겪고 있기 때문이겠지요. 아마도 암에 걸렸기 때문일 테고, 의사들도 포기했기 때문에, 아직 얼마 살지 못했고 죽고 싶지 않기 때문에, 삶을 포기하고 싶지도, 사랑하는 사람들을 두고 떠나고 싶지도 않게 때문이겠지요. 아마도 인간이니까.

그래요, 아마도 그런 이유로 레기네는 그런 말을 한 것 아닐까요?!! 그리고 레기네님, 당신이 이렇게 잔인한 병에 걸린 게 불공평하지 않느냐고요? 레기네님과 가족과 친구들을 생각하면 지독히도 불공평한 일이지요! 이런 엿 같은 일은 집단학살자나 아동 살인자, 소아성애자 따위에게나 일어나야 하는데! 그 편이 훨씬 정당하겠지요. 세상이 생각대로 돌아가지 않는 게 안타까울 뿐……. 나도 열네 살에 아버지를 암으로 잃었기 때문에 레기네님의 심정을 이해할 수 있어요! 그때 나도 우리 아빠만 아니라면 절친한 친구들의 아빠든 삼촌들이든, 그 누가 암에 걸려도 좋다고 생각했으니까요! 이건 악랄하고 머리가 돈 정신병자의 생각이 아니라, 언제나 사려 깊게 행동하던 열네 살의 평범한 소녀의 머리에서 나온 생각입니다. 지금은 당연히 그 사람들이 죽기를 바라지 않지만……. 레기네님, 평범한 인간이라면 그런 생각을 하는 건 당연해요……. 나도 날마다 이 블로그에 들어와 보며 응원하고 있답니다! 이 부당한 싸움에서 승리하여 건강을 되찾기를 진심으로 빌어요!! 솔직한 건 좋은 일이에요! 그게 레기네님을 진짜이게 하니까요. :)
- JEA

친절한 댓글 감사합니다. :) 내게는 정말 소중한 일이에요. 사람들이 그저 내가 감염이라도 될까봐 외면하는 거라고는 생각지 않아요. 아마도 다른 숨은 이유가 있는 거겠지요. 처음 얼마간은 다른 사람들도 내 곁에 있어 주었지만, 투병이 장기화되면서 일부는 그럴 마음이 사라진 것 같아요. 레벨라(Rebella)님: 댓글 감사합니다. 이렇게 이해해주는 분이 계셔서 좋네요. :)
'E'에게: 댓글이 참 객관적이지 못하군요. 앞으로는 내 블로그에 찾아오지 말라고 권하고 싶네요. 그냥 하는 말이 아니니 잘 새겨들어야 할 겁니다. 나는 내가 가질 수 없는 것을 다른 사람도 누리면 안 된다는 말은 한 적도 없고 그렇게 생각한 적도 없습니다. 그런 건 내가 여태껏 들어 본 말들 중 최고로 바보 같은 이야기라고요! 확신하건대, 당신과 나 두 사람 중에 누가 암에 걸려야 할지 선택하라면 당신은 당연히 내가 걸려야 한다고 대답했겠지요.
'토니에(Tonje)'님: 다른 치료법을 받아보고 싶은 마음은 없습니다. 이미 치료를 받고 있으니 이걸 믿어볼 생각이에요. 그래도 그렇게 말씀해주셔서 감사합니다!

레기네님,

친애하는 레기네님. 그런 생각이 드는 건 지극히 자연스러운 일이에요. 사람은 누구나 이기주의자랍니다. 내가 암에 걸려 생명이 위험한 상황이라면 틀림없이 나도 다른 누군가가 대신 걸렸기를 바랐을 거예요. 하지만 이 말이 꼭 다른 사람들도 암에 걸리기를 레기네님이 바라고 있다는 의미는 아니지요! 세상에는 그저 어리석은 사람들이 있기 마련이랍니다. 레기네님. 그런 사람들은 무시해 버리세요. 레기네님의 기분이 어때야 한다고 이러쿵저러쿵하는 사람들에 대해서는 신경 쓸 필요도 없어요! 당신의 블로그를 다른 사람들을 험담하는 말로 더럽히지는 마세요. 하느님 맙소사, 이 사람들은 당신이 어떤 기분인지 티끌만큼도 이해를 못 하는 것 같군요. 나는 아버지의 암 투병을 지켜보았기 때문에 레기네님의 심정을 이해할 수 있어요. 아버지가 단 한 마디도 하지 않고 스물네 시간 멍하니 앉아만 있던 모습을 아직도 기억합니다. 죽음에 대한 두려움과 근심으로 가득 찬 모습이었어요. 그 모습을 지켜보는 기분은 정말 끔찍했습니다! 다행이도 아버지는 병을 이겨냈고 지금은 완전히 건강을 회복하셨어요. 레기네님에게도 기적이 일어나기를 간절히 바랍니다! 당신은 세상에 없어서는 안 될 사람이에요. 그토록 창의적이고, 독창적이고, 또 영리한 사람이니까요. 그에 비하면 내가 아는 다른 열여덟 살 청소년들은 대개 물질적인 것만 추구하고 생각이 없답니다. 나도 마찬가지였지만. :) 레기네님은 다른 사람들에게 많은 걸 가르쳐주고 있어요! 나 자신도 이 블로그를 통해 배운 게 많아요. 이렇게 건강하고 자유로운데 나는 대체 왜 그렇게 불만이 많은 걸까? 알고 보면 아무것도 아닌 일을…… 지금 나는 그런 생각을 더 자주 한답니다. 그래서 고마운 마음이에요. 레기네님이 맞닥뜨린 불행은 누구에게나 일어날 수 있는 일이지요. 당신이 지금 어떤 암흑의 골짜기를 헤매고 있는지 상상조차 할 수 없어요. 여기에는 어리석은 댓글을 남기는 바보들도 많지만, 블로그를 방문하는 사람들 중 95퍼센트는 레기네님으로부터 뭔가를 배우고 있답니다. 내 말을 믿어도 좋아요. 그리고 몇몇 친구들이 멀어졌다는 건 슬픈 일이지만, 엘리가 있다는 걸 감사하게 여기세요. :) 이제부터는 좋은 일만 생기기를 간절히 빌어요, 레기네님. 마음으로 꼭 껴안아줄게요. :)

– 리세

친애하는 레기네! 치료를 받느라 무척 지쳐 있는 모양이구나. 게다가 병만 아니었더라면 학교에 다니고 있었을 테니, 지금은 네가 아프다는 게 한층 더 절실히 느껴지겠지. 하필 왜 네가 병에 걸렸을까 하는 생각에 우울하고 낙담하고 슬프고 또 분노가 치미는 건 당연한 일이란다. 게다가 병을 앓는 기간이 길어지면서 친구들이 하나 둘 멀어진다는 느낌도 어마어마하게 고통스러울 거야. 긍정적인 생각과 의욕이 다 사라지는 건 이해하고도 남을 만하다. 그런데 안타깝게도, 네가 어떤 상황에 처해 있으며 그게 무엇을 의미하는지 네 블로그의 독자들이 모두 이해할 수는 없을 거야. 너는 때로는 낙관적으로, 때로는 절망에 가득 찬 상태로 네 일상에 관해 단편적인 글을 쓸 뿐이고, 글 사이사이에 숨은 뜻을 간파하는 것은 읽는 사람의 몫이니까. 이해하는 사람도 있을 테고 그렇지 못한 사람도 있겠지. 그 여부는 특히 그들이 쓴 댓글에 분명히 드러난단다. 하지만 대부분의 사람들은 댓글을 통해 네게 응원을 보내고 싶어 한다는 게 내 생각이다. 물론 네가 안고 있는 부담을 잘 이해하지 못하는 사람도 있고, 언제 말을 하고 언제 입을 다물고 있어야 하는지는 더더욱 판단을 못하는 사람도 있지만. 그런 사람들이 네 블로그에 들어오는 게 싫을 거란 것도 이해한다. 네가 처한 상황에 관해 뭔가 의미 있는 말을 생각해낸다는 건 무척이나 어려운 일이야. 나 역시 그냥 아무 말 하지 않는 편이 나을지 모르지. 하지만 중병을 앓아 본 사람이라면 네가 지금 싸워 나가야 하는 일, 짊어져야 하는 짐을 어느 정도 이해한다는 점을 네가 알았으면 해. 이런 사람들은 너와 커다란 동질감을 느끼며 너를 생각하고, 네게 기적이 일어나기를 바라고 있단다.

- 안부를 전하며, 오쉴드

"내가 아닌 다른 누군가가 대신 걸렸더라면, 하는 생각까지 하게 됩니다." 이런 잔인한 말을 하다니……. 본인 입으로 "전쟁에 응하라"고 하지 않았던가요?
- K

어휴, 레기네님이 저런 댓글을 다 읽어야 한다고 생각하니 어이가 없군요! 물론 레기네님이 다른 사람들이 암에 걸리기를 바라는 건 아니지요. 하지만 정신이 똑바로 박힌 사람이라면 이런 말이 깊은 절망에서 나왔다는 것쯤은 이해할 수 있지 않나요? 감히 내 생각을 말하자면, 이런 상황에 처한 사람은 누구나 이따금씩 같은 생각을 할 거예요. 자신이 육체적으로나 정신적으로 겪는 모든 일과 불만에 관해 그처럼 솔직하고 열린 자세로 이야기할 수 있다니, 레기네님은 굉장히 용감한 사람이에요. 그리고 친구들이 멀어졌다니 슬픈 일이지만, 다행이도 아직 엘리가 있잖아요! 엘리님은 정말 최고의 친구인 것 같아요! 귀하디귀한 우정이에요. 원래 어려운 상황에 처하면 누가 진짜 친구인지 비로소 알게 된답니다. 학교에 가는 걸 싫어하는 학생들이 이 글을 읽고 자신이 얼마나 행복한가를 깨닫게 되었으면 좋겠어요. 레기네님에게 격려를 보내며, 조만간 좋은 날과 좋은 소식이 레기네님을 기다리고 있기를 바랍니다.
- 다정한 안부와 함께, 레기네님을 응원하는 이웃으로부터

내가 아닌 다른 사람이 암에 걸렸더라면, 하는 레기네님의 마음은 건강한 사람이 중병을 앓는 사람을 보며 '아, 나는 저런 병에 걸리지 않아서 다행이다!'라고 생각하는 것과 똑같습니다. 동전의 양면 같은 거예요. 지극히 자연스러운 생각이고, 극단적이거나 그로테스크한 사고방식이 아니라 인간이라면 누구나 갖고 있는 생존본능에서 우러난 생각입니다. 레기네님이 그런 생각을 글로 옮길 정도로 솔직하다는 사실을 이해하지 못하는 사람이 있다면 그냥 무시하는 수밖에 없어요. 이런 상황에서는 그들도 레기네님과 똑같은 생각을 할 테지만 아마도 그걸 남들 앞에서 인정할 용기는 없을 겁니다. 레기네님의 상태가 이제 좀 괜찮아졌기를, 그리고 치료가 목표한 만큼 효과를 보이기를 바랍니다. 바나나와 얼린 블루베리, 바닐라 요구르트를 섞어 만든 스무디를 간식으로 추천할게요. 블루베리와 바닐라 맛의 조합은 다른 무엇에도 견줄 수 없을 만큼 맛있답니다. :)
- 외른(Jørn)

나를 이해해 주신 분들 모두에게 깊은 감사를 전합니다! 내 블로그에는 신중함에서 나온 훌륭한 댓글을 달아주시는 분이 정말 많아요. 나는 그냥 이런저런 생각을 쓸 뿐인데, 몇몇 사람들은 대체 무엇 때문에 그걸 굳이 물고 늘어지는 건지 모르겠습니다. 다른 누구도 아닌 내 생각일 뿐이잖아요. 그리고 내가 겪고 있는 고난에 관해 하나도 모른다면 거기다 토를 달아서도 안 된다는 생각입니다. 누구나

내가 말한 것과 똑같은 생각을 할 겁니다. 다만 그걸 말로 표현할 엄두를 못 내는 것뿐이지요. 나는 최소한 솔직합니다. 내게서 "아, 내게 이런 일이 일어나서 다행이야."라는 말을 기대하는 사람들이라면 이제 지겹습니다. 다른 누군가가 그런 말을 한 모양인데, 그건 말치레일 뿐이지요. 그게 진심이라고는 결코 생각지 않습니다. 그렇잖아도 지칠 대로 지쳐있는 나를 때려눕히고 싶어 안달이 난 사람들을 보면, 그런 것 말고는 달리 할 일이 없는 모양이란 생각밖에 안 들어요. 참으로 불쌍한 사람들이지요. 'K'라는 사람이 내게 자극적인 글을 쓴다고 하는 이유도 이해할 수 없습니다. 자극적인 말을 하는 사람은 내가 아니라 본인인데 말입니다.

'릴레베트(Lillebeth)'님: 방금 아자시티딘 요법을 무사히 끝냈답니다. :)

- 레기네

여러분 중에서 레기네가 지금 어떤 역경을 헤쳐가고 있는지 짐작이라도 하는 사람은 극히 일부에 지나지 않는 듯합니다. 발발한 지 오래 되었으며 재발까지 한 암은 보통 암과는 비교할 수 없습니다. 우선, 암이란 것은 병의 한 종류가 아닙니다. 암에는 최소한 180가지 종류가 있으며 그 중 다수는 또다시 하위 형태 및 진행단계에 따라 세분되지요. 암의 발병과 치료는 때로 대수롭지 않은 수술(흉터도 남지 않을 정도의)로만 끝나는 경우도 있습니다. 이런 경우에는 사후에 극소량의 국소적 방사선 치료만 받으면 나머지 수명을 사는 데 지장이 없습니다. 반면에 암과 수년간에 걸쳐 사투를 벌여야 하는 사람들도 있는데, 이때 환자는 병 자체와 치료에서 오는 부담은 물론 다음 번 진료에서 사형선고를 받을지 모른다는 끊임없는 공포가 몸을 갉아먹어 가는 것을 느낍니다. 위 두 가지 경우는 서로 비교할 수도 없이 천차만별임에도 '암'이라는 개념은 양자를 모두 포괄하고 있습니다. 레기네는 자신의 고통과 체험에 관해 우리에게 알려주려는 것뿐인데, 그에 반박하고, 또 반박을 정당화하려 드는 사람들을 나는 이해할 수 없습니다. "내가 아닌 다른 누군가가 암에 걸렸더라면"이라는 레기네의 말을 비판하고 싶은 사람들은 먼저 그 끈질긴 병이 어떤 고통을 불러일으키는지 본인은 상상도 할 수 없다는 사실을 감사히 여겨야 할 겁니다! 나는 암 환자들이 어떤 고통을 견뎌야 하는지 제삼자로서 지켜보았을 뿐이지만, 아주 솔직히 말하라면 '그래도 나 자신이 고통 받느니!'라는 생각을 했습니다. 레기네님, 당신은 어마어마하게 강인한 젊은이입니다! 나는 이미 오래 전부터 이 블로그를 읽으며 레기네님의 병이 곧 호조세를 보이기를 진정으로 희망해 왔답니다! 그밖에도 레기네님이 자신의 생각과 체험을 우리와 공유하는 데 대해 수없이 감사의 말을 하고 싶군요. 비록 고통스러운 일일 지라도, 당신이 우리에게 그토록 많은 것을 주고 있다는 사실만은 감사히 여기고 있어요. 레기네님은 내가 쟁취하고자 하는 것의 현신이며, 내 일에서 어려움을 겪을 때면 그것을 극복하도록 동기를 부여해주는 사람이기도 하답니다.

– 어느 의학자로부터

안녕, 레기네. :) 나는 오래 전부터 정기적으로 이 블로그를 읽어 온 독자란다. 언젠가 내 누이(소프센)가 한번 들러 보라고 권해서 알게 됐지. 그때부터 시간이 날 때마다 들어와 보고 있어. 아무리 해도 네가 처한 상황을 완벽히 이해하기란 힘들겠지만, 그래도 너와 네가 겪는 모든 일들에 관해 자주 생각한단다. "사람들이 돌았나봐."라던 베아테의 말에 나도 백퍼센트 공감한다. 부탁이니 계속해서 글을 쓰렴! 나는 네가 '이기적'이거나 '괴팍한' 사람이 아니라 어둠 속 한 줄기 빛과도 같다고 생각해. 그토록 많은 사람들에게 신뢰를 심어 주잖니! 크리스티안이 앞서 썼듯이 "너와 같은 진단을 받은 다른 사람들을 생각해 봐."[51] 그래, 그들을 생각해 봐라. 네가 그들에게 얼마나 큰 희망을 주고 있는지, 어떤 강인함을 나눠주는지. 대부분의 보통 사람들이 절망에 휩싸여 있을 이 상황을 네가 어떻게 받아들이는지 그들도 지켜볼 수 있으니 말이다. 너는 병에 맞서 투쟁을 벌이고 있지 않니. 너라면 빌어먹을 병이란 녀석에게 매운 맛을 보여줄 수 있을 거야! 그런 날이 온다면 너와 같은 진단을 받은 사람들을 생각하길 바란다. 그로 인해 얼마나 많은 사람들의 마음속에 희망의 불꽃이 살아날지, 얼마나 많은 사람들이 이 혼자만의 전쟁에서 든든한 무기와 지원군을 얻게 될지. 건강을 회복하는 일이 가능하다는 것을 그들도 깨닫게 될 거야. 그리고 크리스티안님, 나도 당신의 의견에 전적으로 동의합니다. 레기네는 같은 병을 앓는 모든 사람들을 잊지 않아야 한다는 말씀 말입니다. 레기네, 너의 용기가 나를 울리는구나. 싸워 나가거라!

– 너를 찬미하는 마티아스(Matias)로부터

---

51) 크리스티안의 댓글은 이 책에는 소개되지 않았다.

안녕하세요, 레기네님! 댓글은 한 번도 쓰지 않았지만 나도 오랫동안 이 블로그를 읽어 왔답니다. 이곳에 달린 수많은 댓글들도 읽어 보았고요. 어떤 사람들의 댓글은 충격적이기까지 했어요! 레기네님이 어떤 기분인지, 이런 상황에서 무슨 말을 하고 싶을지 다 아는 것처럼 으스대는 사람들은 대체 어떤 인간들일까요?! 레기네가 자극적인 글을 쓴다고 나불대는 사람들은?!! 다짜고짜 끼어들어서는, 레기네가 유명세를 타고 자신을 드러내기 위해 신문사 인터뷰를 한다고 떠들어도 괜찮다고 믿는 사람들은?!! 대체 이게 무슨 철딱서니 없는(!!!!) 짓들인가요?? 대체 인생을 어떻게 살고들 있는 건가요?! 젊은 나이에 죽음을 목전에 두고 있는 사람에게 어쩌면 그다지도 경멸적인 말을 내뱉을 수 있는 건지……??? 어떻게 이 지경이 된 걸까요. 인기와 영광, Blogg.no 사이트의 최고 인기 순위, 그런 게 중요하다는 거지요. 빌어먹을, 뭐라는 건가요??!! 정신들 차리세요!!!! 나는 레기네의 입장에서 생각해보려는 시도조차 하고 싶지 않습니다. 생각조차 하기 싫어요! 나는 서른한 살이고, 내게는 귀여운 다섯 살짜리 딸이 있습니다. 내가 현재 여기, 내 자리에 있다는 사실만으로도 감지덕지입니다! 날마다 감사히 여기고 있어요! 내 어머니는 16년(!!!!) 동안이나 암과 싸우다가 내가 열다섯 살이 되어서야 돌아가셨습니다. 의사들이 내내 놀라서 입을 다물지 못할 정도였어요! 내 손에는 엄마의 사진 한 장이 남아 있습니다. 사진 속에서 엄마는 팔에 카테터를 꽂은 채 채혈을 하는 간호사를 향해 미소를 짓고 있지요. 그게 내 엄마였습니다. 나는 엄마가 안전하도록 제왕절개로 세상에 나왔어요. 엄마는 나와 언니의 견진 성사를 보고 가겠다고 맹세했어요. 16년입니다!! 그 세월을 견뎌 낸 거지요. 내 견진 성사를 지켜보는 것으로 목표를 달성한 엄마는 그해 가을에 숨을 거두었습니다. 16년!! 엄마가 고열에 시달리며 거실에서 이불을 덮고 누워 있던 모습을 나는 아직도 기억합니다. 택시를 불러 왕립병원으로 데려다 달라고 부탁한 사람도 나였어요. 그런 일에는 엄마가 화학요법을 받던 수년 동안 이미 익숙해져 있었습니다. 그런데 그 날 이후, 엄마는 자신이 세상 어느 곳보다도 사랑하던 장소로 두 번 다시 돌아올 수 없게 되었습니다. 엄마는 그걸 알고 계셨어요! 아버지도 아마 짐작하고 계셨겠지만 나와 언니에게는 아무 말도 하지 않았습니다. 우리는 그것이 흔히 있었던 이전의 입원과 마찬가지일 거라 생각하고 대수롭지 않게 여겼지요. 이 일은 엄마의 강인한 의지를 보여주는 증거입니다. 삶의 가장 아름다운 순간들을 어떻게 즐겨야 하는지 엄마가 알고 있었다는 증거예요. 그리고 독한 화학요법조차 미소 띤 얼굴로 견뎌낼 준비가 되어 있었다는 증거이기도 하고요. 세상에서 가장 사랑하는 사람들이 당신 때문에 절망하지 않도록 말입니다! 엄마의 절친한 친구였던 분은 엄마의 장례식에서 다음과 같이 아름다운 이야기를 들려주셨습니다. 엄마는 매년 크리스마스가 되면 왕관 모양의 케이크를 만들어 이분을 찾아갔습니다. 마지막 해에도 마찬가지로요. 언제나처럼 얼굴에 미소를 머금은 채 이렇게 말씀하셨답니다. "내가 올해도 해냈네……." 장례식이 열린 교회는 조문객으로 발 디딜 틈 없었습니다. 엄마가 화학요법을 받을 때마다 왕립병원까지 모시고 갔던 택시 운전사도, 그의 아내도 눈물을 흘렸습니다. 사실 내가 하고 싶은 이야기는 한 가지입니다. 레기네가 바로 나의 엄마 같다는 사실이지요. 레기네님은 전사입니다. 그리고 다른 사람들은 감히 상상조차 못할 일들로부터 긍정적인 면을 보는 눈을 가졌어요! 레기네님은 살아남는 데 필요한 모든 것을 갖추었습니다. 내 어머니도 마찬가지였지만, 안타깝게도 여러 해가 지나고 나이가 들면서 병 앞에 무릎을 꿇을 수밖에 없었지요. 레기네님에게는 아직 기회가 남아 있으니 내 어머니보다 좀더 유리한 조건을 갖춘 셈입니다! 사진 속 레기네님의 표정이 아주 마음에 드네요. 몹시 피로해 보이지만, 얼굴 전체가 희망의 빛을 발하고 있거든요. 그 빛을 간직하세요! 삶의 사소한 순간들을 즐길 줄 아는 태도도 간직하세요! 하지만 말 안 해도 레기네님이 알아서 잘 하고 있다는 걸 알고 있답니다. 언제나 행동으로 증명해 보였으니까요. 다른 사람들이었다면 벌써 포기했을 텐데, 레기네님은 기어이 축제에도 참가했고요. 그런 소소한 순간들을 누리세요, 레기네님. 그리고 이 블로그에 들어와서 레기네가 쓴 글을 비판하려고 작정하고 있는 사람들 보세요. 이게 무슨 짓입니까??!! 머리가 어떻게 된 거 아닌가요??!! 여러분이나 나나, 신발에 미세한 돌멩이 하나만 들어가도 징징거리는 사람들이라고요!! 레기네의 나이에 목숨을 위협하는 병에 걸린다는 게 뭔지 대체 알고나 있냔 말입니다!!! 벌 받을 사람들 같으니!! 나도 그게 어떤 건지 모릅니다. 상상해 볼 엄두도 나지 않아요. 내가 아는 거라곤 생존하는 데 필요한 모든 걸 레기네님이 가졌다는 것뿐입니다. 그걸 십분 활용하세요! 레기네님의 사진들은 환상적이에요! 다른 사람들은 아무것도 못 보는 곳에서 모티프를 발견하는군요. 자신의 기분을 사진을 통해 표현하기 때문에 그처럼 훌륭한 작품들이 나오는 모양이에요! 레기네님의 최고 작품들로부터 받은 감명의 여운이 아직까지도 남아 있답니다. 많은 사진작가들이 레기네님의 재능을 부러워할 거예요. 그 재능을 마음껏 펼치세요! "다 잘될 거예요, 레기네!"라든지 "착한 소녀에게는 모든 일이 잘 풀리게 돼 있어요.", 혹은 "긍정적으로 생각하면 다 잘될 거예요."라는 말을 해 주고 싶지만 감히 그럴 수 없네요. 내가 할 수 있는 말이라곤 그저 레기네님이 우리 모두의 미래에 한 부분이 되기를 진심으로 바란다는 것뿐이에요. 훌륭한 사진작가로, 혹은 레기네님이 좋아하는 일의 일부분으로서 말이에요. 그 예쁜 얼굴을 먼 훗날에도 볼 수 있기를. 레기네님은 그럴 자격이 있어요! 당신은 나의 모든 것이랍니다. 바로 내 어머니가 그랬듯이.

– 외이스테인(øystein)

지난 며칠은 좀 나아졌습니다.
2009년 8월 23일 22시 35분, 일기

지난 주말에는 상태가 꽤 괜찮았습니다. 처음에는 별로였는데 점차 나아지더군요.

토요일에는 카리나와 실리에가 놀러 왔어요. 두 사람을 보는 건 오랜만이라 정말 반가웠답니다! 우리는 온갖 것들에 관해 수다를 떨었는데, 특히 무슨 일이 있어도 시브 옌센(Siv Jensen)[52]이 정권을 잡아서는 안 된다는 말이 나왔지요. 나중에는 화제가 우주에 관한 것으로 옮겨 갔는데, 가만히 생각해 보면 지구에 사는 우리는 매우 보잘 것 없는 존재일지 모른다는 이야기도 했답니다. 사실 광활한 우주에 관해 우리가 얼마나 작은 부분만을 알고 있는지 생각하다 보면 머리가 아플 정도예요! 어쨌든 우리는 다음 주 금요일에 다시 만나기로 약속을 잡았답니다. 음식을 시켜놓고 영화를 볼 생각이에요. 즐거운 시간이 되겠지요.

오늘은 엘리가 또 찾아와 주었어요. 우리는 늘 하던 대로 케이크를 굽고 마리오 카르트 게임을 하고 〈트루 블러드〉를 보며 시간을 보냈습니다. 이번에는 거품 케이크를 만들었는데 아주 완벽하게 성공했답니다! 달기도 아주 달고 금방 배가 부르기 때문에 한 번에 많이 먹지는 못해요. 케이크를 굽고 이런저런 일을 하는 건 정말 즐거워요! 〈트루 블러드〉도 슬슬 흥미진진해지고 있고요.

많은 분들이 케이크 만드는 법을 물어 보셔서 여기에 소개합니다.

---

52) 노르웨이의 진보당(Fremskrittspartiet) 소속 정치가. 진보당은 우파 성향을 띤 포퓰리즘 정당이다.

젊은 남자분들에게 골수기증을 부탁합니다.

2009년 8월 28일 01시 27분. 기부

오늘 노르웨이 국영방송사의 단신에서 골수기증을 하는 젊은 남성들의 수가 너무 적다는 이야기를 들었습니다. 골수기증자로 등록된 2만 8천 명의 남성들 중 36세 이하는 2천 3백 명에 지나지 않는다고 합니다. 젊은 남성들의 골수에는 줄기세포가 다량 포함되어 있기 때문에 골수기증자로 가장 적합하답니다. 세포의 생산성도 높을뿐더러 정맥 상태가 좋기 때문에 줄기세포를 채취하기도 쉽습니다. 의사들은 이 통계 수치에 우려를 표하고 있습니다.

골수기증자가 되는 방법은? [53]

우선은 헌혈을 해야 합니다. 지역 혈액은행 사무실에 문의하면 됩니다.[54] 골수기증자 지원을 하면 우선 유전자 정보 검사를 받게 되는데, 이는 간단한 혈액검사를 통해 이루어집니다.

골수세포 기증은 전혀 위험하지 않습니다. 골수세포는 혈액 혹은 골수로부터 채취할 수 있습니다. 누구나 충분한 양의 골수를 가지고 있으며, 기증을 위해 채취하는 소량의 골수는 수 일 내에 재생산됩니다.

자신이 누군가의 목숨을 구했다는 사실을 알게 될 때 어떤 기분이 들지 한번 상상해 보세요. 정말 짜릿하겠지요! 바로 그런 것이 우리의 삶을 의미 있게 만든답니다. 비록 골수이식이 백퍼센트 성공한다는 보장은 없지만, 적어도 환자에게는 건강을 되찾을 가능성이 있는 기회입니다. 결과야 어찌 되었든 골수이식이 없었더라면 내게도 기회조차 없었을 테니까요. 내게 그 가능성이 열렸을 때는 정말 형용할 수 없는 기분이었습니다. 얼굴 모를 어느 기증자가 내게 희망을 심어 준 거지요. 내 몸이 안정된 상태를 유지해서 다시 한 번 골수이식을 받고 완전히 건강해질 수 있기를 나는 아직도 희망하고 있습니다. 비록 지금은 모든 게 암담해 보일지라도.

여러분에게 드리는 내 간절한 부탁입니다!

주의사항! 헌혈 및 골수기증을 하려면 만 18세 이상이어야 합니다.

---

53) 이와 관련된 내용은 2009년 3월 25일자 글을 참조할 것.
54) 한국에서는 대한적십자사를 비롯한 다양한 헌혈기관 및 일부 병원에서도 헌혈이 가능하다.

무제

마지막 가을

블러드 포이즌

마지막 가을

산 넘어 가시밭길을 헤치며
2009년 9월 1일 14시 07분, 일기

그냥 최근 소식을 알려드리고자 글을 씁니다. 지금으로선 쓸 수 있는 게 많지 않군요. 의욕이 바닥까지 떨어진 상태고 우울한 생각만 들거든요. 더 이상 힘이 없습니다. 지쳤어요. 삶이 마냥 암울해 보입니다. 이러고 보낸 시간이 벌써 얼마인지. 이 불확실성과 함께 말입니다. 삶과 죽음의 기로에서 벌이는 싸움. 이게 잔인하게 영혼을 짓밟습니다. 삶을 누릴 수 없다는 사실, 꿈을 좇을 수 없다는 사실, 그리고 불확실성, 이 모든 것이 삶의 기쁨을 앗아가 버리지요.

그래도 검사 결과는 더 나빠지지 않았습니다만, 혈액표본으로는 어차피 모든 것을 알 수는 없습니다. 월요일에는 트론하임에 갑니다. 무척 오랜만에 가는 거예요. 또 한 번 골수채취를 받아야 합니다. 무얼 기대해야 하는지도 모르겠지만, 아마 큰 기대는 걸지 않는 게 좋을 듯합니다. 지금까지 아자시티딘 요법을 4~5주기 끝마쳤는데 지금까지는 이 약이 필요한 만큼의 효과를 보이고 있지 않거든요. 의사들 말로는 여섯 주기까지는 받아야 한답니다. 골수검사 결과가 어떻게 나올지 궁금하기도 하고, 동시에 끔찍하기도 하네요. 생각하고 싶지 않은 일에 직면하게 될지도 모르기 때문입니다. 하지만 지금 내게는 뭔가 동기 부여가 필요합니다. 혹시 병세가 호전되고 있다는 결과가 나오면 마음이 좀 가벼워지겠지요. 결과가 지독히 나쁘거나 전혀 나아지지 않은 걸로 나온다면……. 그땐 정말로 무너져 내릴 것 같습니다. 검사 결과를 알게 된다는 게 가장 기쁩니다. 그러면 지금까지 했던 대로 계속하는 게 의미가 있는지 없는지도 알게 될 테니까요.

내가 바라는 것은 오직 하나, 나 자신으로 되돌아가는 것뿐입니다. 비록 어떤 사람들은 모든 게 예전과 똑같아지는 일은 영원히 없을 거라고 말하지만.

아프고, 더 아프고
2009년 9월 5일 14시 30분, 일기

요즘은 그다지 잘 지내고 있지 못합니다. 상태가 계속 나빠지고 있어요. 무엇 때문인지 정확히 알 수가 없습니다. 월요일에 배가 아프면서 상황이 악화되기 시작했어요. 수요일에 의사에게서 검사를 받았지만 위장 부위를 이리저리 눌러보는 것만으로는 진단을 내리기가 쉽지 않았습니다. 이미 오래 전부터 나를 괴롭혀 온 육체적인 고통도 요즘 들어 더 심해졌습니다. 특히 근육과 뼈의 통증이 심해 걷기도 힘들 정도예요. 여기에 두통까지 가세해서 더 힘들게 하네요. 아니, 이 모든 건 한 가지 질환이랍니다. 무슨 세균에 감염된 게 분명해요. 지난 이틀간은 저녁마다 열도 났습니다. 그런데 병원에 가야 할지 말아야 할지 결정을 내릴 수 없었어요. 병원에 갈 수밖에 없을 정도로 열이 오르지는 않았으면 좋겠습니다.

오늘 저녁에는 A매치 경기를 볼 생각이에요. 축구 복권도 샀답니다. 흥미진진하지 않나요?

어제는 Platekompanet(CD, DVD 등을 판매하는 노르웨이의 인터넷 쇼핑 사이트 -역자 주)로부터 〈매그놀리아(Magnolia)〉, 〈12 몽키즈(12 Monkeys)〉, 〈거미(Spider)〉, 〈게임의 법칙〉, 〈벌거벗은 점심(Naked Lunch)〉 등이 들어 있는 영화 패키지와 툴(Tool)의 CD 〈언더토우(Undertow)〉를 받았습니다.

적어도 앞으로 며칠간은 뭔가 할 일이 생긴 셈이에요. 여러분도 볼 만한 영화를 추천해 주시겠어요?

작년에 런던에서 찍은 사진을 한 장 찾았습니다. 아, 그때로 돌아가고 싶다……! 아무렇지 않게 그런 여행을 할 수 있던 때가 그리워요. 고작 1년 전 일이라고 생각하면 기가 막힌다니까요! 젠장, 인생이란 얼마나 순식간에 뒤바뀔 수 있는 것인지!

트론하임에 도착했습니다.

2009년 9월 8일 12시 57분, 일기

어제 오전에 트론하임에 도착했습니다. 피도 많이 뽑고 여러 가지 검사도 했어요. 폐 엑스레이를 찍고 복부 초음파도 받았습니다. 모두 괜찮아 보입니다. 최소한 암이 장기까지 전이되지는 않았어요(믿을 수 없게도 말이죠). 비장이 좀 손상되었지만, 백혈병에 걸렸으니 그럴 수밖에요.

오늘 아침 일찍 골수채취와 요추 천자[55]를 위해 마취를 했습니다. 덕분에 이후 두 시간 동안은 꼼짝없이 누워만 있었어요. 검사 결과가 오늘 나올지 내일이나 되어야 나올지는 아직 모르겠습니다. 어쨌든 의사들은 앞으로의 치료 계획을 세우기 위해 골수를 정밀 검사한다고 합니다.

골수 상태가 좋지 않다는 사실은 다들 알고 있습니다. 상태가 좀 나아졌느냐가 관건이지요. 혈액의 30~40퍼센트를 기포[56]가 차지하고 있기 때문에 골수에도 다량의 암세포가 있을 것으로 추정하고 있습니다. 아자시티딘이 어느 정도 효과가 있었는지가 문제입니다. 앞으로 어떻게 될지 긴장되네요. 한편으로는 의사들이 어떤 단정도 내리지 않을 것임을 알고 있습니다.

The eye of every storm

2009년 9월 9일 20시 26분, 일기

다시 집으로 돌아왔습니다. 골수 상태는 약간 나아졌습니다. 이제 급성골수성백혈병 세포가 그렇게 많이 포진될 일은 없을 거라고 합니다. 대신에 좀 덜 공격적인 골수이형성 세포가 주로 발견될 거고요. 하지만 내 생각에는 암세포의 수가 그렇게 많이 줄어든 것 같지는 않고, 대신에 세포들이 변형된 듯합니다. 건강한 세포도 많고요. 앞으로 한동안이나 아자시티딘을 계속 투여 받아야 한답니다. 의사말로는 아마 일 년 동안 받게 될 수도 있다고……

이 일을 어떻게 받아들여야 할지 모르겠습니다. 건강해지고 싶은 마음은 간절하지만 지금과 같은 상태로 일 년을 더 버티기는 무리입니다. 마음 같아서는 당장 건강을 되찾고 싶지만 그건 불가능한 일이겠지요. 건강을 회복하는 게 가능하기

---

55) 백혈병 세포가 뇌수까지 침범했는지 판단하기 위해 요추로부터 뇌척수액을 채취하는 방법.

56) 완전한 백혈구 이전 단계의 세포 = 미성숙 골수세포

나 한지, 그것조차 알 수 없습니다. 힘든 시간이 나를 기다리고 있습니다.

그래도, 하느님 맙소사, 골수 상태가 좀 나아졌다는 것만으로도 뛸 듯이 기쁘답니다! 그냥 미래를 생각할 때의 느낌이 두 갈래로 쪼개진 것뿐이에요. 나는 아직 하고 싶은 일이 많습니다! 평범하게 살고 싶기도 하고요. 계속해서 견뎌 나가게 해 줄 동기를 어디에서 찾아야 할지도 모른 채 우울함과 싸우고 있습니다.

2009년 9월 15일
2009년 9월 15일 12시 25분, 일기

상태가 나아졌다고 말할 수 없는 상황입니다. 이틀에 한 번 꼴로 열이 오르면서 좀처럼 나아질 기미를 보이지 않습니다. 완전히 물러간 줄 알았는데. 무엇 때문인지 의사도 모릅니다. 그래도 트론하임에 있다가 귀가하면 기운을 좀 차리도록 노력하고 있습니다. 아자시티딘도 몸에 한층 더 부담을 주지만, 그렇다고 집에서 뒹굴고 있어 봐야 나아질 것도 없습니다. 그래서 매일 규칙적으로 산책을 나가기로 결심했지요. 그런데 생각대로 하는 게 물론 쉽지는 않았습니다. 토요일부터는 머리가 미칠 듯 아파왔지요. 얼마나 심한지 잠을 잘 수가 없습니다. 잠에서 깨면 머리를 움직일 수도 없을 정도예요. 진통제도 소용없고, 똑바로 서 있기도 힘들 만큼 지독합니다. 오늘은 나아질 것 같기도 한데, 제발 호조를 탔으면 좋겠어요. 이 모든 게 오로지 척수관에 투입된 항암제 때문입니다! 그리고 말이 나온 김에 한마디 하겠는데, 내가 지난번에 한 '일 년'이라는 말을 가지고 이런저런 이야기를 하지는 말아 주셨으면 합니다. 몇몇 사람들이 표현한 것처럼 내가 "1년을 선물 받은" 건 아니니까요. 내가 하고 싶은 말은, 나도 아마 장기간 항암치료를 받는 사람들 중 하나가 될지도 모른다는 겁니다. 아마도 1년까지요. 악성 세포들이 또다시 생겨나서 지금까지 치료한 것이 죄다 무용지물이 된다거나 아자시티딘이 더 이상 효과를 내지 않는 상황도 언제든 발생할 수 있습니다. 최근 골수검사를 하고 나서 의사들은 아자시티딘이 아직 효과가 있는지 알아보기 위해 이 요법을 2, 3주기 더 받아야 한다고 언급했습니다. 이 약은 부작용이 너무 심하기 때문에, 원하는 효과가 나타나지 않을 경우 치료를 중단하게 됩니다.

상태가 조만간 회복되지 않는다면 계속해서 견디는 건 무리일 것 같습니다.

뭔가 나아지기를 희망하며

2009년 9월 20일 10시 49분, 일기

지난 며칠간은 컨디션이 계속 악화되기만 했습니다. 더 이상 기력도 남아 있지 않은데 통증은 무섭게 내 몸을 휩쓸고 있습니다. 병문안도 받을 수 없는 상황입니다.

여러 날을 소파와 침대 위에서 보냈습니다. 달리 방법이 없었어요. 이제 거의 매일 밤마다 열이 솟구치는데 도대체 원인을 알 수 없습니다. 물러갈 기미가 보이지 않으니 그저 절망적일 뿐입니다!

지난 주말에는 상태가 점차 호전될 거라 생각하고 트론하임에서의 '휴가 계획'을 세웠습니다. 암 협회에서 제공하는 휴가용 임대 아파트를 빌려 일주일간 가을 휴가를 보낼 생각이었어요. 그때 트론하임에 문화제가 열리는데, 놓쳐서는 안 될 공연이 많거든요. 벌써 공연 티켓을 세 장이나 사고 아파트도 예약해 두었습니다. 그때까지 2주가 남았는데 계획이 무산되면 어쩌나 걱정이네요. 지금 상태로선 꿈도 못 꿀 일이거든요.

이 모든 불행으로부터 '해방되어' 트론하임에서 즐거운 휴가를 보내고 싶은 마음이 간절합니다. 쇼핑도 하고 카페에도 가고 콘서트도 보면서 그저 다른 일들을 생각하고 싶어요. 소원이 이루어질지 기다려 보겠습니다.

식욕도 완전히 사라졌습니다. 하루에 두 끼밖에 먹지 못하는데, 물론 너무 적은 양이지요. 영영 세상에서 사라져 버리고 싶지는 않은데. 혹시 쉽게 만들 수 있고 먹기 좋은 간식거리를 아시는 분은 알려 주시면 기꺼이 먹어보겠습니다!

나 자신이 자랑스러운 날

2009년 9월 22일 20시 44분, 일기

오늘 아침에 눈을 떴을 때는 여느 날과 다름없이 기진맥진하고 축 늘어진 상태였습니다. 시간이 지나도 나아지지 않았어요. 그래도 뭐라도 해야 한다는 생각이 들었습니다. 집안에 틀어박힌 채 소파에서 시간을 허비할 수만은 없으니까요. 궁리 끝에 상태가 좀 호전되도록 몸을 좀더 단련시켜 보기로 결심했어요. 그래서 기력도 없고 지친 상태였음에도 불구하고 간신히 옷과 신발을 차려입고 밖으로 나갔습니다. 집 근처의 언덕을 오르내려 보고 집 뒤쪽에 있는 숲으로 산책을 갔지요. 집으로 돌아왔을 때는 완전히 녹초가 되어 있었지만, 해냈다는 생각에 입가에

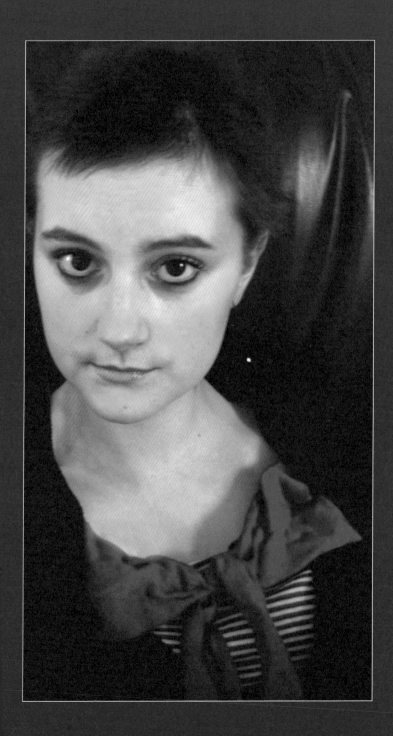

절로 미소가 떠올랐습니다! 운동이라고 하면 여러분은 뭔가 다른 걸 떠올릴 게 분명하지만, 나와 내 몸 상태를 고려하면 이 정도도 엄청난 성과입니다. 휴식을 취한 뒤에는 훨씬 더 몸이 가볍게 느껴졌어요. 나는 욕조에 몸을 담그고 몸을 추슬렀습니다. 마지막으로 예쁜 옷을 입고 화장을 해본 게 한 달쯤 전의 일이라, 오늘 모처럼 다시 치장을 하는 게 정말 즐겁더군요. 그 뒤에는 기분도 훨씬 나아졌답니다! 나중에는 이다가 들러서 오랫동안 담소를 나누며 산딸기를 먹었습니다. 오랜만에 즐거운 하루를 보냈어요!

레기네의 글에 232개의 댓글이 달렸다. 레기네가 이룬 성과를 함께 기뻐해주는 글이었다. 그 중에 몇 개를 선별해 소개한다.

아, 정말 좋은 소식이에요, 레기네님! 나까지 덩달아 기쁘군요. :) 하루에 최소한 열다섯 번씩 이 블로그에 들어오게 된 지도 벌써 반년이랍니다. 레기네님의 글에는 사람을 사로잡는 마력이 있어요!
- 오다(Oda)

뭐라 말로는 표현이 안 될 만큼 레기네님이 자랑스러워요!!!! 정말 굉장한 일을 해낸 거예요. 건강에도 좋을 뿐 아니라 레기네님을 행복하게 해 주는 일을. 그렇게 '사소한' 것이 모여 행복을 만드는 법이지요. 누구나 시간이 흐르면서 소위 '사소한' 것들이 실은 가장 의미 있는 것임을 깨닫게 된답니다. 그것이 우리에게 참된 행복을 가져다주니까요. ♥ 아, 이 글을 읽고 너무나 기쁜 나머지 제정신이 아닐 정도였어요. 너무나 기쁘고, 또 레기네님이 너무나 자랑스러워요!
- 레벨라(Rebella)

참으로 오랜만에 듣는 좋은 소식이구나. 몸속에서 날뛰는 흉악한 존재에 네가 다시금 맞선다니 말이다!! 네가 정말 자랑스럽다. 앞으로도 그러길 바란다. :)
- 안부와 포옹을 보내며, 노르드뫼레(Nordmøre)의 어느 할머니가

안녕하세요. 나는 곧 일곱 살이 되는 아들과 15개월 된 딸을 둔 젊은 엄마입니다.

아이 아빠는 아직 학생이고 주말에만 집에 온답니다. 그래서 종종 무척이나 스트레스가 쌓이고 견디기 힘든 날이 있어요. 그러던 중 지난 4월 레기네님의 사연과 이 블로그에 관해 알게 되었지요. 이후로 레기네님이 어떻게 지내는지 지켜보기 시작했고, 글을 읽으며 늘 깊은 감명을 받았답니다. 하지만 지금까지 댓글을 달아본 건 한 번뿐이었어요. 레기네님에 관해 처음 알게 된 무렵이었나, 그래요. 나도 하루하루 싸워 나가는 중이랍니다. 난 마약중독으로 치료를 받은 적이 있거든요. 이 블로그는 내게 많은 것을 가르쳐 주었어요. 삶을 소중히 여기게 되었음은 물론, 하루하루를 긍정적인 날로 만들 수도 있게 되었답니다. 자기 인생, 혹은 자신이 하는 일에 대해 기뻐한다는 것이 마냥 쉽지만은 않지만, 찾다 보면 기쁜 일은 도처에 널려 있지요. 무엇보다 중요한 건 바로 이거예요. "두려움에 맞서라. 전쟁에 응하라. 현실은 현실이다."

레기네님이 뭔가를 해냈다는 사실, 산책을 했다는 사실 자체가 이미 승리를 의미한답니다!! 정말 존경스러워요. 레기네님은 아주 비범한 사람이에요!
– 다정한 안부와 함께, 린다(Linda)

레기네에게 신의 가호가 있기를! 나도 모르게 기쁨의 눈물이 흘러내리는구나! 온 힘을 다해 몸을 추스르고 산보를 다녀온 것만 봐도 네가 어떤 재목인지 알 수 있단다! 그 정신적 강인함이 병을 이겨내는 데 결정적인 힘을 발휘할 거라 믿는다. 잠깐씩 산책을 다녀오면 아마 식욕도 좀 돌아올 거야. 하지만 너무 무리하지는 말려무나. 몸조심해야 해! 앞으로도 네가 수많은 나날을 즐기게 되기를, 어려움을 헤쳐 나갈 힘을 얻기를 다른 수천 명의 사람들과 함께 기도할게.
– 어느 아줌마가

레기네님에게는 늘 스스로를 자랑스러워할 자격이 있답니다! 왜냐고요? 그저 다른 누구도 아닌 레기네이니까요! 자랑스러워할 만한 일 아닌가요? :)
당신은 내 모범입니다!
– 마음으로 꼭 껴안으며, 린 잉게르(Linn Inger)

넌 할 수 있어! 내 말이 위로가 될지는 모르겠지만, 너는 나보다 체력이 좋구나. 나는 계단만 올라가도 완전히 KO당하는 저질체력이든. 하하, 농담이 아냐.

아니, 진심으로 나는 네가 자랑스러워! 그밖에도 넌 세상에서 가장 섬세한 사람이야. :) "레기네님에게는 늘 스스로를 자랑스러워할 자격이 있답니다! 왜냐고요? 그저 다른 누구도 아닌 레기네이니까요!"라고 쓴 린 잉게르님의 말에 절대 공감이야. 자랑스러워할 만도 하지, 안 그래?

그처럼 불행한 일을 당했음에도 넌 여전히 노르웨이에서 가장 쿨한 사람이란다!

- 소프센

린다님의 댓글을 보세요. 레기네님은 많은 사람에게 등불과도 같은 존재랍니다. 건강한 사람이 마라톤을 완주하는 것도 이처럼 큰 병에 걸린 사람이 소파에서 몸을 일으켜 근처의 언덕을 올라가는 일에 비하면 새 발의 피나 마찬가지지요! 그렇게 하는 데 얼마나 큰 힘과 용기가 필요한지 사람들이 알아주었으면 좋겠어요. 앞으로도 계속해서 레기네님만의 고산 정복에 성공하기 바랍니다.

- GSC

기쁜 마음으로 글을 읽었습니다. 자부심을 가질 만도 하네요! 레기네에게 승리의 월계관을!

- 에스펜

안녕!

마음이 쓰라리다, 레기네. 넌 아직 이렇게 젊고 삶을 누릴 권리가 있는데! 네 고통을 지켜보며 얼마나 마음이 아픈지 말로는 표현이 안 되는구나. 나는 스웨덴의 베름란드(Värmland)에서 세 아이를 키우고 있는 엄마란다. 네 불행한 이야기를 오래전부터 지켜보기만 했는데 지금은 글을 몇 줄 남기지 않을 수 없었어. 자부심을 가져, 레기네! 너는 전사란다!

- 다정한 안부와 함께, 마이-리스(Maj-Liss)

아! 나도 그 옆 동네를 정기적으로 산책하는 사람이에요……. 관절염을 앓고 있는데, 통증이 심해도 매일 운동을 해야 하거든요. :(매일 잠깐씩 병상을 벗어나 짧지만 기분 좋은 산책길에 나선답니다. 고양이도 데리고요. 그런데 실은 나는 굉장히 게으름뱅이라서 이 일이 남들보다 두 배는 더 괴로워요. 헤헤. 하지만 레기네님도 꼭 오래 돌아다닐 필요는 없다는 점 명심하세요. 그럼 역효과가 날 수 있으니까. 지금처럼만 계속하세요, 아가씨!

내 아버지도 레기네님과 같은 병을 앓았어요. 열도 자주 났고요. 중간 중간 컨디션이 좋을 때도 있었지만. 심하게 앓을 때는 미각을 잃기도 했답니다. 레기네님도 그런가요?

그런데 아버지가 백혈병으로 돌아가신 건 아니라는 말을 덧붙여야겠네요. 치료는 성공적으로 끝났는데 갑작스레 심장마비가 왔고……. 그걸로 끝이었지요.

혹시 댄 브라운 최신작을 벌써 샀나요? CD낭독서로 나온 게 내게 있는데, 원한다면 우편으로 보내드릴 수 있어요. :) MP3파일로……. 그럼 어디서든 들을 수 있을 테니까요. 안타깝게도 영어판이지만, 열여덟 살 학생이 이해하는 데는 문제없을 거예요. 그 나이쯤에는 또 원서를 선호하잖아요.

어서 회복되기를 바랍니다. 레기네님은 정말 훌륭해요! 마음으로 응원하고 있을게요.

– 이웃이라고도 할 수 있는 크누트(Knut)로부터

오늘 다시 사진을 찍었습니다.
정말 오랜만의 일이에요.
가을 날씨가 썩 좋지는 않았지만,
그래도 밖으로 나갔지요.
얼굴에 와 닿는 가을바람을 느끼자 기분이 좋아졌습니다.
신선한 공기는 머릿속을 맑게 해 준답니다.

무제 x3

그리고 물이 그를 사로잡아
2009년 9월 25일 16시 08분, 일기

그리고 물이 그를 사로잡아
그의 폐를 채우고 몸을 부순다
먼지는 태양과 물 사이를 떠돌고
당신이 가까이 끌어당길 때
나에게로 떨어져
그는 마치 한 번도 본 적이 없다는 듯 바라보네
내가 당신을 데려갈게
진실로, 자유롭게
그리고 물은 그를 데려가 버리네
이제 당신이 여기에 있어
당신은 나와 헤엄치겠지
그는 어차피 곧 없어질 거야
나는 당신을 꽉 잡고 있어
정말이야
그는 마치 한 번도 본 적이 없다는 듯 바라보네
그는 물속의 빛

- 아이시스(Isis)

핏빛 물

병은 점점 더 깊어만 가고

2009년 9월 27일 17시 07분, 일기

밖에는 비가 오고, 나는 혼자만의 시간을 즐기고 있습니다. 집이 이렇게 텅 비는 일은 흔치 않거든요. 전에도 나는 항상 나만의 시간을 갖는 일을 좋아했습니다. 그저 뭔가 생각하게 만드는 영화를 혼자 본다거나 하면서 말이지요. 암에 걸리는 순간부터 사생활도 끝나 버렸어요. 별안간 모든 이들, 의사 가운을 입은 저 낯선 사람들에게 내 모든 것에 관해 알려야 했습니다. 병원에 누워 있는 동안 그들은 한시도 나를 가만히 놔두지 않았어요. 처음부터 끝까지 내 병실은 늘 분주했고 사람들이 드나들었습니다. 심지어는 전혀 필요치도 않은 일로 불쑥 들어올 때도 있었어요. 집에서도 더 이상 예전 같지 않았습니다. 전에는 혼자서 시간을 보낼 때가 많았는데 이제 그런 경우가 거의 없거든요. 오늘은 적어도 몇 시간 동안은 혼자입니다.

나중에는 〈로스웰(Roswell)〉을 볼 생각입니다. 아주 재미있는 시리즈물이지요. 스틱 라르손(Stieg Larsson)의 책 제3권을 읽기 시작할까 매우 고민하고 있기도 하고요. 내일은 어쨌든 〈저주〉라는 영화를 보러 극장에 갈 겁니다. 벌써부터 기대되네요.

지난밤에는 요 암고양이가 내 발 위로 뛰어오르는 바람에 발꿈치가 피투성이가 됐어요. 말썽꾸러기 같으니!

컨디션이 오르락내리락합니다.

2009년 10월 2일 15시 52분, 일기

최근 컨디션이 한 마디로 요동을 쳤습니다. 어떤 날은 괜찮고, 또 어떤 날은 눈 뜨는 순간부터 심한 두통과 고열에 시달리기도 합니다. 이번 주 초반에도 혈액검사 결과가 나쁘게 나와 걱정이 이만저만 아니었습니다. 최악의 상황까지도 받아들일 준비가 되어 있었는데 오늘은 또 검사 결과가 좋게 나왔어요. 오늘 내일 기복이 매우 심합니다. 검사 결과가 일정하게 나오면 마음이라도 편할 텐데, 그게 날마다 이랬다저랬다 하니 어떻게 받아들여야 할지 모르겠습니다. 기대한 상황은 이게 아니었는데. 하지만 내가 아무것도 아닌 걸 가지고 괜한 불안에 떠는 건지도 모르지요. 통증도 있고 컨디션도 나쁘지만, 그래도 다음 주에 트론하임에 갈 수 있었으면 좋겠습니다.

〈저주〉는 굉장히 흥미진진한 영화였습니다. 물론 책이 훨씬 낫기야 하지만, 원래 그런 법이지요. 카롤리네 영화관 관계자님들께 깊은 감사를 전합니다!

여러분이 보내 주시는 이메일이 넘쳐서 일일이 답장하느라 여념이 없습니다. 그래도 꼭 답장해 드릴게요.

Take me out
2009년 10월 4일 16시 36분, 일기

트론하임에 갈 일을 생각하면 벌써부터 설렙니다! 그저 하고 싶은 것을 할 수 있을 만큼 컨디션이 좋기를 바랄 뿐이에요. 전에도 말했듯이 요즘 내 상태가 다소 왔다 갔다 하거든요. 열은 좀 뜸해졌지만 통증은 아직도 그대로입니다. 다음 주에는 좀 나아질 거라 믿고 있습니다. 그리고 다음 치료 주기가 언제 시작될지 조마조마한 심정으로 기다리는 중이에요. 주치의 선생님께서 내일 혈액표본을 자세히 살펴본 뒤에 결정할 거라고 하셨거든요. 다음 주에 벌써 입원해야 하는 불운은 없었으면 좋겠는데. 하지만 그렇게 된다 해도 어쩔 수 없지요. 건강이 먼저니까요.

여행 가방에 뭘 챙겨야 할지 잘 모르겠습니다. 진통제와 따뜻한 옷가지는 반드시 준비해야겠지요. 내가 가기로 마음먹은 콘서트 중 최소한 하나는 야외에서 열리거든요. 그런데 트론하임의 날씨가 너무 추워서 이 공연에 갈 수 있을지 좀 회의적입니다. 목요일에는 이글스 오브 데스 메탈(Eagles of Death Metal)의 공연을, 금요일에는 프란츠 페르디난드(Franz Ferdinand)의 공연을 보기로 되어 있습니다. 정말 신나요! 10월 24일에는 고테(Gâte)의 공연을 보러 또 가고요.

잠시 여행길에 오르는 것도 나쁘지 않을 겁니다. 지금 내게는 이 여행이 꼭 필요하답니다. 쇼핑도 하고 카페에도 들르면서 최대한 재미있게 지내다 오도록 노력할 거예요!

Go with the flow
2009년 10월 6일 23시 37분, 일기

지금은 엘리와 함께 트론하임의 임대 아파트에서 텔레비전을 보고 있습니다. 여행은 지금까지는 아주 순조롭습니다. 어제는 40도(!)에 육박하는 고열에 잠이 깨면서 문제가 생기는 듯 보이기는 했습니다. 모든 계획이 물거품이 될까봐 두려웠는데 다행히 오늘은 나아졌어요. 어제와 오늘 잠깐 병원에 들러 진찰받아 본 결과 이번 주에 당장 화학요법을 받아야 할 것 같지는 않습니다. 혈액검사 결과 등에 관해서는 되도록 생각하지 않으려 애쓰고 있습니다. 근심에 빠져 있기는 싫으니까요. 그래서 이번에는 백혈구 수치가 어떤지 모르고 지나가기로 했습니다. 복부 초음파 결과도 괜찮아 보여요. 한 달이 넘도록 위통으로 고생하다가 위산과다 억제제를 처방받았는데 그게 약효가 있는 듯합니다. 드디어 말이지요.

병원에서 나온 뒤 엘리와 나는 쇼핑을 하러 시내로 나갔습니다. 첫 번째로 들른 상점에서 이미 돈을 엄청 많이 써 버렸지만 뭐, 그래도 내가 쇼핑하러 가는 일은 아주 드물다는 게 내 변명이라면 변명입니다. 예쁜 옷이 너무 많아서 어쩔 수 없었어요! 엘리는 진짜 환상적으로 예쁜 가죽재킷을 샀답니다. 약간 탐날 정도였어요. ;) 그런데 내가 늘 쉬 지쳐 버리는지라 오늘도 오래 돌아다닐 수가 없었습니다. 고작 한 시간 쇼핑한 뒤에 아파트로 돌아와야 했답니다. 참고로 아파트는 놀랄 정도로 좋아요! 소아암 재단이 이런 걸 제공한다니, 정말 멋집니다. 참으로 중요한 일이지요!

이윽고 저녁 만찬 시간이 돌아왔습니다. 우리는 브리타니아(Britannia) 호텔 지하에 있는 '요나탄 마트 & 빈셸레르(Jonathan Mat & Vinkjeller)'라는 레스토랑으로 갔습니다. 너무나 맛있는 요리가 나왔어요! 싸다고는 할 수 없었지만 그만큼 값어치를 하는 음식이었답니다! 강력 추천합니다. 서비스도 좋고 직원들도 친절하고, 음식은 황홀할 정도로 맛있으니까요. 더 이상 뭘 바라겠어요?

이제 느긋하게 영화를 한 편 볼 생각입니다. 여러분도 즐거운 시간 보내시길 바랍니다!

또다시 뒤통수를 맞다
2009년 10월 8일 20시 11분, 일기

모든 게 바라던 대로 되지 않았습니다. 오늘은 어마어마한 충격을 견뎌 내야 했습니다. 혈액검사를 받으러 병원에 갔는데 참담한 결과가 나왔어요. 이로써 아자시티딘이 효과가 없다는 사실이 확실해졌습니다. 악성 세포들이 다시금 번식을

나는 하나일 뿐

시작해서, 그야말로 나는 한 발 이상을 무덤에 걸치고 있는 꼴이 되었습니다. 이제 낮은 용량의 항암제를 처방받게 되는데, 이전에 이 약을 사용한 임상 기록이라곤 이미 회복 과정에 있던 환자 단 한 사람에게 시험한 사례밖에 없습니다. 고작해야 목숨을 연장시키는 효과를 낼 뿐이랍니다. 의사에게 이 약을 복용하면 얼마나 더 살 수 있는지 묻자 몇 주에서 몇 달까지라는 대답이 돌아왔습니다. 하지만 내 상태가 어느 정도인지 알 수 있어 다행입니다. 의사가 가망이 '극히 희박하다'고 하는 건 사실상 회복될 가능성이 없다는 말이겠지요. 오늘 낮 한 시부터 나는 울기만 했습니다. 벌써 얼굴이 통통 붓고 눈이 따갑습니다. 이게 아닌데! 지난번 면담 때만 해도 의사들이 내 미래에 관해 언급했었어요. 다시 학교에 갈 수 있다고. 그런데 이제 와서 갑자기 죽어야 한다니요. 모든 게 얼마나 한순간에 뒤집힐 수 있는지. 이제 더 이상 아무것도 납득이 가지 않습니다. 지금까지 내가 겪어 온 일들 중 최악입니다. 이런 일을 견뎌야 한다는 건 너무나 비인간적입니다!

누구도 이런 일을 당할 이유가 없습니다. 내 모든 생각은 앞으로 힘든 시간을 견뎌내야 할 가족들에게 맴돌고 있습니다. 상상하기조차 끔찍합니다. 망가지는 건 비단 내 목숨뿐이 아닙니다. 앞으로의 나날을 어떻게 견뎌야 할지 정말 모르겠습니다. 정말, 정말 모르겠어요!

1165명의 블로거 독자들이 이 글에 연민을 표했다. 그 중에서 몇 개를 골라 소개한다.

저런, 레기네님……. 얼마나 끔찍한 소식인지! 나는 오래 전부터 이 블로그를 읽어오며 이런저런 일들을 지켜보았어요……. 그래서 잘 아는 사람처럼 가깝게 느껴진 답니다. 레기네님 생각을 자주 해요. 나는 간호사 직업교육을 받는 중이라 병원 실습 중에 레기네님과 같은 진단을 받은 환자들을 자주 만납니다. 그래서 그 불운이 한층 더 마음에 와 닿아요. 정말 불공평한 일이에요!!!
- 익명의 블로거

나는 걱정하지 않아. 네가 특별한 사람이라는 것만 생각하렴. 레기네, 너처럼 특별한 사람들은 모든 것을 이겨내는 법이란다. 이를 악물고 회복을 위해 싸워나가. 참고 견디려무나. 너는 훌륭하니까!

그리고 네 사진들은 이루 말할 수 없이 아름답구나. 넌 뛰어난 예술가야, 레기네. 너는 그 재능을 계속 살려나갈 수 있어. 전공을 그 쪽으로 택하는 것도 괜찮을 거야. 그런 예술적 재능과 창의력을 지닌 사람은 없단다. 더 높이 날아오르고 앞으로 나아가는 거야. 싸워라, 레기네, 싸워 나가야 해! 우리 모두는 너를 너무나 아끼고 있어. 우리 모두 마음이 담긴 힘찬 포옹을 보낸다, 레기네.

– 안네 마리

친애하는 레기네님,

당신은 지금까지의 짧은 삶을 통해 온 국민에게 깊고 아름다운 감동을 안겨 주었습니다. 그리고 사람들의 사고방식, 상상, 가치관을 바꾸어 놓았지요. 우리들의 마음을 울리는, 때로는 고통스럽고 때로는 아름다운 삶의 이야기를 털어 놓음으로써 말입니다. 정말 고마워요! 운명이 레기네님을 어디로 이끌고 갈지는 아무도 모르지만, 레기네님과 가족, 친구들이 가는 길에는 우리 모두가 마음으로나마 함께하고 있을 거예요. 이게 아주 작은 위안밖에 되지 못할 거란 사실이 안타까워요.

– 진심으로 레기네님을 생각하며, 한나(Hanna)

힘들겠구나, 레기네. 바라건대 그토록 끔찍한 소식들을 접한 너와 가족들을 심리적으로 보듬어 줄 전문가가 있었으면 좋겠다. 너희가 유약한 사람들이 아니라는 것은 잘 알고 있지만 지금 겪고 있는 일들은 너무나 비인간적이라서 말이야. 그래도 '긍정적'으로 생각할 수 있는 점은 바로 너희 가족들이 이미 지금과 거의 똑같이 암담한 상황에 처했다가 다시 일어난 적이 있다는 사실이야. 정말 감동적이었지. 글을 맺으면서, 모두들 매일 아침과 저녁 여덟 시마다 너를 생각하자던 누군가의 호소문을 다시 한 번 상기해야겠다. 그래서 해될 것은 없으니까! 부모님께도 안부 전해 다오.

– 벵 E.

사랑해!

– 소프센

친애하는 레기네,

내 막내딸도 너와 동갑이란다. 그래서 네가 헤쳐 나가야 할 모든 일들을 생각하면 더욱 가슴이 미어지는구나. 너와 가족들이 느끼고 있을 끔찍하도록 막막한 심정이 그대로 전해진다! 앞으로 어떻게 되는지, 다른 사람들은 평생 이루지도 못할 것을 네가 이미 이루었다는 사실은 그대로야. 너는 우리 국민 전체를, 나라 전체를 감동시켰어. 전혀 알지 못하는 사람들의 연민과 감성을 일깨운 거란다. 레기네. 네 지난번 소식에 댓글을 단 사람만도 천오백 명인데 블로그에 들어와 글을 읽고 눈물을 쏟고 간 사람들은 얼마나 많겠니.

하지만 네 몸이 지닌 자기 치유 능력을 과소평가해서는 안 돼. 잘 될 거라는 믿음을 가지고 네가 건강하고 강한 사람이라고 자기 최면을 걸어야 해! 내가 응원하며 마음으로나마 곁에 있을게. 매일 저녁 여덟 시마다 너를 위해 촛불을 밝히고 기도할게. 모든 일에는 의미가 있단다. 너는 이 치료법을 통해 완전히 회복되는 두 번째 환자가 될 거야.

－ 오세(se)

"두려움에 맞서라." 블로그를 클릭하면 뜨는 문구입니다. 그 말처럼 레기네님은 가장 큰 두려움에 당당히 맞섰고, 온 국민이 그걸 지켜보았습니다. 레기네님은 혼자가 아님을 명심하세요! 수많은 사람들이 당신을 생각하고 있으니까요.

레기네님의 블로그는 아는 사람이건 모르는 사람이건 모든 이에게 깊은 인상을 주었습니다. 두려움에 당당히 맞선 젊은 여성, 레기네 스토케는 우리 곁을 떠나지 않고 긴 삶을 누리리라 믿습니다!

－ 테아(Thea)

당신은 당신의 말과 생각, 눈물과 낙천적인 미소를 우리 모두에게 나누어 주었습니다. 이 땅에 발 딛고 사는 수많은 사람들이 감동의 눈물을 흘렸어요. 우리의 간절한 바람이 레기네님을 건강하게 만들어줄 수만 있었더라면……

어쨌든 레기네님은 건강하다는 것만으로도 내가 얼마나 행복한 사람인지, 그리고 그렇지 못한 사람들을 돕는 데 얼마나 큰 역할을 할 수 있는지 다시 한 번 생각하게 해 주었습니다. 덕분에 헌혈은 물론 골수기증 신청도 하게 되었지요. 마음으로 레기네님을 생각하며, 모든 일이 잘 되기를 기도할게요!!
 - 안젤리크(Angelique)

나는 울고 있습니다.
아니, 울지 않습니다. 그래서는 안 되니까요. 간절히 희망하는 것밖에는 할 수 없습니다.
1년 전 레기네님의 블로그를 읽기 시작한 이후로 내 삶은 더 이상 예전 그대로의 모습이 아니었습니다.
레기네님은 정말 대단한 분입니다!
 - 이다

레기네!
자신이 얼마나 경이로운 사람인지 너 스스로는 모르고 있구나……
너는 세상 사람들의 마음을 수천 번도 더 녹였단다. 내 마음도 마찬가지고……
너는 아이가 있는 서른일곱 살의 아빠를 블로거로 만들었고, 지금은 서른일곱 살 아빠의 눈에서 눈물을 쏟게끔 만드는구나.
그거 알고 있니? 내게는 어린 자녀들이 있는데, 이 녀석들은 늘 아빠는 왜 울지 않는지 궁금해 했지.
그런 아버지인 내가 울고 있다. 하지만 대부분의 다른 남자들도 나와 마찬가지일 거야. 내 아이들이 보지 않을 때만 울 수 있다는 점이 말이다.
그런데 지금은 우는 모습을 아이들에게 들키고 말았구나. 왜인지 아니?
바로 네 블로그를 읽었기 때문에…… 너는 참으로 사람들의 감정을 깨우는 재주를 가졌구나, 레기네.
내 아이들에게 너와 네 병에 관해 이야기해 주었다. 아이들이 네게 안부를 전하는구나. 이 꼬마들도 너를 생각하고 있다.
네가 블로그를 통해 얼마나 큰 영향력을 발휘했는지, 정작 너 자신은 전혀 모르는 것 같다.
네 덕분에 우리는 난치병에 관해 이야기하는 일이 한층 쉬워졌고, 중병을 앓는 환자들이 어떻게 살아가는지도 보다 잘 이해할 수 있게 되었단다.

내 아이들 중 한 녀석도 병치레가 잦았지. 심하게 아픈 적도 있었고 말이야. 그래서 나는 네 가족들의 심정이 어떨지도 잘 안다.

사람들이 네게 보내는 애정을 받아들여라, 레기네. 그건 진심 어린 애정이니까. 우리는 진심으로 너를 생각하고 있단다!

분명 너는 어마어마한 공포를 떠안은 채 지치고 의기소침해 있겠지. 하지만 내 안에는 한 가지 믿음이 타오르고 있단다. 바로 모든 일이 잘 될 거라는 믿음이지.

한 사람이 아닌 두 명의 환자가 이 치료법으로 병을 이겨 냈다고 의사들이 말할 날이 언젠가는 올 거야!

너를 믿는다, 레기네. 네가 대부분의 다른 사람들보다 훨씬 강하다는 사실이 이미 증명되었으니.

그리고 나는 이 일이 결국에는 옳은 방향으로 전환될 거라고 확신한다.

레기네……너는 훌륭하고 용감한 사람이야. 무엇과도 비교할 수 없는 영감 그 자체이며, 아름답기까지 하고 말이다…….

너는 글 쓰는 방식을 통해 삶을 구현한단다. 마찬가지로 사진 찍는 방식을 통해서도. 그렇게 구현되는 삶은 생명력으로 넘쳐나서 영원히 지속될 것 같다는 생각이 들 정도야.

몸조심하기를 바란다, 레기네. 그리고 건강해질 거라는 믿음을 잃지 말기를!

충심으로 안부를 전하며, 언제나 찬탄하는 마음으로 너를 지켜보고 있겠다.

　- 서른일곱 살의 어느 아빠

Opium
2009년 10월 15일 12시 20분, 일기

막대에 사랑을 달아 내게 주소서. 달콤한 꿈을 내려 주소서.
더 이상 느끼고 싶지 않기 때문입니다.
더 이상 이 자리에 머물고 싶지 않기 때문입니다.
떠오르고 싶사옵니다. 춤추고 싶사옵니다.
미소 짓고 싶사옵니다. 웃고 싶사옵니다.
오늘 이 자리에 있지 않게 하여 주소서. 이곳에 없는 듯 행동하게라도 해 주소서.
내가 다른 사람인 양 대해 주소서. 그늘진 곳에 서지 않도록,
안개 속에 길을 잃지 않도록 해 주소서.
그보다는 별이 빛나는 하늘 아래 오로라를 보고 싶사옵니다.
더 이상 고뇌하고 싶지 않사옵니다. 오늘만이라도. 즐기고 싶사옵니다.
몸속을 간질이는 희열을 느끼고 싶사옵니다.
이 암흑의 춤은 내게 어울리지 않기 때문입니다.
막대에 사랑을 달아 내게 주소서. 달콤한 꿈을 내려 주소서.

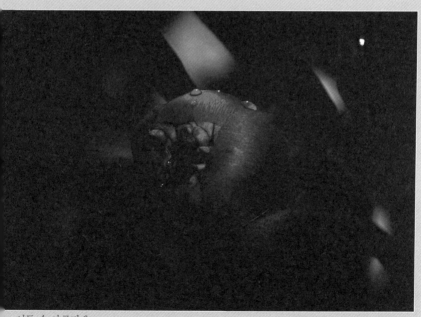

어둠 속 아름다움

레기네가 쓴 시에 200개의 댓글이 달렸다. 대부분이 "너무나 아름답다", "대단하다", "굉장하다" 등의 수식어가 붙은 찬탄의 글이었다.

네 안에는 정말 굉장한 것이 숨어 있구나, 레기네! 네가 무엇을 통해 사람들에게 그토록 풍부한 지식을 전달해주는지, 어떻게 사람들을 예술의 세계로 이끌고 자극을 주는지 곰곰이 생각해본 적 있니? 나열하자면 이렇단다.

- 생생한 묘사력을 갖추었을 뿐 아니라 (읽는 사람에게) 교훈을 주는 글
- 수준 높고 아름다운 사진
- 감히 내게도 읽을 기회가 주어진, 이루 말할 수 없이 감동을 주는 시

평범한 사람이라면 평생을 가도 네가 이룬 것의 근처에도 못 갈 게다. 그토록 험한 투쟁의 와중에도 이런 것을 이루어내고 또 우리에게까지 선사해 주다니, 믿을 수 없구나!

네가 사람들에게 베푼 마법의 보답이 너에게도 돌아가야 공정한 건데. 네가 목표한 바를 이룰 수 있도록(그리고 앞으로도 긴 삶을 살고자 하는 소망이 실현되도록) 말이다.

— 벵

최고예요, 레기네님! 매일 컴퓨터를 켜면 나는 제일 먼저 레기네님의 블로그에 접속하지요……. 무슨 일이 있었는지, 레기네님은 어디에서 무얼 하는지, 무슨 생각을 하고 무슨 바람을 품고, 무엇을 느끼고 있는지? 그리고 여러 날 동안 새 글이 올라오지 않으면 두려워하는 스스로를 깨닫곤 했어요……. 우리 모두 레기네님에게 조만간 좋은 소식과 좋은 검사결과가 있기를 바라고 있습니다! 이 시는 정말 아름답군요……. 레기네님은 굉장히 창의력이 뛰어나요! 카트리네(Katrine)와 카밀라(Camilla), 크리스티나, 그리고 나는 자주 레기네님에 관한 이야기를 나누며 날마다 좋은 일이 있기를 바라는 마음으로 지켜보고 있답니다! 우리가 곁에 있을게요! 그리고……레기네님의 독려에 힘입어 나도 헌혈을 할 수 있는지 확인하는 혈액검사를 했어요……. 그리고 내 피가 헌혈에 적합하다는 판정을 받아 오는 화

요일에 헌혈을 하러 갑니다! 사람들 말로는 레기네님의 청원이 있은 이후로 여기 크리스티안순에서 헌혈 신청을 하는 사람들이 많아졌다고 해요. 할 수 있는 분들은 당장 헌혈하러 가기를 바랍니다! 지금 당장! 가족들에게도 안부 전해줘요. 그리고 계속해서 버텨요!

– 애정 어린 안부와 함께, 마리안네

때로는 내 얼굴이 느껴지지 않아
2009년 10월 17일 13시 14분, 일기

내 심장의 모든 힘줄을 일으켜 나는 살아왔네.
최선을 다했지.
살기 위해.
그런데 돌아오는 건 아무것도 없어.
나는 모든 걸 빼앗겼네.
얼마 안 가 모든 게 끝나겠지.
하루하루 내가 가진 것은 줄어들어.
얼마 안 가 내 존재도 사라지겠지.
살고 싶어도 그저 내 몸이 더 이상 나를 품어주려 하지 않을 뿐.
내 몸 없이는 나는 무너지겠지.
이 고통은 나 말고는 누구도 느낄 수 없는 것.
절망.
좌절.
그 무엇도 할 수 없어.
선택의 여지가 없어.
더 이상 내 얼굴조차 느낄 수 없어.
나는 일 년 전에 이미 죽은 거야.
뭔가가 나를 정복해 버렸어. 이전에는 없었던 뭔가가.
그게 나를 계속해서 갉아먹을 거야. 내가 죽을 때까지.

가면

참담한 심리상태를 묘사한 레기네의 글에 415개의 댓글이 달렸다. 감사의 마음을 표한 수많은 블로거들 중에는 어느 심리학자도 있었다. 테아와 프레벤(Preben)은 무슨 말을 해야 할지 몰라 황망해 하던 다른 무리들 중 두 사람이다.

뭐라 할 말이 없네요. 읽는 것조차도 고통스러울 정도예요. 그래도 우린 전세가 역전되어 조만간 다시 상승세를 타기를 계속해서 희망하고 있을게요!
뭐라도 좋으니……우리가 할 수 있는 일이 없을까요?
무슨 말을 해야 할지 모르겠지만, 그저 우리가 진심으로 레기네님과 가족들을 생각하고 있다는 것만 기억해요!!
- 테아 & 프레벤

틀렸어요, 레기네님. 당신은 일 년 전에 죽지 않았습니다. 죽은 사람이 이 훌륭하고 멋진 블로그를 만들지는 않았을 테니. 이건 풍부한 재능과 강한 삶의 의지를 지닌 살아 있는 사람으로부터 나온 겁니다. 내가 아는 한 가장 섬세하고 강인한 사람들 중 하나로부터.
긍정적인 생각과 응원, 바람, 그리고 기도만으로 레기네님의 몸 안에 도사리고 있는 종양을 박멸할 수 있다면 그건 이미 오래 전에 사라지고 없었을 겁니다. 하지만 안타깝게도 바람일 뿐이지요.
하지만 다른 누가 뭘 했어도 지금껏 레기네님 스스로 해 온 것만 못했을 거예요. 그렇게 계속하세요. 당신은 여전히 우리에게 삶의 지혜를 가르쳐주고 있습니다. 나이를 얼마나 먹었든 간에 그만큼의 지혜를 갖춘 사람은 드뭅니다.
아이러니하게도 그 지혜를 선사해준 것이 바로 병이었지만, 병에 걸리지만 않을 수만 있다면 레기네님이 뭐든 했을 거라는 사실도 알고 있습니다. 안타깝게도 현실은 그렇지 못하군요.
우리에게 나누어 준 모든 것에 대해 다시 한 번 감사드려요, 레기네님. 우리는 멀리서 지켜보며 기적이 일어나기를 바라고 또 기도하고 있답니다. 마음으로 힘찬 포옹을 보냅니다.
- CSG

친애하는 레기네님,

이미 오래 전부터 이 블로그를 읽어 왔지만 댓글을 쓰는 건 처음이군요. 나는 심리학자이자, 삶이 지닌 폭넓은 감정의 면면을 직접 체험해 본 사람이기도 하답니다. 학업과 실무 기간을 통틀어 나는 인간의 뇌 속에서는 무슨 일이 벌어지는가라는 문제에 심취해 왔습니다. 지금까지 읽은 전문서적만 해도 수천 장에 달하지만(그리고 아직까지 박사논문을 쓰고 있는 중이고요), 그런 걸로는 레기네님이 이룬 것만큼 한 젊은이의 내면을 깊이 들여다보는 능력을 얻지 못했어요. 나이를 막론하고 그처럼 섬세한 정신과 언어•예술적 재능을 활용해 자신의 생각은 물론, 인간이 가질 수 있는 각양각색의 감정을 말로 표현해낼 수 있는 사람은 오랜 실무경험 중에도 만나보지 못했습니다. 레기네님의 가능성과 재능, 그리고 고통의 체험은 서류철 더미와 학술논문들 틈에서 찾은 것보다 훨씬 더 많은 것을 내게 가르쳐 주었지요. 이에 대해 깊은 감사의 마음을 전합니다, 레기네님!

레기네님이 쓴 수백 편의 글을 읽는 일은 또, 우리 인간이 무엇을 할 수 있는지에 대한 값진 깨달음을 내게 선사해 주었습니다. 레기네님을 지지하는 수많은 블로거들은 인간의 내면에 얼마나 큰 배려와 동정심이 숨어 있는지 보여주었어요. 레기네님 또래의 청소년들 또한 어마어마하게 다양한 것을 배울 수 있었지요. 어떤 이들은 인생의 쓰디쓰고 어두운 면을 감지하는 한편, 다른 이들은 밝은 면을 발견하기도 했을 겁니다. 삶이 어떻게 시작되고 끝날지 스스로 결정할 수 있는 경우는 극히 드뭅니다. 어떤 고난도 겪어본 적이 없는 젊은이들에게는 레기네님의 블로그에서 엿보이는 복잡한 감정 및 사고의 스펙트럼에 스스로를 비추어볼 수 있는 조건이 충족되어 있지 못합니다. 삶과 사투를 벌이는 사람에게는 천박하고 경솔하게만 느껴질 댓글이 종종 보이는 것도 그 때문이지요. 하지만 헤아릴 수 없이 많은 사람들이 레기네님에게 도움이 될 뭔가를 해 주고자 노력하는 모습도 보입니다. 이들은 진심으로 당신을 구하고 싶어 합니다. 레기네님의 입장에서는 이런 도움의 손길 중 일부가 실은 아무 쓸모없다는 사실을 잘 알고 있지만 말입니다. 그럼에도 섬세함과 삶의 지혜를 갖춘 레기네님은 신뢰와 평온함이 담긴 응답을 보냅니다.

안타깝게도 나는 〈비밀〉[57]을 읽거나 영화로 본 사람들을 너무나 많이 - 젊거나 늙었거나를 막론하고 - 보았습니다. 우리 심리학자들 중 다수는 날마다 인간의 감정과 사고의 전형을 다루지요. 긍정적으로 생각하고 새로운 기회를 인지해내는 일은 많은 경우 전적으로 정당합니다. 그러나 이 책 혹은 영화에서는 이것이 엄청나게 과장되고 확대 해석되어 있습니다. 모든 일이 그처럼 쉽다면 암이나 그 비슷한 불운으로 인해 죽는 사람은 아무도 없을 겁니다. 개개인의 삶의 지혜에 따르지 않고 이런 책에 담긴 메시지에나 귀를 기울이는 사람들은 다양한 삶의 단계에서, 그리고 다양한 경험을 하면서 점점 더 큰 좌절감과 실패에 대한 두려움을 안게 된다고 나는 확신합니다. (이와 관련해 나는 내가 가르치는 학생들에게 이런 은유법을 썼습니다. "그래, 간유(肝油)를 마시면 건강에 좋다. 하지만 이 말이 하루에 한 병씩 그걸 마시면 더 건강해진다는 걸 뜻하진 않는다…….")

블로그에 올라오는 글과 사진들을 보면 레기네님이 모든 일에 전력을 다하고 있다는 인상을 확연히 받게 됩니다. 레기네님은 우정과 가족을 소중히 여기고, 콘서트와 축제에 참가하며, 환상적인 사진을 찍기도 하지요. 언론에 대한 지식과 이해를 활용할 줄도 알고, 더 많은 사람들이 헌혈을 하거나 골수기증자로 등록하도록 독려한 장본인이기도 합니다. 헤아릴 수 없이 많은 사람들의 지식을 넓혀주고 이해력을 고양시켜 주었음은 물론이고요. 개중에는 전문가도 무시할 수 없을 정도로 많습니다. 지친 나날을 보내던 중 어느 하루는 마치 세계 챔피언처럼 고개를 들고 스스로 절망의 늪을 벗어나 예쁜 옷을 입고 산책을 하고 화장을 하며 몸을 추스르기도 했습니다. 그리고는 그 날 스스로 성취한 바에 대해 긍정적이고 유화적인 태도를 취했지요. 그렇게 행동할 수 있는 사람은 우리들 중에도 몇 안 될 거예요, 레기네님. 나이를 막론하고 말입니다.

그래요, 레기네님. 당신은 할 수 있는 모든 걸 했습니다. 그리고 그건 평범한 사람이 똑같은 상황에서 할 수 있을 거라고 여기는 범위를 훨씬 넘어섭니다. 레기네님은 삶에 대한 의지와 강한 의지력을 보여 주었습니다. 우리들 중 그것을 이해할 수 있는 사람은 소수에 불과하지요. 참으로 경이로운 사람입니다.

언젠가 '일시정지 버튼'을 누르고 쉴 수 있는 날들이 오기를, 최고로 멋진 '막대에 달린 사랑'을 찾아내 음미할 수 있는 순간이 오기를 기원합니다. 그 사랑은 빨간색이 아닐는지? 아니면 초록색? 혹은 감초사탕처럼 검은색인지도 모르지요. 어쨌든

---

57) 소위 '유도의 법칙'을 다루고 있다는 소설 및 영화. 모든 개개인의 생각과 감정이 실제 상황을 유도하거나 발생시킨다는 것이 영화가 말하고자 하는 핵심이다. 등장인물의 말에 따르면 이 '유도의 법칙'은 건강, 인간관계, 돈, 직업 등 인간 존재의 모든 면면에 영향력을 발휘하는데, 이는 우연히 일어나는 일이 아니라 자연 법칙의 확실성 및 정확성에 의한 것이다.

레기네님에게 최고의 것이기를!

깊은 감사의 마음과 찬사를 보내며 :)

- 어느 심리학자

Where did I go?
2009년 10월 19일 19시 00분, 일기

지난 얼마간은 점잖게 표현하자면 치열하고 고통스러웠습니다. 그렇게 망가진 적은 처음이에요. 위통이 거의 참을 수 없을 지경까지 심해졌습니다. 진통제도 기대만큼 도움이 되지 않았고요. 끊임없이 통증이 있는 건 아니지만 일단 아팠다 하면 지독합니다. 여러분은 그게 얼마나 사람을 좌절시키는지 꿈에도 모를 거예요! 정말 막막해질 정도입니다. 고열은 며칠간 잠잠했는데, 아마 의사들이 처방해 준 항생제가 약효를 발휘한 모양입니다. 그러나 위통을 야기하는 원인은 의사들도 아직 찾아내지 못했습니다. 초음파 검사를 두 차례 받고 CT촬영[58]까지 했는데 아무 이상도 발견되지 않았어요. 다행이도 통증이 좀 덜하던 몇 시간 동안 많은 사람들이 병문안을 와 주어서 무척이나 기뻤습니다. 지금은 텔레비전이 유일한 친구예요. 낮 동안 하는 일은 거의 텔레비전 보는 일이 전부입니다. 다행이 부모님과 여동생도 내가 좋아하는 시리즈물을 함께 보고 싶어 해서 적적하지는 않았답니다.

사실 무작정 참고 견디는 일에는 신물이 났습니다. 내가 아직도 견디고 있다는 게 자랑스럽습니다.

Wrong turn
2009년 10월 22일 17시 25분, 일기

고통을 거의 감당할 수 없을 지경입니다. 지난 며칠간은 통증이 특히 심해서 병문안조차 받을 수 없을 정도였습니다. 누군가 와 주었으면 하는 마음이 간절했건만. 친절하게도 방문치료사님[59]이 어제 약물 펌프 - 수동 펌프로 진통제를 투여할 수 있는 기구 - 를 집까지 손수 가져다 주셨습니다. 펌프를 사용하기 위해

---

58) 컴퓨터 단층 촬영(Computed Tomography, CT)은 방사선 검사 방법의 일종으로, 컴퓨터를 이용해 인체의 단면을 형상화하는 기술을 일컫는다.

59) 방문치료사는 출장 간호 업무를 맡는 사람을 가리킨다. 특히 병세가 위중한 암 환자들을 가정 방문하여 돌보는 일에 투입된다.

복강 카테터를 삽입했는데, 어마어마하게 기분 나쁜 기구예요. 끔찍하리만치 아프기도 했고, 그걸 꽂은 채로 이리저리 움직이거나 무거운 링겔대를 계속 밀고 다니는 일에도 좀처럼 적응이 되지 않았기 때문입니다. 내 피부는 또 굉장히 예민해서, 스스로 진통제를 투입하려고 약물 펌프의 단추를 누르는 순간 울음이 터져 나올 정도였어요. 어쩌나 고통스러웠는지! 진통제도 별로 효과가 없었기 때문에 나는 카테터를 도로 빼 버리기로 결정했습니다. 오늘도 또 끔찍한 통증이 왔습니다. 소염 진통 파스를 다시 한 번 붙여보고 모르핀 류의 옥시코돈(Oxycodon)이라는 알약도 복용했어요. 통증을 가라앉히려면 진통제가 너무나 많이 필요해서 허용치만으로는 모자랄 정도입니다. 절망적이에요. 머릿속이 웅웅대고 속이 울렁거리는 걸로 미루어 이미 진통제를 너무 많이 복용한 것 같아요. 그나마 통증은 이제 가셨습니다.

혈액검사 결과에 대해서는 뭐라 해야 할지 잘 모르겠습니다. 백혈구의 수는 다시 조금씩 증가하고 있는데, 트론하임의 의사들은 향후 치료계획에 대해 결정이 내려지기까지 일주일 더 화학요법을 받아야 된다는 의견이거든요. 상황이 어디로 치닫고 있는지 나는 이미 알고 있습니다.

죽음을 기다리며
2009년 10월 29일 01시 29분, 일기

상황이 원치 않던 방향으로 흘러가고 있습니다. 혈액 상태가 아주 나빠진 걸로 미루어 약이 효과가 없었던 모양입니다. 낮 동안에는 너무나 격심한 통증이 와서 거의 아무것도 할 수 없을 지경입니다. 침대에 누워 진통제를 조금씩 투입하고 있을 뿐입니다. 음식은 전혀 먹을 수 없어요. C-반응성 단백의 농도[60]가 지난 며칠 새 크게 상승해서 다시 항생제를 복용해야 했는데, 의사들도 원인이 뭔지 모릅니다.

지금은 그래도 내가 멋진 삶을 살았고, 또 그걸 최대한 즐겼다고 생각하려 애쓰고 있습니다. 살아온 여러 해 동안 멋진 경험도 많이 하고 행복한 유년기를 보냈으며, 가족들이나 친구들과도 즐거운 일을 많이 했으니까요. 나는 항상 삶을 즐

---

60) 반응성 단백(c-reaktive protein, CRP)이란 간에서 생성되어 혈액 내로 전달되는 단백질이다. 감염, 드물게는 세균성 질환이 발생했을 때 이 단백질 수치가 증가하며, 류머티즘성 질환 및 악성 질병이 악화될 경우에도 증가한다. 혈액 내의 반응성 단백 농도 측정은 감염 매개 변수로서 감염성 질환의 경중 여부를 진단하는 매우 유용한 방법이다.

겼습니다. 그럼에도 많은 것을 놓치고 간다는 생각이 마음을 무겁게 하는군요. 앞으로도 가족들이나 친구들과 즐거운 경험을 많이 하고 싶은데. 대학에도 진학하고, 내 가족을 이루고도 싶었고요. 삶을 즐기며 모든 걸 경험하고 싶어요! 하지만 이 모든 것은 이미 내 통제능력 밖에 있습니다. 이건 어쩔 수 없는 현실입니다. 너무나 절망적이고 슬픕니다. 정말로 멋진 삶이 될 수도 있었는데! 이 악독한 병이 모든 걸 망쳐 놓지만 않았더라면.

페이스북의 모금운동 단체 회원 수가 너무 그대로라고 불평하시는 분들이 많습니다. 나는 이 단체의 운영진과 연락을 하는 것도, 그들을 감독하는 것도 아닙니다만, 여전히 여러분이 그곳 회원이 되어 연대의식을 표출해 주기를 바라고 있습니다. :)

운명

......

2009년 11월 5일 14시 01분, 일기

하루하루 시간은 흘러가고, 들려오는 소식은 점점 더 나쁜 소식뿐입니다. 혈액검사 결과가 지금까지의 모든 검사 결과 중 최악이라고 합니다. 백혈구 수치가 40에 이르렀습니다. 무용지물이던 화학요법은 이미 일주일 전에 중단했습니다. 트론하임의 의사들은 내게 정제만 처방하기로 결정했습니다. 효과도 없던 약인데. 용량을 좀 늘린다고는 하지만, 그래도……. 솔직히 말하면 무척이나 놀랐습니다. 하지만 의사들도 더 이상 해줄 수 있는 일이 없는 거겠지요. 지난 며칠간은 통증이 좀 줄었지만, 항암제를 복용해야 한다면 이 상태가 유지될지 의문입니다. 감염되었던 건 이제 나았습니다.

가장 두려워하던 일이 현실이 되었습니다. 회복은 완전히 불가능해졌고 내가 죽을 날도 머지않았습니다. 나는 그저 살고 싶을 뿐인데, 내게는 삶이 허락되지 않는군요. 지금껏 얼마나 싸워 왔는지. 나는 할 수 있는 건 다 했습니다! 그런데 이제 더 이상 아무것도 할 수 없습니다. 병세가 계속해서 이렇게 급격히 악화된다면 올 것이 오기까지도 얼마 남지 않았겠지요. 끔찍하리만치 두렵고 잔인하리만치 슬픕니다.

아무도 내가 이 모든 걸 잘 이겨냈다고 평가하진 못하겠지요. 그게 사실이기도 하고요. 나는 초인이 아닙니다. 사람들이 나를 그렇게 본다는 느낌을 나는 자주 받았습니다. 지금 이 상황을 대하는 마음도 다른 여느 사람들과 마찬가지입니다. 견뎌 나가는 것 외에는 다른 도리가 없습니다. 자신은 그렇게 못했을 거라고 말하는 분들이 많았지만, 그럼 여러분은 달리 어떻게 했겠습니까?

하지만 내가 포기한 거라고 말할 수 있는 사람 역시 없을 겁니다. 그런 말을 듣는 것만큼 괴로운 일이 없습니다. 나는 할 수 있는 걸 다 했으니까요. 하지만 이건 내가 어쩔 수 있는 일이 아닙니다.

2009년을 산다는 게 그토록 위험한 일이라고는 누구도 생각지 않을 테지요. 하지만 그게 진실입니다. 중병을 앓는 입장에서는 정말 고달픈 일이에요. 물론 건강을 회복하는 사람도 많을 테지만, 목숨을 잃을 수밖에 없는 사람들도 셀 수 없이 많습니다. 여러분은 미래입니다. 그래서 나는 여러분이 이런 불행을 막기 위해 뭔가를 하도록 촉구하는 바입니다. 연구 활동을 독려하고 학자가 되세요. 한 사람

한 사람이 할 수 있는 일은 정말 많습니다.

"나는 그저 살고 싶을 뿐인데, 내게는 삶이 허락되지 않는군요."와 같은 말들이 점점 더 많은 사람들의 마음을 울렸다. 위의 두 글에는 1699개가 넘는 댓글이 달렸다. 그 중 일부를 여기 싣는다.

인생은 마치 초콜릿 모듬선물세트 같습니다. 어떤 초콜릿을 꺼내게 될지 누구도 알 수 없으니……. 암이란 괴물은 무작위로 희생양을 찾아다니는 법이라 나 역시 그 중 하나가 되지 않았을 거란 법은 없지요. 확실한 건 세상에 아무것도 없습니다. 암에 걸리지 않아도 교통사고로 죽을 수도 있고요……. 그것도 내일 당장! 누가 아나요, 레기네님, 2년 뒤에 핵폭탄을 맞아 노르웨이 전체가 사라지고 우리 모두 죽게 될지 말이에요. 혹은 치명적인 바이러스가 인류를 멸망시킬 수도……. 혹은 아닐 수도……. 단 하나 확실한 건 세상에 확실한 것이라곤 없다는 사실뿐이지요. 영원한 건 아무것도 없습니다. 어떤 사람들은 제대로 '사는' 일도 없이 여든 일곱까지 삽니다. 내 직업은 간호사예요. 얼마나 많은 사람이 고독하게 죽어 가는지 레기네님은 상상도 못 할 거예요. 곁을 지키는 사람도, 슬퍼해주는 사람도 없이……. 살기는 살았되 아무런 흔적도 남기지 못한 채……. 하지만 당신, 레기네님은 삶의 흔적을 남겼습니다. 수천 명의 사람들이 당신과 함께할 것이며, 당신에 관한 기억을 영원히 간직할 테니까요. 하지만 죽음을 받아들인다는 게 어마어마하게 힘든 일이라는 건 이해할 수 있습니다. 아예 불가능할 수도 있고요.
하지만 그 뒤에 무엇이 올지 누가 아나요……. 나는 죽음 뒤에 무언가가 있다고, 삶의 비밀에 대한 해답을 드디어 알게 되는 거라고 믿습니다. 그리고 직감적으로 느끼고 있답니다. 레기네님은 그곳에서 평안할 것임을…….
진심으로 다정한 안부를 전하며
- 익명의 블로거

나는 지금 소리 없이 떨어지는 눈송이를 바라보고 있습니다. 내 눈에서도 소리 없이 눈물이 흘러내립니다. 떨어지는 눈송이 하나하나는 우리의 삶과도 같습니다. 떨어지자마자 사라진다는 점에서 그렇지요. 레기네님이 두려움도 고통도 없이 친지들에게 둘러싸여 평화롭고 아름다운 나날을 보낼 수 있기를 다른 무엇보다도 기도합니다.

사람들이 "포기하지 말라"고 쓰는 이유를 도대체 알 수가 없습니다. 내가 보기에 레기네님은 살면서 그 무엇도 '포기할' 사람이 아니니까요. 오히려 그 반대지요. 상황을 있는 그대로 받아들이고 결과에 대해 현실적으로 생각하는 한편, 자신이 할 수 있는 것에 최선을 다하는 사람이지요. 용기와 품위를 잃지 않은 채 말입니다.

친애하는 레기네님, 나도 당신을 생각하며 오늘 밤 촛불을 하나 밝히겠습니다. 지금처럼만 잘 지내고, 레기네님의 머릿속을 어지럽히고 있을 고통스러운 생각들로부터 잠시 한숨 돌리는 시간을 가졌으면 합니다. 수많은 사람들이 레기네님에게 보내는 동정의 물결과 호의 어린 마음을 느껴 보세요. 주위가 아주 조금은 따뜻해지는 느낌이 들지 않나요?

- 프란세스(Frances)

레기네님은 초인은 아닐지 몰라도, 희망이 존재함을 보여주는 살아 있는 증거입니다. 사람들에게 확신을 심어주고 힘닿는 데까지 병마와 싸우는 것만 봐도 그렇지요. 레기네님은 강인합니다. 그리고 우리에게 보여 준 레기네님의 모습은 감동적이었습니다. 이 글을 읽으며 슬픈 마음을 금할 수 없었어요. 좋은 말은 뭐든 해주고 싶고, 또 모두 진심에서 우러난 말일 터이지만, 그런다고 레기네님의 마음이 가벼워질 것 같진 않군요. 하지만 레기네님은 정말 매력적인 사람이고, 많은 사람들이 당신으로부터 배운 것을 평생 잊지 못할 겁니다. 끔찍한 암에 걸리지 않은 것만으로도 하루하루 감사하며 살아야 한다는 게 그 가르침이지요.

충심으로 경의를 표합니다. 레기네님은 나에게뿐 아니라 수많은 사람들에게 모범이 됩니다. 세상에 당신 같은 사람이 많아야 할 텐데. 마음으로 응원하고 있을게요!

- 다정한 안부와 함께, 안네-벤테(Anne-Bente)

안녕하세요, 레기네님,

나는 생명 연장 치료를 받고 있는 백혈병 환자입니다. 그런 내게 레기네님의 블로그는 하나의 빛과도 같았다는 말을 전하고 싶었습니다. 레기네님의 생각과 경험을 이곳에 글로 쓴 일은 물론 사람들의 댓글에 답하는 방식까지, 모든 것이 내게 커다란 힘이 되었습니다. 현실을 받아들이고 이해할 힘을 말입니다. 자신의 인간적인 면모들을 당당히 내보일 수 있는 그 용기가 존경스럽습니다. 레기네님의 병에 전환점이 찾아오기를 진심으로 바랐습니다. 포기하지 않으리라고 믿습니다!
- 토레

친애하는 레기네!
너는 너만의 방식으로 이 일을 받아들일 테지. 아무도 그 방식이 좋은지 덜 좋은지에 관해 왈가왈부해서는 안 될 거야. 분명 너 스스로 최선의 방식을 택할 테니까. 적어도 나는 그렇게 생각한다. 무엇보다도 너는 블로그를 통해 불행을 극복해 나가기로 결심했잖니. 그 상황에서 택할 수 있는 최고의 방법을 찾은 거야. 게다가 이렇게 커다란 성공도 거두었고! 어쩌면 이 블로그 덕분에 계속해서 견뎌 나가는 일이 한층 수월해질지도 몰라. 삶에 대한 의지, 친구들이나 가족들과 더 많은 시간을 나누고픈 소망, 그리고 이 모든 상황에 굴하지 않고 예술을 창작해 내고자 하는 의지와 더불어 말이지. 너는 잘 해내고 있단다, 레기네. 경쾌함, 화려함, 암울함, 장중함, 고통 – 이 모든 것이 담긴 예술작품을 뛰어난 방식으로 창조해내고 있어. 그 모든 요소가 너의 예술을 생기롭게 만든다. 지금껏 내가 접해 온 그 어떤 예술보다도 생기가 넘쳐난단다. 이번에 네가 찍은 흑백 자화상은 내가 본 어떤 사진보다도 강렬한 인상을 주었어. 모르텐 크로그볼드의 사진 워크숍에 수도 없이 참가해 보았지만 네 자화상은 모든 것을 능가하더구나.
너는 엄청난 재능을 가졌다, 레기네!!!
참고 견디는 모습이 대견하구나. 그렇게 할 수 있는 사람은 많지 않아. 내 친구 한 사람도 그러지 못했지. 그는 야만적이고 잔인한 방법으로 삶을 끝마쳤단다.
일찌감치 포기하는 사람은 완치될 가능성이 조금도 없다. 그렇게 따지면 참고 견뎌 나가는 너는 건강을 되찾을 수 있는 최고의 조건을 갖춘 셈이야.
네게는 이 싸움에 응할 수 있었던 너의 의지와 에너지를 그 무엇보다도 자랑스럽게 여길 자격이 있단다!
너는 초인이 아니야, 레기네. 너는 지극히 인간적이다. 명확한 존재감을 지녔고, 현실적이고, 편안하고, 너무나도 발랄한 사람이야. 바로 이 순간에조차.
네가 글과 사진을 통해 전달하는 메시지는 연령대를 떠나 모든 사람들의 감탄을 자아낸단다. 나도 종종 사진을 찍으러 **나가**곤 하는데, 정말 솔직히 말해 네 창의력과 사진작품들이 내게 영감의 원천이 되지. 놀라울 것도 없어. 모르텐 크로그볼드의 긍정적인 반응만 봐도 네가 창조적인 피를 타고났다는 사실은 저절로 증명되는 셈이야. 네 가능성, 그리고 네가 전달하는 메시지는 나를 포함한 많은 사람들에게 동기를 부여해 준단다.

넌 그런 강인함과 의지력을 발산하는 사람이니 결코 포기하는 일도 없으리라고 확신한다.

혹여 언젠가 눈을 감는 날이 찾아온다 해도 그건 포기하는 것과는 다른 거야.

이 싸움에서 네가 이미 승리를 거머쥔 것이나 마찬가지라고 나는 감히 말하고 싶다. 너는 진정 산다는 것이 무엇인지를 우리에게 보여 주었어!

비록 너는 조금씩 지쳐 가고 있지만 아직 전환점은 찾아올 수 있음을 나는 믿어 의심치 않는다. 어쩌면 내가 이처럼 굳게 믿는 방법을 배운 건 내 딸을 잃었을 때

그곳에 다른 무엇이 있을까

였던 것 같아. 이 고통스러운 삶의 경험은 적어도 내게 이 세상에서는 모든 것이 가능하다는 사실을 가르쳐 주었지. 전혀 있을 수 없어 보이는 일조차도 가능한 것이 세상이야.

너를 위해 기도하고, 믿고, 또 희망하겠다. 다른 모든 사람들과 함께.

너무 심한 통증은 없었으면 좋겠구나. 네가 그렇게까지 고통을 겪어야 할 이유는 없으니까.

네 블로그를 읽은 사람들, 나아가 다른 수많은 사람들도 틀림없이 네게서 큰 영향을 받았을 거야……

이제 너무 늦어 버렸지만, 내가 스무 살만 젊었더라면 네게서 영향을 받고 연구자의 길을 걸었을 텐데. 나 대신에 앞으로 수많은 젊은이들이 그 길을 택하기를, 그리고 나 같은 연장자들은 그들을 지지해줄 수 있었으면 좋겠다.

레기네…… 그처럼 힘겨울지라도 너는 지금, 여기에 이렇게 살아 있단다.

네가 할 수 있는 만큼만 하거라. 그리고 하루하루 최대한 좋은 날이 되기를.

이토록 훌륭한 딸을 가진 너희 부모님은 참으로 복이 많은 분들이구나. 물론 그분들 스스로도 잘 알고 계시겠지만. ;)

나는 여전히 좋은 일이 생길 거라고 믿고 있어, 레기네. 정말로 믿는다.

- 진심 어린 안부와 함께, 서른일곱 살 어느 아빠가

안녕하세요, 레기네님.

나는 오랫동안 이 블로그의 독자였지만 사람들의 논쟁에는 한 번도 끼어든 적이 없었습니다. 지금까지 가까이 지내던 사람들, 깊이 정들었던 사람들을 여럿 앞으로 잃은 경험이 있고, 나 역시 (다른) 중병을 앓고 있어요. '이겨낸다'는 레기네님의 말에서 나 자신을 발견할 수 있었지요. "정말 잘 이겨내고 있어." "나라면 결코 해내지 못했을 거야." 레기네님도 말했지만, 달리 무슨 선택권이 있단 말인가요? 해보기도 전에 포기하는 일? 하지만 포기하지 않는 것은 인간의 본성입니다. 누구나 할 수 있는 건 다 해보며 희망하고 또 희망하지만, 확신을 갖는다고 해서 달라지는 건 결국 아무것도 없습니다. 그렇다고 애초부터 포기해야 한다는 뜻이 아니라 인력으로는 더 이상 어쩔 수 없다는 사실을 종국에는 받아들여야 한다는 거지요. 레기네님은 오랫동안 힘겹게 싸워 왔습니다. 물론 레기네님을 비롯해 이 블로그를 읽는 나와 다른 모든 사람들도 아직 기적이 일어나기를 바라고 있지요. 기적이란 말이 생겨난 데도 결국은 근거가 있는 거 아니겠어요? 그러나 기적이 일어나지 않는다 해도 레기네님이 수많은 사람들을 감동시켰다는 사실, 온갖 약과 통증과 암울한 진단 결과에 맞서 고군분투하면서도 여전히 아름다운 삶을 살 수 있음을 증명해 보였다는 사실만은 기억하세요.

레기네님을 생각하며 오늘 저녁 촛불을 한 개 밝히겠습니다.

– 율리에(Julie)

Here comes the familiar taste of fear
2009년 11월 8일 23시 45분, 일기

다시 항암제를 복용하기 시작하자 온갖 통증이 다시 발발했습니다. 우리는 이대로는 안 되겠다는 생각에 즉각 트론하임의 의사들에게 전화를 걸어 다른 방법이 없는지 물었어요. 잠시 생각에 잠겼던 의사는 이윽고 정제 대신 항암제를 정맥에 주입하기로 결정했습니다. 천만다행이었지요! 오늘을 마지막으로 3일 동안의 약물 주입이 끝났습니다. 혈액수치가 얼마나 달라졌을지 궁금하네요. 적절한 밸런스를 유지하는 게 중요하답니다. 약물이 정상 세포까지 파괴하기 때문에 용량이 너무 높아서는 안 되지만, 아주 낮게 맞추지도 않았습니다. 약이 전혀 소용없는 건 아닌지 굉장히 두렵습니다. 그래도 최대한 오래 살고 싶은 게 내 마음이고, 비록 그럴 가능성은 희박해 보이지만 올해 한 번만 더 크리스마스를 맞고 싶기도 하고요. 크리스마스 파티를 조금 앞당겨 여는 건 어떨까요?

지난 며칠간은 조금이나마 기력이 돌았습니다. 실리에와 카리나, 그리고 엘리가 병문안을 왔어요. 심지어 엘리와는 쇼콜라 퐁당이 들어간 케이크도 구웠어요! 완벽한 케이크가 되었답니다! 흠. 그밖에는 그저 내게 남아 있는 하루하루를 최대한 즐겁게 보내도록 노력하고 있어요. 비록 많은 걸 할 수 있는 상황은 아니지만. 어제는 모두 – 엄마, 아빠, 엘리세, 나 – 함께 느긋한 저녁시간을 보냈습니다. 영화〈P.S. I love you〉를 보았는데 정말 재밌었어요. 슬프면서도 코믹한 영화랍니다. 오늘은 아버지의 날이라 다 함께 케이크를 먹고 아빠에게 선물을 드렸어요. 가족들과 함께할 수 있어서 정말 행복합니다. 정말 훌륭한 사람들이지요. 가족들 없이는 아무것도 해낼 수 없었을 거예요! 병에 걸린 뒤로 가족들이 내게 얼마나 많은 것을 해 주었는지 생각만 해도 뭉클합니다. 이 모든 일이 가족들까지 힘들게 했지만, 그래도 모두들 지칠 줄 몰랐답니다. 이렇게 다 같이 집에 머물 수 있어서 다행이에요.

내가 죽은 뒤에 이 블로그가 책으로 나왔으면 하는 바람입니다. 그럼 얼마나 멋질까요. 많은 분들이 이 블로그를 아주 소중히 여겨 주시니까요. 우리 가족들이 책이 나오도록 힘써 줄 거예요. 이 일이 실현된다면 정말 좋을 것 같아요!

병이 재발했을 때부터 지금까지 경험한 모든 일에 대해 많은 생각을 한답니다. 나름대로 그 시간을 최대한으로 누렸다고 생각하고, 기회가 되는 대로 뭐든 해 보려고 애쓴 일도 결코 후회하지 않아요. 트론하임의 의사 선생님들이 아니었더라면 나는 벌써 5월에 죽었을 거예요. 그분들은 정말 할 수 있는 모든 걸 다했습니다. 가능한 모든 약을 써 보고, 내게 남아 있는 가능성을 찾는 데도 심혈을 기울이셨지요. 이분들이 어떤 상황에서도 나를 포기하지 않았다는 게 정말 기쁩니다.

어떤 여학생이 며칠 전에 어떤 프로젝트를 기획했다며 제게 이메일을 보내 왔습니다. 여러분에게 각자 사진을 한 장씩 찍어 보내달라고 부탁했다는 이야기를 하더군요. 그럼 전문 사진가가 사진들을 가지고 커다란 플래카드를 만들어 내게 보내줄 거라고요. 정말 멋진 일이에요. 얼마나 기쁜지 모릅니다! 이 일에 관해 자세히 알고 싶은 분은 이 여학생의 블로그[61]를 참고하시길 바랍니다.

This will be over
2009년 11월 16일 23시 02분, 일기

너무나 지쳐 버렸고, 너무나 슬픕니다! 모든 게 악화일로를 달리고 있습니다. 끔찍한 고통에 시달리고 있어요. 오늘은 내 혈액검사 결과가 믿을 수 없을 만큼 나쁘게 나왔다는 충격적인 소식을 들었습니다. 내가 죽는다는 것, 모든 게 마지막을 향해 치닫고 있다는 사실은 우리 모두 모르는 바 아니지만, 그게 이처럼 순식간에 코앞에 놓여 있다는 사실이 우리를 충격에 빠뜨렸습니다. 이대로 계속된다면 내 삶이 끝날 날도 얼마 남지 않았습니다. 생각만 해도 고통스러워요! 이 병이 내게서 앗아간 모든 것을 떠올릴 때마다, 내가 두고 가야 하는 모든 사람들을

---

61) 블로그 주소(노르웨이어)는 다음과 같다. http://famjohansen.blogg.no/

떠올릴 때마다. 내 상태는 비참할 정도입니다. 고문당하는 느낌이고, 매 순간 이제 끝장이라는 공포가 밀려 올 정도로 상태가 나쁩니다. 그나마 통증은 이제 조금 가셨습니다. 강력한 진통제를 복용하는 것도 허용되었지만, 그 때문에 약물 의존증이 좀 생겨 버렸습니다. 복용 간격이 길어진다 싶으면 금단 현상이 나타나거든요. 감염이 재발해서 항생제도 복용해야 합니다. 내일부터는 다른 항암제로 바꿀 예정이지만 그게 병의 진행속도를 억제할 수 있을지는 불확실합니다. 말도 못하게 무서워요. 무서워 죽을 것 같습니다! 죽고 싶지 않아요. 가끔은 차라리 그게 내게 구원일지도 모른다는 생각이 들지만, 그래도 내 진짜 소망은 오로지 건강을 되찾고 내 삶을 사는 것뿐입니다. 내 삶이 끔찍이 그리워요!

가족들과 나는 종종 함께 울거나 이 모든 나쁜 일들에 관해 이야기를 나눕니다. 가족들과 무슨 이야기든 나눌 수 있어서 다행이에요.

우리에게 주어진 매 시간을 최대한 가치 있게 보내려 노력하고 있습니다. 그동안 우리는 한층 더 서로에게 가까워졌어요.

......

2009년 11월 26일 19시 23분, 일기

여러분에게 근황을 알려야겠다는 생각에 글을 씁니다. 최근에 맞은 항암제가 얼마나 지독했는지 거의 일어나지도 못할 지경이었어요. 그토록 괴로웠던 건 처음이라서, 내가 죽을 거란 사실을 철석같이 확신할 수 있었습니다. 더욱 잔인한 사실은 그 약이 아무 소용도 없었다는 점이었습니다. 도리어 내게 절실히 필요한 건강한 정상세포까지 죽여 버렸어요. 간간이 항암제를 맞지 않아도 될 때는 몇 시간이나마 가족들과 여유로운 저녁 한때를 보낼 수 있었습니다. 하지만 그런 기회가 자주 있던 건 아니었지요.

크리스마스를 넘길 것 같지 않다는 생각에 11월 24일에는 집에서 미리 크리스마스 파티를 열었습니다. 언제나처럼 할머니와 할아버지를 초대했어요. 다행이도 몸 상태가 좀 괜찮아서 즐거운 저녁시간을 보냈습니다. 이날을 위해 한껏 꾸미고 집 곳곳을 장식하고 맛있는 음식을 먹었어요. 선물이 빠지기는 했지만 크리스마스가 꼭 선물을 받기 위해 있는 건 아니니까요.

왼쪽부터: 율리안네, 할머니, 할아버지, 엘리세, 라세, 레기네.

오늘은 나를 위한 햇불 행진이 열렸습니다. 타오르는 햇불을 든 채 우리 집 앞에 모인 사람들이 몇 명인지 셀 수도 없었습니다. 확실한 건 엄청나게 많았다는 것뿐이지요. 우리는 모두 베란다에 서서 그 장면을 지켜보았어요. 너무나 뭉클했고, 너무나 감사한 마음이었답니다! 아는 사람이든 모르는 사람이든 이렇게도 많은 분들이 우리를 생각해주고 있다는 건 정말 행복한 일이에요.

어제는 또다시 항암제를 맞았습니다. 그렇게 끔찍한 기분은 이제 지긋지긋합니다. 내 몸도 더 이상은 견뎌낼 수 없으니 이번이 아마 마지막이 될 거예요. 간장과 비장이 엄청나게 부어올라서 배가 불룩해졌습니다. 위통도 여전히 나를 괴롭히고 있어 강력한 진통제가 필요하고요. 내가 얼마나 죽을 지경인지, 얼마나 끔찍한 고통에 시달리고 있는지 아무도 모를 거예요.

레기네는 엘리 안과 계속 연락하고 지냈다. 두 여자 친구는 11월 28일에 다음과 같은 문자메시지를 교환했다.

네가 모든 걸 이겨내는 모습이 너무나 감동적이라고 말해주고 싶어 문자를 쓴다. 너는 결코 병이 네 내면까지 좌지우지하게 놔두지 않았어. 너는 언제까지나 우리 모두가 그토록 소중히 여기는 사랑스러운 레기네로 남을 거야. 네가 존경스러워! 조만간 만날 수 있기를 바라!

– 엘리

상태가 점점 더 나빠지고 있어. 이제 거의 움직이지도 못하겠어. 숨 쉬는 것도 어마어마하게 괴로울 정도야. 이제 의사들이 처방해 준 수면제를 슬슬 복용해야 할 것 같아. 하지만 그게 도움이 될지는 모르겠어. 분명 머릿속이 빙빙 돌겠지만, 그래도……. 너무 늦어버리기 전에 꼭 너를 한 번 더 만나고 싶어. 침대에 누워 꼼짝도 못하고 있긴 하지만, 아마 만날 수 있을지도 몰라. 내가 해주고 싶은 말은 그저 내가 가고 나면 네 삶을 소중히 여기며 살라는 것뿐이야. 기쁜 마음으로 미래를 바라보며 꿈을 좇기를 바라. 졸업한 뒤의 시간을 즐거운 마음으로 기다린다면 네가 하고 싶은 일도 할 수 있을 거야. 분명 새로운 우정도 맺게 될 테고. 아름다운 삶을 살겠다고 약속해 줘! 그게 네가 내게 줄 수 있는 최고의 선물이란다.

– 레기네

상태가 급격히 나빠지고 있습니다.
2009년 12월 1일 23시 20분, 일기

현재 내 상태는 끔찍이 나쁩니다. 오늘은 두 시간도 채 일어나 있지 못했어요. 나머지 시간은 침대에 누워 보냈습니다. 비장의 통증이 무지막지하게 나를 짓누릅니다. 지난 가을 비장염에 걸렸을 때 같아요. 하지만 감염 검사는 더 이상 하지 않았기 때문에 비장염이 정말 통증의 원인인지 어떤지는 알 수 없습니다. 그렇다고 해도 어차피 어떻게 해 볼 수도 없고요. 화학요법은 끝까지 받지 못했습니다. 내 몸이 더 이상 그걸 견뎌낼 수 없을뿐더러 어떤 항암제도, 말 그대로 어떤 항암제도 암세포를 제거할 수는 없거든요. 내 백혈구 수치는 200까지 올랐는데 이 정도면 지금 내가 살아 있는 것만도 기적입니다. 어떤 순간에라도 죽을 수 있다는 것을 내 몸이 말해주고 있습니다. 지금처럼 아픈 건 처음이라 어마어마한 두려움이 밀려옵니다. 하지만 적어도 이제 예전만큼 죽음이 두렵지는 않아요. 아마 너무나 지치고 망가진 상태인 데다 통증이 너무 심해서 그런지도 모르지요. 아직 두렵기는 하지만 전처럼 심하지는 않습니다. 다만 커다란 슬픔을 안은 채 뒤에 남을 가족들과 친구들이 걱정됩니다. 지금까지 가족과 친구들, 그리고 블로그 독자들로부터 받은 도움에 대해 마음 속 깊이 감사하고 있어요. 이게 내게 얼마나 커다란 의미인지 여러분은 짐작도 할 수 없을 거예요!

그리고 며칠 전에 내 블로그의 독자들, 바로 여러분들이 나를 위해 만든 플래카드를 받았답니다. 엄청나게 크고 너무나 멋진 플래카드였어요. 그걸 만드는 데 여가시간을 할애해 주신 모든 분들에게 큰 감사의 말씀을 전합니다. Beltespenner를 통해 판매된 의류의 수익금이 10만 6천 크로네에 달한다는 소식도 전해야겠네요. 모금 통장에는 30만 크로네의 돈이 모였습니다. 이 돈은 암 퇴치 활동에 사용될 예정이에요. 모금운동에 참여해 주신 모든 분들에게도 진심으로 감사드립니다!

이상의 네 글에 총 6698개의 댓글이 달렸다. 그 중의 몇 가지를 여기 소개한다.

친애하는 레기네님! 레기네님과 병세에 관해 읽고 있노라니 마음이 아픕니다. 누구도 그런 고통을 당할 이유가 없는데. 죽음 이후에 뭔가 더 좋은 것이 존재하기를 이토록 간절히 바란 적이 없습니다! 저 너머 그곳에서 더 좋은 세계가 레기네님을 기다리고 있다고 굳게 믿습니다. 당신은 아무도 잴 수 없을 정도의 강인함과 삶에 대한 커다란 의욕을 보여 주었습니다!! 비록 운명의 손에 느닷없이 빼앗겨 버리기는 했지만 레기네님은 그 의욕으로 삶을 일구어 내고자 했지요. 모든 일에 행운이 있기를, 그리고 저 너머 그곳에는 당신이 당연히 누려야 할 행복이 기다리고 있기를 기도할게요! 당신은 너무나도 짧았던 그 생을 통해 사람들에게 너무나도 많은 것을 나누어주었습니다! 당신은 가치 있는 삶을 살았습니다. 누구도 그보다 더 나은 삶을 살 수는 없을 거예요! 당신이 주위의 모든 사람들의 삶을 더한층 가치 있게 만들어 주었다는 믿음, 그리고 당신의 영혼은 영원히 살아 있을 거라는 믿음을 지니고 가세요. 비록 내 마음 속 깊이에서는 여전히 기적이 일어나 레기네님이 삶을 되찾기를 바라고 있지만.
친애하는 레기네님, 내 마음이 당신과 함께합니다!!

눈물이 앞을 가리는구나. 너 때문에, 레기네. 내 마음이 너와 너희 가족들 곁에 있다는 걸 잊지 마.

- 카리나

친애하는, 훌륭한 레기네님! 우리에게 글을 남기려고 이렇게 온 힘을 다해 일어났다니, 내게는 기적처럼 느껴집니다. 아름답고 똑똑하고 눈부시게 빛나는 레기네님 앞에 머리를 숙입니다. 그거 알고 있어요? 이번 크리스마스는 내게 아주 특별한 축제가 될 거란 사실을. 레기네님의 블로그에서 받은 깊은 인상이 나를 일깨웠습니다. 건강하고 순탄한 삶을 산다는 사실을 소중히 여기게 되었으며, 남은 생애 내게 주어진 하루하루를 즐겨야 한다는 걸 배웠지요. 그 밖의 모든 것은 부차적인 요소입니다.

한편으로는 마음이 너무나 아픕니다. 레기네님의 글을 읽는 우리 모두가 그 고통을 아주 조금씩이라도 나눌 수 있었더라면! 정말이지 불공평한 일이 아닐 수 없습니다! 레기네님은 정말 최고로 용맹스럽고 대담한 소녀예요!

레기네님을 위해 지금 촛불을 몇 개 밝히려 합니다.

무슨 일이 일어나든, 행운이 함께하기를.

- 마르테

친애하는 레기네!

글을 읽는 내 마음이 너무나 미어지는구나. 네가 이렇게 고통 받아야 한다니. 통증이 가라앉기를 바라고 또 바란다.

너를 옥죄는 두려움으로부터 곧 벗어날 수 있기를. 너는 예전보다 두려움이 덜하다고 썼지. 물론 여전히 두렵겠지만, 그것이 조금이라도 가신다면 정말 좋겠구나. 너와 가까운 사람들이 짊어져야 할 슬픔의 무게 또한 어마어마하겠지. 하지만 나쁜 일이 벌어진다 해도, 그들이 애도하는 사람이 바로 너이기 때문에 모두들 자랑스러운 마음으로 슬픔을 이겨낼 수 있을 거야. 나쁜 일이 생기기나 한다면 말이다! 그들이 서로의 슬픔에 기대어 견딜 수 있다는 걸 잊지 마. 가족들 모두 극복해낼 거야!!

이건 다른 이야기인데, 레기네, 혹 이게 끝이라 해도 이것만은 꼭 기억해라. 우리 모두 언젠가는 너를 따라갈 거라는 사실을 말이야. 부모님과 나머지 가족들, 친구들, 그리고 모든 블로그 독자들도. 우리 모두 언젠가는 삶의 마지막 단원에 도달할 테고, 얼마 지나지 않아 네가 있는 그곳으로 가게 되겠지.

나의 바람, 기적이 일어나기를 바라는 내 바람은 여전하단다. 누구에게나 마찬가지일 거야! 네게는 이런 상황과는 전혀 다른 뭔가가 주어졌어야 마땅한데.

네가 중병을 앓는다는 데는 의심할 여지가 없지만, 희망이 사그라지더라도 두려워하지는 말거라. 할 수 있는 한 편안히 지내도록 노력해 봐!

우리 모두가 언젠가 도달하게 될 장소가 존재한다고 나는 믿고 있단다. 두려워할 건 아무것도 없어. 난 그렇게 믿어.

나는 종교가 없지만, 내 안에 존재하는 어떤 권위 - 그게 사람들이 말하는 신이든 뭐든 - 를 향해 나름의 방식대로 기도할 거야. 불가능한 일이 일어나기를 말이다. 상황이 역전되어 기적처럼 네가 회복되기를. 기도하고, 또 희망한다.

네가 받는 사랑과 너를 향하는 도움의 손길을 모두 가슴에 품으려무나. 네가 우리에게 선물해준 글과 생각들, 사진들에 감사한다. 이 모든 것은 우리에게 커다란 의미란다!

고통 없이 평온한 밤을 맞을 수 있기를!

- 서른일곱 살의 어느 아빠

:(넌 나를 잘 알지, 레기네. 무슨 말을 해야 할지 모르는 경우란 내게 없는데, 지금은 뭐라고 써야 할지 오랫동안 고민했단다. 그래도 못 하겠구나. 무슨 말도 할 수가 없어. 하지만 이 사실을 도저히 받아들일 수가 없다. 이게 현실일 리 없어! 머릿속이 마비된 느낌이라 도무지 갈피를 잡을 수 없다.

나는 너를 아낀단다. 정말로.

- 소프셴

안녕하세요! 나는 열세 살 된 여학생이고, 거의 암에 걸릴 뻔한 적이 있답니다. 의사들이 제때 종양을 제거하지 않았더라면 말이에요. 레기네님의 블로그를 발견한 일은 내게 커다란 행운이었어요. 레기네님과 마음을 나누며 기적이 일어나기를 온 마음을 다해 소망할게요! 레기네님이 많은 사람들에게 새로운 희망을 준다는 사실을 잘 알고 있어요. 그렇게 아픈데도 여전히 블로그에 글을 올린다니 정말 훌륭한 분이에요. 나는 수술이 끝나고 병원에 누워 있을 때 무엇도 할 엄두가 안 났거든요. 지금 레기네님은 그때 내가 겪었던 것보다 훨씬 힘들 텐데도 틈틈이 새 글을 올린다니, 대단해요. 마음으로 레기네님을 생각할게요.

– 안드레아(Andreas)

친애하는 레기네,

인생은 우리에게 끝없는 기쁨과 한없는 슬픔을 모두 안겨 주는 법이지. 이 블로그를 드나들며 나는 네 행복했던 시간은 물론, 커다란 슬픔에 잠겨 보내야 했던 암울한 시간도 모두 엿볼 수 있었단다. 정다운 레기네, 나는 스물두 살의 딸을 가진 엄마란다. 딸아이는 내게 커다란 기쁨이지. 네 어머니가 너를 사랑하듯이 나도 다른 무엇보다도 더 내 딸을 사랑한단다. 그래서 더욱, 날마다 몇 번씩 너와 너의 어머니를 떠올리곤 해. 수천 명의 사람들이 지금 너와 네 가족들을 둘러싸고 깊은 애정을 보내고 있단다. 너도, 또 가족들도 몸조심하기를 바란다.

– 베아테

친애하고 또 친애하는 레기네님,

레기네님의 글을 읽으며 얼마나 많은 눈물을 흘렸는지 미처 말로 할 수 없습니다. 내가 레기네님의 고통과 삶을 나누도록 허락된 사람들 중 하나라는 게 감격스럽군요.

친애하는 레기네님,

다시 한 번 마음 속 깊은 곳으로부터 감사를 표하고 싶습니다.

당신의 삶을 엿볼 수 있게 해 줘서 고맙습니다.

그토록 많은 사람들에게 커다란 의미가 되어 줘서 고맙습니다.

삶에 대한 의지와 용맹함을 품고 이 싸움에 임해 줘서 고맙습니다.

연령대를 막론한 모든 사람들에게 다시없을 모범이 되어 줘서 고맙습니다.

삶과 죽음에 관해 모든 걸 솔직하게 이야기해 줘서 고맙습니다.

그토록 훌륭한 사람으로 태어나 줘서 고맙습니다.

레기네님은 헤아릴 수 없이 많은 심장들 속에 확고히 자리 잡고 있습니다.

두려움도 고통도 없는 평화로운 밤이 찾아오기를 기도합니다. 그 고통을 나눌 수만 있다면 우리들 중 대다수가 무엇이든 했을 것입니다.

- 진심으로 당신을 생각하며, 벤케(Wenche)

레기네님이 자꾸만 떠오르는군요. 당신은 내가 지금껏 들어 본 강한 사람들 중에서도 가장 강한 분입니다. 레기네님의 이야기를 읽으며 인생이란 너무나 불공평하다는 생각이 들어 울지 않을 수 없습니다. 신이 그토록 일찍 데려가려는 것을 보면 레기네님은 틀림없이 가장 아름다운 천사들 중 하나일 거예요…….

언젠가 어린 딸의 엄마가 된다면 나는 레기네님의 이름을 따서 아이의 이름을 지을 거예요. 자신의 이름이 얼마나 강하고 멋진 사람의 이름이었는지도 알려 줄 거고요. 바로 당신, 레기네 스토케 말입니다.

- 린다

친애하는 레기네님!

당신의 한 생애가 있어 세상은 더 나은 곳이 되었답니다! 병에 걸린 이래로 레기네님은 완벽하고도 특별한 일생일대의 작품을 통해 거기에 크게 기여했어요. 이 블로그에서 우리에게 보여 준 레기네님의 모든 예술과 인간성이 바로 그러한 걸작이랍니다.

레기네님 덕분에 우리는 사물을 보다 소중히 여기게 되었으며, 더 감사할 줄 알고, 덜 이기적이며, 더 현명하고 너그러워질 수 있었습니다.

레기네님의 삶은 수없이 많은 사람들의 삶에 커다란 선물이었습니다. 이로써 당신은 영원히 지워지지 않을 흔적을 남긴 셈입니다! 수천 번 감사의 말을 전합니다, 레기네님!

두려움이 조금은 가셨다니 너무나 기쁩니다. 비록 우리는 여전히 레기네님의 삶이 계속되기를 바라고 있지만, 모든 것이 끝을 향해 가고 있다는 사실을 부인하기는 어렵군요. 내 현실적인 바람은 레기네님이 이 모든 고통으로부터 자유로워지는 순간을 평온한 마음으로 맞았으면 하는 것뿐입니다.

평화가 함께 하기를! 레기네님과 가족들을 마음으로 안아 드리겠습니다.

- 잉그리드(Ingrid)

소중하고 소중한 레기네야. 나는 네게 한 번도 글을 남긴 적은 없지만 이미 거의 1년 전부터 네 블로그를 읽어 왔단다. 그리고 의사들이 네게 희망을 안겨주기를 희망하고 또 희망했지. 지금은 너무나 큰 분노가 치솟는다고밖에 말 못하겠구나. 너처럼 아름답고 영리하고 선량하고 또 훌륭한 사람이 겨우 열여덟 살의 나이로 그처럼 잔인한 지옥을 경험해야 한다니, 이 얼마나 어이없는 일인지. 이처럼 부당한 일이 어디 있단 말이냐! 앞으로 어찌되든, 그저 네가 너무 오래 고통에 시달리지 않기를 바란다, 레기네. 단 며칠이라도 아프지 않고 훌륭한 네 가족들과 친구들과 좋은 시간을 보낼 수 있기를. 밤이고 낮이고 너를 생각하고 있다……. '레기네는 오늘 좀 어떨까?' 아침에 눈을 뜨면 가장 먼저 이 생각부터 드는구나. 직접 만나본 적은 없지만 진심으로 네게 깊은 정이 들었단다!!
– 프레드릭스타드(Fredriksstad)에서 슬픔에 잠긴 어느 할머니가

나도 마음으로 레기네님을 생각합니다!
레기네님 덕분에 나는 내 삶을 다시금 의식하게 되었어요. 정말 긍정적인 일이지요. 지금까지는 삶을 당연한 걸로만 여기고, 내가 얼마나 운 좋은 사람인지 한 번도 생각해본 적이 없답니다. 이렇게 아무 아픔도 없이 여기 앉아 있으려니 내가 중죄라도 저지르고 있는 느낌이에요. 레기네님은 매 순간 죽을지 모른다는 생각과 싸우고 있는데, 나는 목숨을 위협하는 질병 같은 건 모른 채 이러고 있다니.
하지만 레기네님은 내 삶을 바꾸어 놓았어요. 나는 더 이상 남자친구나 화장, 옷차림 따위의 겉치레에나 신경 쓰는 어린 여자애가 아니랍니다. 대신에 죽기 전에 최대한 가치 있는 삶을 살려면 어떻게 해야 할지 고민하게 되었어요.
이 글에는 스마일나 하트 표시, 'LOL' 같은 기호를 쓰지 않을 거예요. 진지한 마음으로 레기네님과 엄청나게 부당한 레기네님의 불행에 관해 생각하고 있으니까요.
나는 종교가 없지만, 좋은 세계가 레기네님을 기다리고 있다는 것만은 자신할 수 있어요. 정말 확실히!
안녕히 계세요.
– 안부를 전하며, 열세 살 오다로부터

너는 참으로 훌륭한 사람이구나, 레기네!

너는 지금 승리자의 단상에 우뚝 서서 군중의 환호를 받고 있단다. 너는 어떤 익스트림 스포츠 우먼보다도 용감한 여성이야.

슬프게도 지금 너는 네 여정의 종착지에 이르러 마지막 힘을 놓으려 하고 있구나. 그래도 사람들이 네게 환호와 칭송과 찬사를 쏟고 있다는 사실을 기억해라. 골수 기증자가 되도록 네가 그들을 독려한 덕분에, 삶을 대하는 그들의 자세를 바꾸어 놓고 진정 중요한 것을 보는 눈을 뜨게 해주었기 때문에. 너는 네 블로그의 모든 독자들로 하여금 힘겹게 암과 싸운다는 것이 무엇인지 이해할 수 있게 해 주었단다. 나이가 많고 적고를 막론하고 말이야. 너는 우리를 깨우치고 우리에게 영감과 정보를 주었으며 우리의 이해력 또한 넓혀 주었어. 이 세상에 분명한 흔적을 남긴 거란다. 사람들은 너를 잊지 않을 거야! 이 사실이 지금의 힘든 상황에서도 네게 어떤 의미가 되었으면 좋겠구나. 우리에게 너무나 많은 것을 준 데 대해 감사한다. 네가 이걸 꼭 알아주었으면 해. 물론 나는 네가 좀더 오랜 시간 삶에 머물기를 간절히 바라고 있지만, 너는 이 세상에 참으로 중요한 사람이자 젊은 여장부야!

그 무엇보다도 기적이 일어나기를 바랄 뿐이다. 힘든 시간 중에도 잠시 쉴 수 있도록 통증이 잦아들었으면 좋겠다. 네 주위에 감도는 온기를, 네게 호의를 품었던 수많은 사람들이 너를 감싸고 있음을 느낄 수 있기를. 너를 생각하며 마음으로 네 등 뒤에 서 있겠다. 언제나, 영원히.

- 오쉴드

아, 안 돼요. 죽지 말아요, 제발. :(

- 카디(Kaddy)

나는 지금 놀라울 정도로 강인한 한 젊은 여성을 떠올리고 있습니다. 레기네님, 바로 당신을……. 비록 지금은 병이 레기네님을 지배하려 들고 있지만 당신은 잘 싸워 왔고, 또 커다란 성과를 이루었어요.

고통은 사라지지만 아름다움은 영원하다. -피에르 오귀스트 르누아르(Pierre Auguste Renoir, 1841-1919)

- 하이디

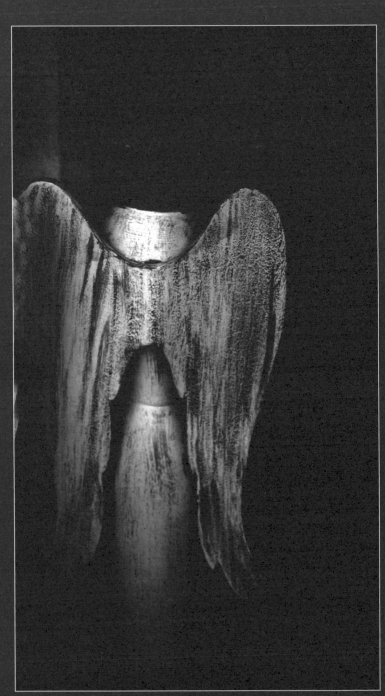

외면하는 천사들

나는 그저 살고 싶을 뿐인데,
내게는 삶이 허락되지 않는군요.
지금껏 얼마나 싸워 왔는지.
나는 할 수 있는 건 다 했습니다!
그런데 이제 더 이상 아무것도 할 수 없습니다.

푸른 하늘

레기네를 보내고

레기네를 보내고

2009년 12월 3일 17시 48분, 일기
내 사랑하는 착한 언니에게

암과 싸워 온 지도 어느덧 열다섯 달, 이제야 언니에게 평화가 찾아왔네. 분명 언니의 삶에서 가장 힘들고도 긴 시간이었겠지. 우리에게도 마찬가지였어. 이 힘겨운 열다섯 달 동안 우리는 힘든 시간과 즐거운 시간을 함께 했지.

마지막이 다가온다는 사실을 우리 모두 감지하고 있었어. 지난 며칠 동안 언니는 정말 힘들어했지. 심한 통증 때문에 어마어마하게 많은 진통제가 필요했고, 하루의 대부분을 기진맥진한 채 보내야 했어.

12월 3일 14시 02분, 우리의 사랑하는 레기네가 엄마와 아빠, 여동생, 그리고 고양이가 곁을 지키는 가운데 침대에 누워 고요히 잠들었습니다.

다음 사진은 백혈병 진단을 받기 바로 전 로마 여행에서 찍은 것입니다.

거의 9천 명에 달하는 블로그 독자들이 레기네에게 작별인사를 전했다. 여기 그 중 일부를 소개한다.

너의 갈색 눈동자가 우리를 향해 웃음 지을 때
그 용감한 미소는 우리를 사로잡는다.
위대한 심장에 감추어진
짧고도 고통에 찬 너의 삶.
너의 길을 걸으며
너는 우리에게 모든 것을 주고
모든 이의 마음을 사로잡았다.
하지만 이토록 일찍 져 버린 네 생명.
이제 고통의 끝에 선 네게
우리는 작별의 인사를 건네야 하네.
사랑스러운 작은 천사여,
우리는 너를 잊지 않으리.
부디 편안히 잠드소서.
마침내 영혼이 안식처로 돌아가네.

깊은 슬픔에 잠겨 있을 레기네의 가족들과 친구들에게 깊은 조의를 표합니다.
- 투타(Tutta)

그 험난한 시간 동안 그대는 내 마음 속에 있었습니다.
우리는 레기네를 영원히 잊지도 잃지도 않을 것입니다.
그녀는 지상에 깊은 흔적을 남겼습니다.
- 슬픔을 나누고자 하는 누군가로부터

레기네는 수많은 사람들로 하여금 삶에 대해 숙고하도록 만들었으며, 우리 모두는 그녀의 아름답고도 슬픈 글에 매료되었습니다.
고인의 가족들에게 삼가 조의를 표합니다.

고요히 잠들거라, 레기네. 네가 우리에게 준 모든 것에 대해 깊은 감사를 전한다!
- 프리다 페트리네(Frida Petrine)

헤아릴 수 없이 많은 사람들이 레기네의 가족들에게 조의를 표했다. 몸소 조문을 온 사람들이 있는가 하면, 전화를 걸거나 문자메시지를 보낸 사람, 레기네를 위해 창설된 네 개의 페이스북 모임 및 블로그에 글을 올려 조의를 표한 사람들도 있었다. 레기네의 유년시절 친구인 마르테 스테펜센(Marte Steffensen)은 레기네의 블로그에 다음과 같은 글을 썼다.

무슨 말을 해야 할지. 온갖 감정이 폭풍처럼 내게 휩몰아치는구나. 그 폭풍에 질식당할 것만 같고, 모든 게 혼란스러울 뿐이야. 네가 로그인을 했는지 확인하려고 오늘 하루 동안 네 이름을 최소한 백 번은 메신저에 입력해 보았어. 네가 우리 곁을 떠났다는 사실을 알게 된 순간에는 내 주위의 세상이 정지되어 버린 것 같았지. 모든 소리가 차단된 것처럼 세상이 정적에 휩싸였어.

우리의 어린 시절은 얼마나 즐거웠는지! 우리만큼 행복하고 아름답고 재미있는 유년기를 보낸 사람은 없다는 데 내기라도 걸겠어. 우린 정말 온갖 즐거운 일들을 함께했지! 나무 오두막을 지은 적도 있고, 스머프 히트송 뮤직비디오를 찍기도 하고, 세상에서 가장 멋진 공포영화를 만들기도 했지. 그래, 숲에서 동물의 해골을 발견한 일도 난 아직 기억하고 있단다. 그걸 빗자루의 막대에 매달아서는 그걸 가지고 말 타는 시늉을 했잖아. 너와 나, 말린, 테레세(Therese), 우리 말썽꾸러기들은 언제나 함께였어. 가상의 남자 친구를 넷이 함께 공유한 적도 있고. 그해 겨울에는 '안크(Ank)'라고 이름 붙인 이 남자친구를 학교에서 빼내어 일주일에 한 번씩 돌아가며 그를 각자의 집에 데려갔지. 우리 둘은 특히 사진에 관심이 많아서 함께 〈노르딕 라이트〉 사진전에 가서 유명한 사진작가들을 직접 만나기도 했어. 최고로 멋진 사건은 아마도 맷 머후린을 만난 일일 거야. 우린 둘 다 메탈리카의 팬이었고, 맷은 이들과 비디오를 찍은 적이 있어 개인적으로 아는 사이였지. 우리는 한시간도 넘게 맷의 곁에 머물며 이야기를 나누었어. 세상에, 얼마나 즐거웠는지! 우린 십 년 동안이나 같은 반이었어. 매 학기 첫날마다 함께 등교했던 걸 기억하니? 1학년 때부터 10학년 때까지 말이야. 벌써 네가 보고 싶구나, 레기네. 너와의 소중한 추억이 너무나 많아! 너를 만나 친구가 될 수 있었던 게 자랑스러워. 이제는 잘 지내고 있기를. 지난 열다섯 달 동안 너를 괴롭히던 모든 고통이 끝나고 평화를 찾았기를 바라. 너는 최고의 것을 누릴 자격이 있으니까!

너는 아주 긴 여행을 떠난 거야. 하지만 우리가 함께 휴가를 즐길 날이 아득히 멀지만은 않단다. 그땐 우리 개구쟁이 패거리들도 마지막으로 한 번 더 한자리에 모이겠지.

평화롭게 잠들기를, 사랑하는 레기네 스토케.

너를 그리워하는 내 마음은 한이 없단다.

- 마르테

Time stands still
2009년 12월 8일 16시 29분, 일기

레기네가 숨을 거둔 뒤 우리는 힘겨운 시간을 보냈습니다.

나와 다른 가족들 모두는 어마어마한 공허감에 사로잡혀 있었습니다. 집에서는 특히 심했지요. 그저 누군가가 빠졌기 때문에. 그토록 훌륭한 사람을 잃었으니 그럴 만도 하지요. 언니는 일요일까지 자신의 침대에 머물렀고, 우리는 그걸 너무나 감사히 여겼습니다. 언니가 가까이에 있다는 사실이 우리를 안심시켰습니다. 언니도 최대한 오래 집에 머물고 싶어 했을 거라고 나는 확신합니다. 침대에 누워 있는 언니는 너무나 아름다웠어요. 마치 세상에서 가장 사랑스러운 도자기 인형 같았답니다. 장의사가 언니를 데려갈 때, 마지막 작별인사를 고하는 일이 우리에게는 어마어마하게 힘들었습니다.

지난 며칠간은 장례식 준비로 경황이 없었습니다. 해야 할 일이 생각보다 훨씬 많았지만, 이렇게 간간이 다른 데로 주의를 돌리는 것도 나쁘지는 않았어요. 추도식은 수요일 낮 12시에 시립 홀에서 공개적으로 치러질 예정입니다. 언니가 무교였기 때문에 추도식을 치를 장소를 찾기가 쉽지 않았어요. 언니 스스로 시립 홀이 좋겠다고 말했기 때문에 우리도 그곳으로 결정했습니다. 특별한 소녀를 위한 특별한 추도식이 되겠지요.

- 엘리세

12월 15일 소피에 프뢰이소(소프센)는 자신의 블로그에 올린 "꿈에서 너를 만난 것이 내게는 작은 위안이란다."라는 제목의 글에서 친구 레기네에게 마지막 인사를 전했다.

사랑하는 레기네, 네가 우리 곁을 떠난 지도 벌써 열이틀이 지났구나. 슬픔과 공허함, 분노, 절망, 상실감으로 가득 찬 기나긴 12일이었지. 네가 숨을 거둔 그날 나는 네게 이런 문자메시지를 보냈단다. "사랑해, 레기네. 언제나, 영원히." 네가 그걸 볼 수 없을 거란 사실을 알면서도. 우리 두 사람은 천국을 믿지도 않았지. 하지만 지금 이 순간만큼은 그곳 어딘가에 더 좋은 세계가 있기를 그 어느 때보다도 간절히 바라고 있어. 너를 다시 만나고 싶은 마음도 그 어느 때보다도 간절하단다. 훌륭한 네 가족들을 항상 생각하고 있어, 레기네. 지금 너를 그리워하고 있을 모든 사람들을 생각하렴. 고마워, 레기네. 정말 고마워!

언제까지나 휴대 전화기에서 네 전화번호를 삭제하지 않을 거야. 네 블로그 역시 언제까지나 내 브라우저의 즐겨찾기 목록에 남겨둘 테고, 메신저의 연락처 목록에도 항상 네 이름은 남아 있을 거야. 예전과 다름없이 행동하는 내 모습을 문득 알아차리는 일도 자주 있겠지. 레기네가 언제 메신저에 접속할까?, 기다리면서. 난 '레기네와 소프센 식 유머'라는 약이 필요해! 아마도 이게 가장 그리울 거야, 레기네. 우리만의 유머 말이야. 우린 언제나 죽이 잘 맞아서, 너와 함께 박장대소하는 일은 늘 너무나 즐거웠어! 그토록 먼 거리를 사이에 두고도 마치 한 방에 앉아 있는 것 같았으니까. 그만큼이나 가깝게 느껴졌지.

오늘 저녁에는 페이스북에서 네 여동생 엘리세와 채팅을 했단다. 얼마나 기뻤는지! 엘리세와 너, 너희 어머니와 아버지는 정말이지 환상적인 가족이야! 크리스티안순의 너희 집을 방문했을 때 너희 가족들에게서는 다른 데서는 보기 드문 온기와 정이 느껴졌단다. 하지만 너 없이는 모든 게 예전과는 다를 거야, 레기네! 어쩔 수 없이 너희 가족이 떠오르는구나. 인간이 경험할 수 있는 가장 참담한 일을 겪어야 했던 너희 부모님……. 자신들이 가진 것 중 가장 귀하고 사랑스러운 것을 잃었으니 말이야. 네 동생은 하나뿐인 다정한 언니를, 조부모님들은 사랑스러운 손녀딸을 잃어야 했지. 너희 가족들 모두와 친구들, 심지어 네 고양이조차 정말로 훌륭한 사람을 잃은 셈이야. 강하고, 아름답고, 영리하고, 순진하고, 총명하고, 재

무제

능 있고, 활달하고, 다정다감하고, 창의적이고, 적극적이고, 솔직하고 현명한 레기
네. 대범한 마음을 지닌 작은 소녀를.

커다랗고 부드러운 네 갈색 눈동자에는 열린 마음가짐과 호기심, 삶에 대한
기쁨이 넘쳐났단다. 희망과 강인함, 한없는 애정이 담긴 눈이었어. 네가 열과 성의
를 다하지 않은 일이란 없었어, 레기네. 너는 너무나 많은 일에 적극 참여했지. 사
진과 글, 정치, 특히 언론과의 연계를 통해서 말이야. 너는 암 퇴치운동에 아주 적
극적이었어. 네가 다른 사람들을 위해 한 일들은 하나의 역사가 되었지. 너는 사람
들에게 영향력을 발휘하고 뭔가에 적극적으로 참여하도록 유도하는 데 재능이 있
었어. 그리고 인간의 가장 선한 내면이 발현되도록 만들었단다. 너의 이야기가 그
토록 많은 사람들로 하여금 좋은 일에 뛰어들도록 독려했으니까. 네 사연은 수많
은 사람들이 자신의 삶을, 아니, 삶 자체를 한층 더 소중히 여기게끔 만들었지. 언
제까지나 너를 한없이 자랑스럽게 여길 거야!

우리의 우정을 언제까지나 감사히 여길게. 언제나, 영원히 너는 내게 소중한 사람이란다.

마틴 힐스타드(Martin Hilstad)는 레기네와 함께 수없이 많은 사진을 찍었다. 그가 찍은 레기네의 사진도 헤아릴 수 없이 많았다. 마틴은 다음과 같이 레기네를 회고했다.

레기네와 나는 자주 함께 영화를 보았습니다. 레기네의 입원실 침대에 앉아, 혹은 레기네의 집 다락 층에 있는 그 애의 방에서, 또 〈막스 마누스(Max Manus)〉[62]를 무척이나 보고 싶어 하던 그 애를 위해 나는 극장의 상영관 하나를 통째로 빌린 적도 있답니다. 최대한 아무렇지 않은 척 하기 위해서는 비일상적인 것으로 도피해야 하는 경우가 자주 있습니다. 영화는 우리로 하여금 힘겨운 일상을 잊게 해주었습니다. 어느 소도시에 관한 린치의 기괴한 영화든 식상한 오락영화든 상관없었습니다. 하지만 레기네의 상태가 좋고 날씨가 화창할 때는 언제나 사진 찍는 일이 먼저였지요. 카메라 렌즈를 통해 세상을 볼 때는 세상으로부터 일정한 거리를 둘 수 있었습니다.

레기네의 병이 재발하기 전까지만 해도 우리는 미래에 관해 수많은 계획을 세웠습니다. 좀 지나치게 많았던 건지도 모르지만, 당시에는 모든 일이 잘 풀릴 것처럼 보였으니까요. 이제부터는 진짜로 사는 거야! 레기네는 말하곤 했습니다. 특히 〈노르딕 라이트〉 사진전의 콘테스트에 응모한 일도 있답니다. 그런데 미처 한숨 돌리기도 전에 또 한 번 청천벽력 같은 소식이 전해졌습니다. 4월 4일의 일이었어요. 나는 부활절 휴가를 보내기 위해 집에 가 있는 참이었고, 레기네를 방문할 생각이었기 때문에 그 애에게서 와도 좋다는 연락이 오기를 기다리고 있었지요. 하지만 마침내 전화벨이 울렸을 때, 수화기 너머의 레기네는 잠시 침묵했습니다. 그리고는 이내 떨리는 목소리로 낮게 말했지요. "나쁜 소식이 있어……." 세상은 우리 뜻대로 되는 법이 없습니다.

부활절 휴가가 끝날 무렵 우리는 사진을 찍기 위해 잠시 외출했습니다. 지금

---

62) 노르웨이의 레지스탕스 영웅 막스 마누스에 관한 영화로, 2008년 노르웨이에서 개봉되었다.

마틴 힐스타드가 찍은 레기네

도 생생히 기억납니다. 우리는 레기네의 부모님 댁이 있는 언덕 뒤편으로 내려갔지
요. 그리고 길이 생기기까지 레기네도 한몫했음직한 작은 오솔길들을 따라갔습니
다. 레기네는 조심스럽고도 단호한 걸음걸이로 앞섰는데, 예전의 그 애 모습 그대
로였어요. 사실 레기네는 너무나 건강해 보였기 때문에 그 애의 몸속에 나쁜 병이
자라고 있다는 사실이 이상하게만 느껴질 정도였습니다. 레기네는 숨을 고르기
위해 멈춰 서야 했던 것만큼이나 자주 흥미로운 대상(예를 들어 자신의 신발 위에
붙은 조그만 낙엽 등)을 발견하고 걸음을 멈추곤 했습니다. 우리는 느린 속도로,
레기네가 예전에 자주 텐트를 치던 늪 쪽을 향했습니다. 레기네가 온갖 사물을 사
진 찍는 동안 나는 거의 레기네의 모습에만 렌즈의 초점을 맞추었지요. 말하자면
나는 레기네가 찍은 사진들의 '비하인드 스토리'를 카메라에 담은 셈입니다. 그때
까지만 해도 〈노르딕 라이트〉전에 관해서는 전혀 생각지 않고 있었음에도, 이날의
산책길에서 탄생한 사진들 중 여러 점이 몇 주 후에 이 사진전에 전시되었답니다.

　그 무렵의 일들 중 내 뇌리에 강하게 새겨진 것이 하나 있습니다. 그 날의 산책
길에서였는지는 확실치 않지만, 어쨌든 레기네가 "가장 좋은 사람들이 제일 먼저

병에 걸린다."는 식의 단순한 말을 꺼냈던 일이 그것입니다. 왕립병원에서 스베인 코레님이 그 애에게 했던 말이었지요. 그러고 나서 레기네가 덧붙였습니다. "……너도 조금씩 마음의 준비를 해야 할 거야." 그 순간에는 난 그런 말을 듣고 싶지 않았습니다. 레기네가 그런 시각으로 상황을 보는 건 원치 않았으니까요. 하지만 뒤에 생각하니 이때의 일이 내게 다소간 위안이 된답니다.

언젠가 다시 만나, 레기네.

엘리 안은 옛 친구에 대한 추억과 자신의 슬픔, 그리고 레기네의 죽음 뒤에 느낀 상실감에 관해 다음과 같이 기술했다.

사랑하는 내 친구야,

네게 끔찍한 진단이 내려진 그날을 나는 아직도 어제처럼 생생히 기억하고 있단다. 우리는 친한 친구들과 함께 즐거운 금요일 저녁을 보낼 생각에 설레고 있었지. 즐기기는커녕 병원에 앉아 울고 있게 될 줄은 우리들 중 누구도 꿈에도 생각지 못했어.

네가 앞으로 어떤 시간을 보내게 될지 생각하니 너무도 두려웠어. 끝내 병을 치료하지 못할 거라는 생각은 하고 싶지도 않았어. 그건 해결책이 아니었으니까.

우리 두 친구들은 안절부절 못하며 격주로 주말마다 트론하임의 병원까지 너를 찾아갔지. 이따금씩 네 상태가 나쁠 때 병문안을 가게 되면 괴로워하는 네 모습을 보는 게 너무나 힘들었어. 그래도 너와 함께 하는 시간은 언제나 행복했단다. 네가 더 이상 산책 겸 찾아갈 만한 거리에 있지 않다는 건 어마어마하게 고통스러운 일이었어. 종종 저녁이면 전화로 병원에서의 생활이 어떤지에 관해 오랫동안 대화를 나누곤 했었지. 네 통증과 절망감, 그리고 상태가 좀 나을 때에 관해서 말이야. 그런 불행의 와중에도 우리는 많이 웃을 수 있었어. 웃음이 우리 두 사람 모두에게 도움이 되었던 것 같아.

나를 비롯해 다른 여러 사람들은 네가 그처럼 무자비한 병을 앓으면서도 어쩌면 그렇게 침착할 수 있는지 감탄하곤 했단다. 너 스스로도 계속해서 싸워 나가는 것 밖에는 도리가 없다고 말했지. 비록 싸움에 필요한 기력을 모으는 건 힘겨웠지만. 그래도, 그렇게 두려워하면서도 너처럼 커다란 용기를 지니고 싸워 나갈

레기네와 엘리 안.

수 있는 사람은 많지 않을 거야. 그처럼 쇠약해 있었음에도 너는 너무나 큰 강인함을 보여 주었어. 게다가 너 자신의 암과 싸우기도 힘겨운 와중에 다른 암 환자들을 위한 활동에도 참여했고 말이야.

6월 6일에 네가 열여덟 번째 생일을 맞게 되어서 얼마나 기뻤는지 몰라. 우리는 네가 이날을 맞게 될 거라는 희망조차 감히 가질 수 없었으니까. 그날 저녁은 너희 집에 무리 지어 모였던 우리 모두에게 잊을 수 없는 시간이었어. 네가 그토록 즐겁고 행복해 하는 모습을 보는 게 얼마나 좋던지. 백혈병은 네 몸은 갉아먹을지 언정 삶에 대한 네 의지까지는 꺾지 못했지. 게다가 병 때문에 그토록 많은 일에 제약이 있었음에도 너는 수많은 경험을 했고, 사소한 순간이든 대단한 걸 경험하는 순간이든 똑같이 소중히 여길 줄 알았어. 딸기와 음식 바구니를 싸들고 간 숲에서 개미들에게 둘러싸여 피크닉을 했던 날. 마찬가지로 커다란 의욕을 안고 시작한, 그리고 다양한 성공작을 낳았던 케이크 굽기. 그리고 너의 다락방에 방석을 깔고 앉아 열중하곤 했던 마리오 카르트 게임도. 그때 1등으로 골인한 너는 함박웃음을 지으며, 너보다 한 바퀴나 뒤처진 채로 결승점 앞의 직선코스를 막 통과한 나를 향해 "저런, 실력이 형편없구나, 엘리."라고 말했지. 이 모든 추억이 아프도록 그립구나. 그리고 인생의 역경에 관해, 존재한다는 것의 수수한 기쁨과 수수께끼에 관해 나눈 모든 대화도.

참으로 치열한 열다섯 달이었어. 커다란 기쁨의 순간과 끝없는 절망의 구렁텅이가 그토록 긴밀히 공존하고 있었지. 네게 주어진 시간이 끝나가고 있다는 소식은 내게 엄청난 고통이었단다. 그토록 심한 통증에 시달리면서도 너는 내가 병문안을 갈 수 있도록 온 힘을 모아 일어났어. 그게 네게 얼마나 힘든 일이었는지 잘 알아.

네 생애 마지막 저녁을 나는 영원히 잊지 못할 거야. 너는 기력이 완전히 소진된 상태에서도 너무나 단호했어. 자리에서 일어나 거실까지 오는 데 성공했지만, 모든 힘이 사라져 간다는 걸 네가 인지하기까지는 오래 걸리지 않았지. 이게 우리의 마지막 만남이 될 것임을 우리 두 사람 모두 감지하고 있었던 것 같아. 네 생애마지막 며칠 동안에조차 너는 다른 사람들을 더 생각했어. 그날 저녁 네가 나에게 준 우정의 보석은 지금껏 내가 받아 본 선물들 중 가장 아름다운 선물이었단다. 우리의 수많은 추억이 담겨 있는 선물, 슬픈 시간들은 물론 우리가 그토록 서로에게 가까이 있던 모든 순간을 상징하는 선물이니까. 그 모든 기억을 영원히 간직하며 네가 너무나 그리워질 때마다 꺼내어 볼 거야.

네가 부축을 받으며 침대로 돌아가는 모습을 지켜보는 일, 그리고 이 순간 죽어 가고 있음을 느낀다던 네 말을 듣는 일은 너무나 나를 슬프게 했어. 네 고통이 절실히 느껴졌지. 나는 너를 껴안고 내가 널 얼마나 아끼는지 말해 주었어. 살아 있는 너를 보는 건 이게 마지막이라는 게 실감나서 가슴이 미어졌단다.

그 전날 저녁처럼 너는 조용히 침대에 누워 있었지. 하지만 이제 고통은 너를 놓아주었고 두려움으로부터도 벗어난 모습이었어. 마침내 편안히 쉴 수 있게 된 거야. 우리는 늦기 전에 꼭 해야 한다고 생각되는 이야기들을 나누었지. 이날의 기억은 그토록 훌륭한 한 인간이자 하나뿐인 내 친구를 잃은 내 슬픔을 달래 주었어.

너는 내게 너무나 소중하단다, 레기네! 너는 언제까지나 내 가장 소중한 친구야. 내 마음속에 항상 너를 위해 특별한 자리를 비워둘 거야! 어디서 무엇을 하든 너를 떠올리며, 너와 함께였다면 얼마나 좋을까 아쉬워하게 될 거야. 하지만 언젠가 우리는 다시 만나게 되겠지. 고통도 근심도 없는 곳에서. 네가 나에게 얼마나 큰 의미였는지 몇 시간 동안 이야기해도 모자랄 정도지만, 우정의 보석에 새겨진 짧은 문구가 모든 걸 말해 준단다. "고마워, 레기네."

사랑하는 언니를 잃은 엘리세는 다음과 같이 레기네를 추모했다.

사랑하는 언니,

언니가 여동생에게 무얼 해 줄 수 있는지, 혹은 어떤 존재인지 한번 생각해 봐. 도움, 사랑, 이해, 웃음을 주는 사람, 사소한 일로 다투는 사람, 옷을 빌려주는 사람. 혹은 아주 단순히, 함께 시간을 보낼 수 있는 사람. 이런 건 누구나 해줄 수 있는 일이 아니지. 언니라는 존재가 하는 것과 똑같이 이 모든 걸 해줄 수 있는 사람은 없을 테니까. 난 무슨 일이 생기든 언니에게 달려갈 수 있었어. 우린 서로 뭐든지 주고받는 사이였지. 모든 걸 함께 나누고……모든 걸. 누구도 우리를, 듬직한 언니와 꼬마 여동생을, 레기네와 엘리세를 떼어놓을 수는 없었어. 이제 두 번 다시 그때로 돌아갈 수 없겠지. '두 번 다시는'이라고 말하는 게 너무나 어렵게만 느껴져. 익숙해지도록 몇 번이나 중얼거려 보아도 도무지 그 말이 무엇을 의미하는지 상상도 가지 않아. 언니를 두 번 다시 볼 수 없다니, 내게는 생각도 할 수 없는 일이니까. 언니의 미소를 마지막으로 한 번만 더 볼 수 있다면, 밝은 웃음소리를 한 번만 더 들을 수 있다면, 내가 바보 같은 행동을 하거나 뭘 못 알아들을 때 언니가 짓던 황당해하는 표정을 한 번만 더 볼 수 있다면. 그럴 수만 있다면 무슨 짓이라도 할 텐데. 이렇게 되리라고는, 언니가 이렇게 내 곁을 떠나 버리리라고는 생각도 못 했어. 아직 가지 마. 우리 함께 여행도 하기로 했잖아. 고등학교를 졸업하면 대도시로 이사할 거라면서 내게 언니를 보러 자주 와야 한다고 다짐도 받았잖아. 우리 아이들이 가장 좋은 친구로 자라도록 동시에 아이를 낳자고 약속도 했고. 자동차의 조수석을 두고 다투기도 하고 서로 다락방을 쓰겠다고 우기기도 한 우리잖아. 언니와 나는 함께 늙어서 같은 양로원에 벽 하나를 사이에 두고 지내자고 약속했어. 엄마와 아빠가 세상을 떠나실 땐 장례식 준비도 함께 하고 싶었지. 그런데 이 모든 걸 나 혼자 해야 한다니. 언니 없이, 영영 언니 없이. 하지만 언니는 자신이 미래에 경험하고 이루고 싶었던 일들, 완성하고 싶던 일들을 대신 해 달라고 내게 신신당부했지. 나는 언니에게 많은 걸 약속했고, 언니는 지금껏 아무에게도

레기네와 엘리세.

말하지 않았던 비밀을 내게 털어놓았어. 그 비밀들의 수호자가 될 수 있다는 사실이 내게 얼마나 큰 의미인지 몰라. 언니와 가장 친한 친구들조차 모르던 비밀을 나만 알고 있다니. 약속 꼭 지킬게. 언니의 비밀을 누구도 찾을 수 없도록 내 안에 꼭꼭 숨겨 놓을 거야. 믿어도 좋아.

　장의사가 언니를 데려간 그날을 아직까지도 또렷하게 기억하고 있어. 그 일요일 늦은 저녁이었지. 엄마와 아빠는 이미 한참 전에 잠자리에 드셨고, 나는 예전에 언니와 함께 늘 그랬듯 노트북을 무릎에 올려놓고 거실에 앉아 있었어. 아빠는 잠자리에 들기 전에 텔레비전을 끄고 리모컨을 탁자의 아주 가장자리에 올려놓으셨어. 나는 리모컨을 향해 손을 뻗기조차 귀찮아서 그냥 텔레비전을 꺼진 채로 두었어. 그런데 갑자기 텔레비전이 저절로 켜지는 거야. 그리고 언니가 가장 좋아하던 채널 중 하나인 MTV가 화면에 나타났지. 그걸로도 모자라 방송은 언니가 가장 좋아하던 밴드 중 하나인 메탈리카에 관한 것이었어. 그 순간 언니가 나를 보러 온 거라는 생각이 머리를 스쳐갔어. 그래서 방송을 그대로 두었지. 정말 언니다운 재치라고 생각하면서.

우리가 먼 훗날 어느 곳에선가 다시 만나게 되기를 나는 끊임없이 기도하고 있어. 함께 웃으며 행복해 할 그곳, 그저 함께 있는 것만으로도 좋을 그곳. 언니가 지금 있는 장소가 좋은 곳이기를 바라. 언니가 행복하기를, 잘 지내고 있기를. 그런 장소가 없는 건 아닌지, 그래서 영원히 언니를 볼 수 없는 건 아닌지 두려워. 언니는 지금 어디 있어? 돌아와 줘. 다시 집으로 돌아와. 우리 모두 언니를 그리워하고 있어. 너무 보고 싶어. 뭐가 어떻게 되든 언니는 영원히 내 언니로 남을 거야. 사랑해, 언니. 언제나, 영원히.

레기네의 모친 율리안네는 사랑하는 딸을 향해 깊은 애정과 감사의 마음을 담은 다정한 회고록을 썼다.

엄마가 딸에게 보내는 사랑의 말

나는 지금 그림을 얹은 코코아 한 잔을 들고 레기네의 침대에 걸터앉아 있습니다. 여느 날처럼 라세와 함께 묘지에 가서 촛불을 켜 두고 조금 전에 돌아온 참입니다. 영하 10도의 추운 날이고, 밖에는 눈이 많이 쌓여 있습니다. 레기네가 지금 있을 그곳에서는 이 추위가 느껴지지 않았으면 좋겠네요. 지금 내 곁에 앉아 함께 코코아를 마시며 이 책의 출판 준비를 하고 있어야 할 레기네는 여기에 없군요. 그 애를 대신해 내가 책에 실릴 글 몇 줄을 종이에 끼적거리고 있습니다. 자신의 블로그가 책으로 출판되는 일은 레기네의 커다란 소망이었지요. 그리고 우리는 그 소망을 실현시켜 주기로 약속했습니다.

레기네가 숨을 거둔 뒤 나는 그 아이의 침대에 앉아 수많은 시간을 보냈습니다. 나의 근심과 공허감과 절망을 이곳에 펼쳐 놓은 채 한없이 울곤 합니다. 겨우 열여덟 살밖에 안 된 소중한 딸을 잃은 데 대한 절규이지요. 때때로 고양이 요세피네가 내 곁을 지켜 주었습니다. 고양이도 슬퍼하고 있을 거예요. 요세피네는 11년 동안이나 레기네의 삶에 한 부분이었고, 그 애에게 매우 소중한 존재였으니까요. 오랜 투병 생활 동안 요세피네는 레기네에게 커다란 위안이 되어 주었습니다. 언제나 주인을 따라 다니며 소파에서든 침대에서든 레기네의 곁에 놓인 담요에 누워 있었지요. 숨을 거두기 며칠 전에 레기네는 요세피네가 죽거든 자신의 무덤에 함께 묻어 달라는 유언을 남겼습니다. 그리 될지는 때가 되어 봐야 알겠지만 내가 아는 레기네의 아버지라면 분명 딸아이의 소원을 들어 줄 겁니다. 문득 레기네가 태어나던 날이 떠오르는군요. 그 아이는 태어난 지 하루 만에 미소를 지었습니다. 배냇짓이었을 거라고 말하는 사람도 있겠지만 그건 분명 배냇짓이 아니었어요. 보고 또 봐도 싫증나지 않을 정도로 귀여운 아기였지요. 짙은 갈색의 커다란 눈에 길게 말려 올라간 속눈썹을 하고 있었어요. 아, 그 아름답고 영리해 보이고 사랑스러운 눈을 다시 보고 싶은 마음이 너무나 간절합니다! 침대 옆에 놓인 그 아이의 사진 속 두 눈을 보고 있으려니 눈물이 맺히고 목이 메어 오는군요. 너무나 고통스러워 견딜 수가 없습니다! 며칠 전에는 레기네의 눈동자를 들여다보며 다정하게 뺨을 쓰다듬는 꿈을 꾸었습니다. 그러자 그 아이가 내게 머리를 기대 왔지요. 마치 현실처럼 생생해서 너무나 행복했어요. 그 전후로 아무것도 없는 짧은 꿈이었는데, 마치 그 아이가 내게 위안을 주려고 꿈속으로 찾아와 준 것만 같았습니다.

커가면서도 레기네는 언제나 사람들을 향해 미소를 지었습니다. 그처럼 밝은 아이였기에 우리는 레기네를 '우리의 햇살'이라고 부르곤 했지요. 배우는 속도도 빨라서 20개월에 이미 열까지 셀 줄 알았답니다. 생기가 충만한 만큼 춤이나 연극 공연에 참가하거나 노래가사에 맞추어 무언극을 하는 것도 매우 좋아했습니다. 우리에게 뭔가를 이야기할 때 엿보이던 열정적인 모습을 나는 아직도 기억합니다. 온 몸이 달아올라 조용히 앉아 있지를 못하고 다리를 달달 떨거나 안절부절 못하며 앉았다 섰다를 반복했지요. 게다가 어쩌나 장난꾸러기였는지 문틀을 기어 올라가서는 양발로 양쪽 문틀을 딛고 버틴 적도 있답니다. 그 애가 방바닥 어딘가로 뛰어 내리던 모습이 아직도 손에 잡힐 듯합니다. 넘치는 상상력을 동원해서 기상 캐스터인 트라울라(Traula)로 분장한 일도 있습니다. 헐렁한 분홍색 오리털 점퍼를 입고 커다란 안경을 코끝에 걸치고 초록색 모자를 쓴 채로 일기예보를 읊던 모습이라니! 어린이들에게는 레모네이드비와 사탕비가, 어른들에게는 맥주비가 내릴 것이라는 레기네의 일기예보에 남자 어른들은 밖으로 몰려 나가 머리를 뒤로 젖힌 채 입을 딱 벌렸답니다. 일곱 살이 되었을 때는 우리를 위해 본 조비(Bon Jovi)가 되어 〈It's my life〉의 후렴구인 "It's now or never. I ain't gonna live forever. I just wanna live while I'm alive."를 열창했지요. 두 딸들이 어린 시절에 벌인 이런 쇼와 특별한 사건들을 사진과 비디오로 남겨 놓은 건 정말 잘 한 일 같습니다. 레기네가 주인공이 되어 벌인 일들에 관해 글을 쓰라면 수십 장이라도 즐거운 마음으로 쓸 수 있답니다.

하지만 열 한두 살 무렵부터는 상황이 나빠지기 시작했지요. 그때부터 레기네는 카메라 뒤에 숨어 있을 때 가장 편안함을 느꼈습니다. 사진과 동영상 제작에 관심을 갖기 시작한 것도 이 시기입니다. 레기네와 친구들은 특히 공포물을 제작하는 일을 즐겼지요. 카메라를 든 레기네를 앞세우고 숲 속으로 가서는 〈도시의 마녀 엘비라(Elvira)〉 등과 같은 영화를 찍었답니다. 레기네의 아버지는 영상을 편집하고 음향효과를 넣어주는 일을 도와주었고, 덕분에 아주 훌륭하면서도 무시무시한 공포영화 한 편이 탄생했지요.

레기네가 막 세 살이 되었을 때 동생 엘리세가 태어났습니다. 레기네가 처음으로 신생아실에 왔었던 날이 생각납니다. 엘리세를 받아 안은 레기네는 함박웃음을 지으며 동요를 불러주었지요. 아직 배가 완전히 들어가지 않은 상태였던 내게 레기네는 혹시 뱃속에 아기가 한 명 더 들어 있는 건 아닌지 물었어요. 그 아이는 동생을 질투한 적도 없을뿐더러 언제나 다정하고 배려 깊은 언니였습니다. 죽음을 앞둔 레기네는 무엇보다도 엘리세의 십대 시절을 곁에서 지켜주지 못하는 점을 가장 아쉬워했어요. 여동생을 얼마나 소중히 여겼는지는 이것만 봐도 알 수 있지요. 레기네가 아주 훌륭한 아이였다고 위안 삼아 생각해봅니다. 언제나 온화하고 다정하고 이해심이 많았을 뿐 아니라, 정의롭고 순종적이며 학교에서는 늘 열심이었으니까요.

하지만 레기네가 고등학교에 들어가기 이틀 전에 우리를 놀래게 만든 사건이 일어났습니다. 엘리 안과 안네 마르테와 함께 외출했던 레기네가 밤 열한 시가 되도록 귀가하지 않는 거예요. 라세가 전화를 걸어 어디에 있는지 묻자 연못가에서 바비큐에 생선 동그랑땡을 구워먹고 있다는 대답이 돌아왔습니다. '생선 동그랑땡'이라는 단어를 잘 발음하지 못하는 데서 우리는 즉시 아이들이 술을 마시고 있음을 눈치 챘지요. 그때 받은 충격이 지금도 생생하네요. 나쁜 짓이라고는 저지른 적이 없는(적어도 우리가 알기로는) 우리의 '꼬마 천사'가 술을 마셨다는 건 아무리 해도 상상이 가지 않았거든요. 한바탕 소동이 일어나고 우리는 즉각 엄한 경고를 내렸습니다. 그로써 순진무구한 시절은 끝이었습니다. 나중에 레기네는 그 뒤에도 수많은 파티에 놀러가 술을 마셨지만 우리가 눈치 채지 못했을 뿐이라고 고백했습니다. 아마도 그 전까지 내가 딸아이의 좋은 점만 무비판적으로 받아들

로게르 하셀뢰(Roger Hasselø)가 찍은 레기네의 사진들

인 모양입니다.

고등학교에 올라가고 얼마간 시간이 흐른 뒤 레기네에게 첫 번째 남자친구가 생겼습니다. 우리는 완전히 그에 찬성하는 편은 아니었습니다. 상대는 착한 청년이 었지만 문제는 레기네보다 나이가 몇 살 많고 이미 독립해 살고 있다는 점이었지요. 그 청년과의 만남은 다섯 달 정도 유지되었고, 마침내 두 사람이 헤어졌을 때에야 나는 한숨 돌릴 수 있었습니다.

하지만 나중에는 – 레기네가 병에 걸리고 숨을 거둔 뒤에 – 이 일에 대한 생각이 완전히 달라졌습니다. 지금은 그 아이가 사랑에 빠진다는 것, 파티에 가서 즐긴다는 것이 어떤 건지 경험할 수 있었던 데 대해 기쁘게 생각합니다. 방학을 맞아 어학연수를 다녀오고 엘리 안과 안네 마르테와 콘서트나 축제에 찾아갔던 일도 마찬가지로요. 병에 걸리기 전까지의 청소년기에 레기네가 많은 걸 경험했다고 생각하면 위안이 됩니다. 이런 사실은 병이 악화되리라는 것을 알고 난 뒤에 레기네 자신에게도 위로가 되었답니다. 레기네는 투병생활을 하는 동안 그 시절에 관해 많은 이야기를 했지요.

레기네는 쇼핑하는 것도 매우 좋아했습니다. 그러니 2008년 부활절 휴가를 맞아 안네 이모와 내 조카인 프리데(Fride), 그리고 엘리세와 함께 런던으로 '여자들만의 여행'을 떠난 건 레기네에게 그야말로 절호의 기회였지요. 옥스퍼드 가 (Oxford Street)는 그 아이에게 천국과도 같았습니다. 우리가 사는 곳에는 없는, 탑샵(TopShop)을 비롯한 여러 상점을 돌아다니며 마음껏 쇼핑을 즐겼답니다. 정말 신나는 쇼핑이었어요! 여행을 떠나기도 전에 레기네는 쇼핑할 상점들을 미리 생각해 두었다가 안내자 역할을 도맡으며 우리를 이끌었습니다. 그 아이에게는 아무도 입지 않을 것 같은 옷가지를 구입해서 옷과 액세서리가 적절한 조화를 이루도록 코디하는 재주가 있었습니다. 언제나 멋진 차림새가 나왔어요. 그밖에도 우리는 퀸(Queen)의 음악이 들어간 뮤지컬 〈위윌락유(We will rock you)〉와 〈레미제라블(Les Misérables)〉을 관람했습니다. 〈위윌락유〉는 특히 우리 모두의 취향에 꼭 맞아서 아주 즐거운 경험이었어요. 공연 중에는 사진촬영이 금지되어 있었지만 레기네는 참지 못하고 셔터를 몇 번 눌렀습니다. 이 일로 레기네는 보안요원에게 경고를 먹었고, 덕분에 내 화를 단단히 돋웠답니다. 또 우리는 아름다운 노팅 힐 (Notting Hill)을 거닐며 이곳의 지명과 같은 제목의 영화에 나왔던 유명한 서점을 찾아다녔습니다. 한참 배회한 끝에 마침내는 찾을 수 있었지요. 맛있는 음식도 먹으러 가고, 수다를 떨며 웃기도 참 많이 했습니다. 아침부터 밤까지 스케줄로 꽉 찬 사흘이 지나고 비행기에 올라탔을 때 안네 이모와 나는 완전히 지쳐 떨어져 있었어요. 그래도 런던에서 보낸 시간이 어찌나 즐거웠는지, 다음번에는 바르셀로나나 뉴욕에 가기로 돌아오는 길에 이미 계획을 세웠답니다. 하지만 그 소망은 이루어지지 못했지요. 런던 여행은 엘리세와 나에게, 레기네가 아직 건강하던 시절에 그 아이와 함께한 마지막 '여자들만의 여행'으로 남았습니다. 우리는 아직도 행복한 마음으로 그때를 회상하곤 한답니다.

어느 블로그 글에서 레기네는 자신이 애초에 태어나지 말았어야 했다고 쓴 적이 있습니다. 그랬다면 우리가 이처럼 슬퍼할 일도 없었을 거라고요. 그걸 읽으며 레기네가 그런 생각까지 한다는 게 마음 아팠습니다. 하지만 여러분에게도 이미 이야기했듯이 나는 레기네를 낳지 않았더라면 어땠을지 상상조차 할 수 없어요. 레기네와 엘리세는 언제나 우리에게 가장 귀한 보물이었습니다. 우리가 함께 한 멋진 시간들, 아이들이 우리에게 선물해 준 사랑과 기쁨과 온기를 생각할 때마다 아이들이 너무나 자랑스럽답니다. 다른 무엇과도 비교할 수 없지요. 우리는 이 추억들을 값진 보물처럼 마음속에 담아두고 일생 동안 소중히 간직할 겁니다. 너의 죽음이 내게는 어마어마하게 고통스러울 거라고, 이루 말로 할 수 없을 만큼 너를 그리워하며 슬퍼할 거라고, 하지만 우리는 그 슬픔을 안고 살아가는 법을 배워야 하며 시간이 흐를수록 고통도 누그러질 거라고, 나는 레기네에게도 이야기해 주었습니다. 우리가 그토록 아름다운 시간을 함께할 수 있었다는 데 대해 기쁨과 감사의 마음만이 남아 있을 날이 언젠가는 오리라 믿습니다. 비록 보물처럼 귀하던 딸을 그리워하는 마음은 변함없을 테지만 말입니다.

레기네가 투병하던 동안은 호재와 악재, 행복과 절망이 교차하던 변화무쌍한 시간이었습니다. 내 안에는 레기네를 향한 감정이 그 아이가 아직 어릴 적, 우리가 아주 가까운 엄마와 아이 사이이던 때와 똑같이 강렬하게 타올랐지요. 다른 점이라고는 젖을 물리지 않는다는 것뿐이었어요.

골수이식 후 병이 재발했을 때 우리는 레기네가 건강을 회복할 가능성이 매우 희박하다는 사실을 알고 있었습니다. 다만 의사들이 새로운 요법을 사용하는 동안 지푸라기라도 잡는 심정으로 그 보잘 것 없는 희망에 매달렸을 뿐이지요. 레기네 앞에서 낙관적이고 확신에 찬 모습을 보이려면 그러는 수밖에 없었습니다. 레기네가 병에 걸린 후 우리는 예전에는 몰랐던 그 아이의 새로운 면모를 발견했습니다. 부모보다 친구를 더 중요하게 여기던 이기적이고 평범한 십대 청소년에서, 진심으로 타인을 생각하고 부모를 깊이 배려하는 한 인간으로 성장하게 된 것이지요. 레기네는 스스로도 백혈병과 사투를 벌이는 처지에 다른 환자들을 돕고 그들에게 용기를 불어넣어 주었답니다. 우리는 한 인간이 그와 같은 상황에서 그토록 커다란 용기와 강인함을 보여줄 수 있을 거라고는 생각도 못했습니다. 우리들 중 가장 강한 사람은 레기네였음이 밝혀진 셈이지요. 글 쓰는 재능에 관해서도 마찬가지입니다. 그 아이가 글을 잘 쓴다는 것을 물론 알고는 있었지만, 심경의 변화를 그토록 솔직하고 거리낌 없이 털어놓음으로써 그렇게 많은 사람들을 감동시킬 줄은 꿈에도 몰랐습니다. 레기네가 '유명인사'가 되었다는 사실이 아직까지도 비현실적으로만 느껴집니다. 레기네가 찍은 사진들 역시 그에 맞먹는 표현력을 갖추게 되었답니다. 레기네가 느낀 감정들이 적나라하고 고통스럽게 반영되어 있어요. 내 생각에 딸아이는 사라지지 않는 뭔가를 창조함으로써 세상에 제 흔적을 남기고 싶어 한 것 같습니다. 사람들에게서 잊히거나 '없었던 존재'가 되지 않기 위해. 헌혈과 골수기증을 하도록 촉구하고 다른 환자들을 도운 일 외에 기꺼이 언론의 인터뷰 요청에 응한 것도 그런 이유에서였겠지요. 블로그의 글들이 책으로 엮여 나오기를 간절히 희망한 것도 마찬가지고요. 그로써 레기네는 사진작가이자 작가가 된 셈입니다.

그밖에도 레기네는 트론하임 아동병동의 과장님이 목요일마다 한 무리의 신입 의대생들을 거느리고 회진을 하실 때면 벌떡 일어나 의사 곁에 앉곤 했답니다. 그리고는 병을 확진받기 전에 나타났던 증상에 대해 열심히 설명하고 의대생들의 질문에도 성의껏 대답해 주었습니다. 과장님은 레기네가 얼마나 말주변이 좋은지, 그리고 이 아이가 언급하는 요소들이 미래의 의사들에게 얼마나 큰 도움이 되며 얼마나 중요한지 항상 목소리 높여 칭찬했습니다. 아주 총명했던 레기네는 자신의 병과 자기 몸의 기능, 혈액수치, 약제에 대한 지식은 물론 의사들이 사용하는 전문용어까지도 금세 습득했지요. 그 아이가 말하는 걸 듣고 있노라면 마치 전문교육을 받은 의사처럼 느껴질 때도 있었어요. 자기 스스로도 이 병의 예후에 관해서라면 몇몇 의사들보다도 더 잘 알고 있다고 자부하고 있었답니다.

나와 레기네 사이에 그토록 긴밀한 연결고리가 존재했다고 생각하면 깊은 슬픔의 와중에도 조금은 위안이 됩니다. 레기네와 나는 서로에게 지극히 가까운 존재가 되었지요. 우리와 같은 상황에 처하지 않는 한 그만큼 가깝기란 어렵습니다. 레기네가 그걸 받아들여 주었다는 사실이 너무나 감사할 따름입니다. 우리 사이는 서로를 향한 애정과 온기로 가득했습니다. 이런 사실이 내게 얼마나 한없이 소중한 것인지 말로는 표현이 안 됩니다. 밤늦도록 둘이서만 대화를 나누며 내가 딸아이의 등과 팔다리를 주물러 주거나 쓰다듬어주는 걸 레기네는 너무나 좋아했습니다. 그리고 무한한 신뢰로 그에 보답하며 열린 자세로 나를 대했지요. 그 아이에게는 언제나 하늘과 땅 사이에 존재하는 모든 것에 관해 대화를 나누고픈 욕구가 넘쳤습니다. 정치나 가족을 비롯해 질병과 죽음, 심지어 친구들이나 남자친구와의 사이에서나 파티에서 경험한 지극히 개인적인 일들에 관해서도요. 그러나 아직 아무에게도 말하지 않은 비밀이 몇 가지 남아 있다고 레기네는 숨을 거두기 이틀 전 능청스러운 웃음을 지으며 말했지요…….

참, 그리고 둘이 함께 〈원 트리 힐(One Tree Hill)〉을 보는 시간은 또 얼마나 즐거웠는지! 이 시리즈물에 중독되다시피 했던 우리 두 사람은 모든 에피소드를 두 번씩이나 보았답니다. 레기네는 몸 상태가 유독 나쁠 때면 나와 함께 〈원 트리 힐〉 한 편을 보면서 위안을 삼았습니다. 현실로부터 도피하기 위한 방편이었지요. 제7편의 11화를 숨을 거두기 이틀 전에야 보았습니다. 1월 초에 나는 혼자서 12화를 보면서 40분 동안 눈물을 흘리며 흐느꼈지요. 레기네 없이 이 시리즈물을 보는 일은 정말 잔인했어요! 레기네가 예전 그대로의 모습으로 소파에 앉아있다는 느낌이 들어서 손을 뻗으면 만져질 것만 같았어요. 이상하게 들릴지 모르지만 나는 왠지 시리즈물을 끝까지 봐야 할 것 같은 느낌이 들었답니다. 그 아이가 어떤 형태로든 우리 곁에 머무는 거라면 그 내용이 어떻게 진행되는지 궁금해 할 테니까요.

끝이 다가오다

마지막 몇 달 동안 레기네의 위통은 점점 심해졌습니다. 강한 진통제를 직접 (정맥에 꽂힌) 히크맨 카테터에 투입해야 비로소 통증이 조금 줄어들었지요. 이걸 맞추러 레기네가 매번 병원까지 가지 않아도 되도록, 우리는 크리스티안순의 병원에 있는 의사에게 진통제를 투입하는 방법을 직접 배워 필요할 때마다 집에서 사용할 수 있을지 문의했습니다. 그리고 레기네의 담당 간호사가 능숙한 솜씨로 시범을 보인 뒤에는 우리도 진통제 투여를 할 수 있게 되었습니다. 그때부터 나는 밤마다 레기네의 방에서 함께 자기 시작했고, 즉각 효과를 내는 진통제를 언제든 맞을 수 있다는 생각에 레기네도 안심하는 것이 느껴졌어요. 얼마 뒤에는 진통제가 더 자주 필요해져서 더 강력한 진통제를 두 시간에 한 번씩이나 투입해야 했습니다. 그 사이에 우리는 카테터를 다루는 데 익숙해져서 항생제 투여나 수혈도 직접 할 수 있었지요. 종양학과의 의사와 간호사 분들이 흔쾌히 승낙해 주지 않으셨다면 불가능한 일이었을 겁니다. 이분들은 여러모로 우리를 지지하고 도움을 주었을 뿐 아니라 필요할 때마다 그 자리에 있어 주었습니다. 우리는 레기네가 안정을 취할 수 있도록 온 힘을 다해 보살폈어요. 우리 모두 얼마나 기진맥진했는지! 하지만 레기네가 마지막 날들을 가능한 한 편안하게 보낼 수 있도록 남은 힘을 쥐어짜야 했습니다. 안네 이모는 이 시간 동안 우리 집에 감돌던 안온하고 고요하고 평화로운 분위기를 레기네가 영원히 잊지 못할 것이라고 말했답니다.

마지막 주에는 이십사 시간 작동하는 두 개의 약물 펌프가 히크맨 카테터에 직접 연결되었습니다. 하나는 진통제를, 다른 하나는 수면제를 투입하기 위한 펌프였어요. 이때부터는 필요할 때마다 레기네가 직접 단추를 눌러 약을 투입할 수 있었기 때문에 우리 모두의 부담이 덜어졌습니다. 고용량의 진통제를 맞아도 통증이 완전히 가시지는 않았으므로 레기네는 늘 고군분투해야 했습니다. 마지막 주 내내 날마다 자신이 죽을 거란 사실이 온 몸으로 느껴진다고 말했을 정도로. 마지막 이삼일은 대부분의 시간을 침대에 누워 보냈어요. 점점 더 숨이 차서 말하기조차 힘겨워하는 게 느껴질 정도였습니다. 그때 우리는 끝이 다가온다는 것을 감지했지요. 레기네는 엘리세를 불러 돌체 앤 가바나(Dolce & Gabbana) 손목시계를 선물하며, '세상에서 가장 좋은 언니'라는 문구를 뒷면에 새겨 차고 다녔으면 한다는 소망을 전했어요.

레기네의 생애 마지막 날 저녁, 그 아이의 호흡은 한층 더 거칠어졌습니다. 짧은 시간 동안 상태가 급격히 나빠졌어요. 3일 전에 마지막으로 병문안을 오셨었던 레기네의 조부모님이 불과 사흘 사이에 레기네의 상태가 그토록 위독해진 걸 보고 충격 받으실 정도였습니다. 우리는 모두 함께 울었습니다. 그 주의 초반에 나는 레기네의 부탁으로 우정의 보석이 매달린 백금 목걸이를 구해 펜던트에 "고마워, 레기네"라는 문구를 새겨 넣었습니다. 레기네는 그걸 가장 친한 친구인 엘리 안에게 선물하고 싶어 했어요. 저녁 일곱 시 무렵, 한번 일어나 보겠다는 레기네의 말에 우리 모두는 무척이나 놀랐습니다. 레기네의 전화를 받은 엘리 안은 지체하지 않고 달려왔습니다. 그 친구는 레기네가 전화를 걸거나 병문안을 해도 좋을 만큼 상태가 괜찮을 때면 언제든 곧장 달려오곤 했으니까요. 레기네는 거실로 가서 엘리 안에게 선물을 주기 위해 있는 힘을 다해 일어났습니다. 두 사람은 잠시 동안 이야기를 나누었지만 삼십 분이 지나자 레기네는 너무나 기진맥진해서 다시 침대로 돌아가야 했습니다. 나는 엘리 안이 레기네에게 아마도 자신에게 다음 기회란 없을지 모른다고 말하는 것을 들었습니다. 둘은 서로 꼭 부둥켜안은 채 서로에게 마지막 작별인사를 건넸지요. 몸서리치도록 슬픈 광경이었습니다.

엘리 안이 돌아간 뒤 나는 레기네에게 몸을 씻고 싶은지 물었습니다. 지난 이틀 동안 샤워를 할 수 있는 상황이 아니었거든요. 딸아이는 기꺼이 그러겠다고 했고, 나는 머리에서 발끝까지 레기네를 씻겨 주었습니다. 레기네의 온 몸에서 향기로운 라벤더 비누냄새가 날 때까지. 그 아이는 또 한 번 내게 커다란 신뢰를 안겨 주었답니다. 천성이 수줍던 레기네에게 자신의 몸은 가장 비밀스러운 것이었거든요. 잠을 청하기 위해 누웠을 때 레기네는 만족스러워했고 명랑했으며 매우 평온하고 여유로운 모습이었습니다. 그리고는 이제 틀림없이 남은 생애 동안 잠을 잘 거라고 내게 말했지요. 의사가 조언한 대로 우리는 레기네가 고용량의 수면제와 진통제를 맞고 푹 잘 수 있도록 약물펌프를 조절했습니다. 나는 자리에 누웠지만 레기네의 호흡에 귀를 기울이느라 차마 잠들 수 없었습니다. 레기네는 깊은 잠에 빠져 있었지만 그 아이의 몸은 호흡을 하느라 무척이나 고군분투하고 있었어요. 가슴이 들썩거리고 쉭쉭거리는 숨소리가 났습니다. 아침 여섯 시 반 경, 레기네는 갑자기 몸을 일으키며 화장실에 가고 싶다고 했습니다. 약에 너무나 취한 나머지 펌프를 달고 있다는 것을 깜빡했기 때문에 나는 잽싸게 레기네를 부축하며 동시에 링겔 병을 잡아야 했습니다. 레기네는 화장실까지 가는 데는 성공했지만 똑바로 앉아 있을 힘이 없어 내가 잡아 주어야 했습니다. 꼭 잡아 줘요, 엄마, 이제 죽을 거야. 레기네가 말했습니다. 나는 레기네를 다시 침대까지 부축하고 강림절 달력(12월 1일부터 크리스마스까지의 강림절 기간을 위해 초콜릿 등의 작은 선물을 넣고 장식한 달력 -역자 주)에 쓰인 문구를 읽어 주려 했지요. 레기네를 위해 하트 모양의 카드들이 달린 강림절 달력을 만들었거든요. 각각의 카드에는 그 아이가 우리에게 얼마나 소중한지 알려주는 글귀를 적어 두었습니다. 죽기 전에 레기네에게 스물네 개의 카드를 모두 읽어줄 수 있기를 얼마나 바랐는지. 8번이 적힌 카드를 펴서 읽기 시작했을 때 레기네가 생애 마지막 말을 했습니다. "귀찮게 좀 하지 마세요." 레기네는 피곤해 하며 자고 싶어 했지요. 그리고는 두 번 다시 깨어나지 않았습니다. 일곱 시간 뒤 라세와 엘리세, 그리고 요세피네가 지켜보는 가운데 내 팔에 안겨 고요히 영원한 잠에 빠졌어요. 그 아이의 가슴에 얹은 손을 통해 심장 박동이 점점 더 약해져 가는 것을 느낄 수 있었습니다. 마침내 박동이 완전히 멈추고 레기네가 조용히 두 번 숨을 들이쉰 뒤, 마침내 그 아이의 몸으로부터 생명이 흘러 나갔습니다. 이 일은 레기네가 바라던 그대로 너무나 아름답게, 고통 없이 일어났습니다. 열다섯 달 동안의 사투가 끝나고 내가 가장 두려워하던 일이 일어난 것입니다. 어쩐지 너무나 비현실적으로만 느껴졌어요. 우리는 한동안 레기네의 침대에 앉아 울었습니다. 정말 너무 많이 울었어요. 〈이다의 춤〉[63]을 읽어 본 사람이라면 이다가 모친에게 남긴 마지막 말이 "엄마는 정말 훌륭해요."라는 것도 알고 계시겠지요. 얼마나 아름다운 말인지. 그에 비해 레기네가 내게 남긴 마지막 말은 "귀찮게 좀 하지 마세요."였습니다. 하지만 이 말에는 뭔가 기묘한 데가 있어서, 그걸 생각하면 속으로 웃지 않을 수 없답니다. 나쁜 뜻은 없지만 우리 앞에서 그렇게 털털하게 행동하는 게 전형적인 레기네의 모습이었으니까요.

친지들은 우리에게서 연락을 받고 곧장 달려왔습니다. 안네 이모는 나를 도와 레기네를 치장하고 옷을 갈아 입혀 주었어요. 우리는 그 아이가 가장 좋아하는, 평상시에 즐겨 입던 옷을 골랐습니다. 보라색 티셔츠와 회색 트레이닝복 바지, 검정색 손뜨개 털모자, 그리고 마틴의 모친께서 레기네의 이름을 넣어 손수 뜬 손

---

63) 노르웨이 소설가 군힐드 소르빈(Gunnhild Corwin)의 소설. 노르웨이어 원제는 〈Idas dans〉.

뜨개 양말을 신겨 주었습니다. 할아버지는 장미꽃 한 송이를 레기네의 손에 쥐어 주셨어요. 침대에 누워있는 레기네는 너무나 아름다웠습니다. 입가에는 짓궂은 미소가 서려 있고 탁자 위에서 타고 있는 촛불의 빛이 그 아이의 얼굴에 어른거렸습니다. 레기네가 갓 태어났을 때 그랬던 것처럼 보고 또 봐도 싫증나지 않을 정도였답니다. 사람이 죽어서 그토록 아름답고 온화한 모습이 될 수 있다는 걸 나는 미처 몰랐습니다. 레기네는 그렇게 사흘 동안 자신의 침대에 머물렀지요. 딸아이가 아직 그곳에 있음을 아는 일, 곁에 앉아 있거나 말을 건네거나 만질 수 있다는 것이 참으로 큰 위안이 되었어요. 장의사는 레기네의 보라색 베개와 담요를 관에 함께 넣어 주었습니다. 우리도 레기네가 소중히 여기던 것, 가령 가족사진과 요세피네의 사진, 동물인형 등을 넣어 주었고요. 그리고 마침내 관 뚜껑이 닫히고 레기네가 떠나야 할 시간이 되었습니다. 레기네와의 작별은 우리 모두에게 잔인하리만큼 슬프고 고통스러운 일이었고, 나는 딸아이가 숨을 거두던 날보다도 더 서럽게 통곡했습니다. 이제 레기네의 몸마저 우리를 떠나고 귀여운 딸아이의 모습을 더이상 볼 수 없을 테니까요. 나는 넋이 나가도록 울고 또 울었습니다.

언젠가 레기네는 내게 농담처럼 바르드루나 밴드를 장례식에 불러 음악을 부탁하는 건 어떨지 물은 적이 있지요. 그때는 그냥 웃고 넘긴 뒤 잊고 있었는데, 장례 준비 중에 라세와 나는 그 CD를 찾아 레기네가 고른 〈라우크르(Laukr, '물')〉와 〈다그르(Dagr, '낮')〉라는 곡을 들어 보았습니다. 나는 레기네의 말처럼 그들이 우리 이야기를 듣고 정말 와 주지 않을까 물었어요. 라세는 내 말에 수긍하고 베르겐(Bergen)에 있는 바르드루나의 멤버 아이나르 크비트라폰 셸빅(Einar Kvitrafn Selvik)에게 전화를 걸었습니다. 추모식까지는 사흘밖에 남지 않았지만 그는 바르드루나의 모든 멤버들을 불러 모으는 데 성공했답니다. 우리는 그들의 항공권 비용만 지불하면 되었어요. 정말로 이 일이 이루어졌다는 게 믿겨지지 않을 정도로 너무나 기뻤습니다! 레기네의 마지막 소망을 이루어줄 수 있다는 게 우리에게는 어마어마하게 큰 의미였으니까요. 더불어 우리는 바르드루나가 실은 지난 여름 발쇠이보튼(Valsøybotn)에서 열린 포세(Fosse) 콘서트에서 레기네를 위해 곡을 연주하려 했다는 사실도 알게 되었지요. 안타깝게도 그때 레기네의 상태가 너무나 나빠서 그 계획은 무산되었지만 말입니다. 그래서 평소에 추모식에서 음악을 연주하는 경우는 없는 그들임에도 이번 일에는 기꺼이 참석하겠다고 말했습니다. 가장 좋아하는 밴드가 오로지 자신만을 위해 음악을 연주한다는 것을 알면 레기네가 얼마나 기뻐했을지! 하지만 누가 아나요? 혹시 레기네도 음악을 들었을지 말입니다. 12월 9일에 시립 홀에서 열린 추모식은 감동적이고 아름다웠으며 매우 특별한 작별의식이었습니다. 아름답게 장식된 관이 무대 한가운데에 놓여 있었어요. 레기네는 여러 해 동안이나 이 홀에서 열린 무용 공연에 참가했었지요. 레기네에게 무용을 가르쳤던 아네트 옐크렘(Anett Hjelkrem) 선생님은 레기네의 여덟 번째 생일 그 아이를 무대 위로 불러냈고, 홀을 가득 메운 사람들은 이때 영어로 'Happy Birthday'를 합창했답니다. 레기네와 라세, 그리고 나에게는 잊을 수 없는 순간이었어요. 그리고 이제 바르드루나가 무대 위, 레기네의 관 바로 옆에 서 있었습니다. 물소리와 새소리를 시작으로 그들은 음악을 연주하고 노래를 불렀습니다. "라우크르(Laukr)는 물, 두 눈에서 흘러내리는 눈물, 산에서 흘러 떨어지는 폭포수, 얼음이 녹아떨어지는 물방울, 물결." 그 뒤로는 베리트 외르겐보그(Berit Jørgenv g)의 추모사를 비롯해 크리스티안순 댄스 스튜디오의 마르테, 빌데, 마렌, 나탈리가 준비한 감동적인 추모의 춤, 한나 말름 에르트만(Hanna Malm Erdtman)의 노래 〈그대는 세상에서 가장 아름다운 존재〉, 그리고 벵 에이뎀의 추모사가 이어졌지요. 마지막으로 바르드루나가 〈다그르〉를 노래했습니다. "반갑다, 태양아, 어둠으로부터 솟아올라라, 바로 오늘 솟아올라라."

추모식에 참석한 사오백 명의 추모객들과 우리에게 이는 감동적이고 성대하고 아름다우며 어딘지 신비롭기까지 한 작별의식이었습니다. 레기네의 이미지에 잘 어울리는, 그리고 그 아이가 바라던 그대로의 인상적인 행사였어요. 군힐드 소르빈(Gunnhild Corwin, 〈이다의 춤〉의 저자)은 레기네에게 잘 어울린다며 오랜 옛날 누군가에게서 선물 받았다는 시를 한 수 보내 왔습니다. 이 시는 묘지 앞에서 낭독되었지요.

할게이르 보게네스(Hallgeir Vågenes)가 찍은 레기네의 추모식

불멸의 우화[64]

나는 바닷가에 서 있습니다.
배 한 척이 아침 바람 속에 돛을 펼치고
푸른 바다 위로 미끄러져 나갑니다.
힘차고 아름답게,
그리고 나는 눈으로 배를 좇습니다.
바다와 하늘이 만나는 곳에 하얀 점 하나로 보일 때까지.
누군가 내 곁에 서서 말합니다. "이렇게 멀어져 가는구나!"
하지만 어디로? 배는 내 시야에서 사라지고, 그게 끝이었습니다.
출항할 때만 해도 돛대와 선체와 갑판은 언제나처럼 거대했고,
화물을 목적지까지 수송할 잠재력도 갖추고 있었지요.
나는 배의 크기를 실제보다 작게 느꼈지만, 사실은 그렇지 않습니다.
그리고 누군가 내 곁에 서서 "이렇게 멀어져 가는구나!"라고 외친 바로 그 순간,
또 다른 눈은 그것이 가까워 오는 것을 보고 있었습니다.
그리고 또 다른 목소리는 이렇게 환호하고 있었습니다.
"저기 배가 다가온다!"
죽는다는 것은 바로 이렇습니다.

---

64) 헨리 반 다이크(Henry van Dyke)의 〈A Parabel of Immortality〉.

라세는 추모식이 끝난 뒤 추도객들과 모이는 자리를 마련하지 않기로 결정했습니다. 그걸 감당할 기력이 없다는 것이었습니다. 하지만 그건 의례적인 일이었고 사람들도 기대하고 있을 터이기 때문에 나는 반대했었지요. 지금 생각하면 그가 끝내 고집을 부린 게 다행스럽게 느껴집니다. 나 역시 견뎌낼 수 없었을 테니까요. 추모식이 끝난 뒤 우리는 완전히 녹초가 된 상태였기 때문에 셋이서만 있는 게 편했습니다. 다행이도 내 어머니가 바깔라오(Bacalao)라는 대구 요리를 만들고 조문객과 친지들을 대접해 주셨어요.

레기네와 가족들이 전하는 감사의 말

먼저 성 올라브스 병원 아동종양학과 제4병동의 관계자 여러분들에게 감사의 마음을 전합니다. 너무나 친절한 간호사들과 의사들이 훌륭한 팀을 이루어 이곳에서 일하고 계시지요. 모든 분들이 최선을 다해 우리를 보살펴 주셨습니다. 처음부터 끝까지 레기네를 책임지고 한 순간도 소홀히 한 적이 없으며 열과 성을 다해 헌신해 주셨어요. 병이 재발한 뒤 왕립병원으로부터 얼마 살지 못할 거라는 통보를 받은 레기네에게 다른 치료법들을 적용해보기까지 했고요. 이것이 레기네에게 새로운 희망을 주었고, 그 아이로 하여금 많은 것을 경험하며 환상적인 여름을 보낼 수 있게 만들어 주었답니다. 성 올라브스 병원과 크리스티안순 병원의 협업 및 거의 날마다 이루어진 라세와의 전화연락 덕분에 레기네는 2009년 2월부터 거의 대부분의 시간을 집에서 보낼 수 있었습니다. 레기네만큼 혈액수치가 나쁘게 나오고도 그렇게 오래 살 수 있을 줄은 상상도 못했습니다. 레기네가 그만큼이나 산 건 기적에 가까운 일이었어요. 더불어 왕립병원의 골수이식 환자 병동 관계자분들에게도 깊이 감사드립니다. 이분들은 할 수 있는 모든 것을 다 하며 레기네의 건강이 회복되도록 애써 주셨습니다. 크리스티안순 병원의 암 환자 외래진료과 및 통증치료 팀에게도 커다란 감사의 말씀을 전합니다. 이분들은 언제나 우리를 따뜻이 맞아 주셨을 뿐 아니라 레기네가 최대한 편안해질 수 있도록 가능한 모든 수단을 동원하셨지요. 심지어 늦은 저녁이나 주말에는 근무 외 시간이었음에도 저희 집까지 찾아와 주셨습니다. 이 일이 우리에게 얼마나 큰 의미였는지 정작 이분들은 모르실 거예요! 병원이 바로 근처인 것도 다행스러웠습니다. 레기네가 생애의 마지막 열 달 동안 많은 것을 누릴 수 있었던 것도 이 시기를 집에서 보낸 덕분이니까요. 혈액채취 하나 때문에 거의 매일 하루 세 번 병원에 가야 했거든 요. 항생제도 하루 세 번 필요한 경우가 허다했답니다. 병원이 그토록 가깝지 않았 더라면 집에 머문다는 건 꿈도 꾸지 못했을 거예요.

2008년 8월과 2009년 2월 사이에는 레기네의 상태가 심하게 악화되는 일이 종종 있었습니다. 때문에 라세와 내가 항상 병원에서 딸아이를 지켜야 했어요. 엘 리세는 우리와 함께 지내며 병원에서 개인교습을 받는 방법도 있었지만 이를 고 사했습니다. 친구들로부터 멀리 떨어져 있고 싶지도 않았고 집에 머물며 댄스교습 과 학교 수업에도 나가고 싶었기 때문이었지요. 엘리세가 너무 오랜 시간을 집에 서 혼자 보내게 되어 우리는 내내 걱정이 이만저만 아니었는데, 다행이도 할아버지 와 할머니, 안네 이모, 아릴드(Arild) 삼촌이 엘리제를 돌보아 주셨습니다. 이분들 의 도움이 없었더라면 정말 어땠을지!

틈날 때마다 병문안을 와 주고 도와 준 레기네의 친구들에게도 너무나 고마 울 따름입니다. 친구들이 오는 날이면 레기네는 시종일관 명랑하고 행복해 했습니 다. 무척이나 기분이 좋았고, 우리는 그게 딸아이에게 얼마나 도움이 되는지 느낄 수 있었어요. 특히 안네 마르테와 마틴, 실리에, 카리나, 마지막으로 적잖이 중요한 인물, 착한 엘리 안에게 큰 감사의 마음을 전하고 싶습니다. 엘리 안은 레기네와 가장 가까운 친구였고, 레기네가 가장 필요로 할 때 곁에 있어 주었지요. 레기네 가 어떤 상태인지도 너무 잘 이해해 주었고요. 이게 자신에게 얼마나 소중한 일인 지 레기네 스스로도 이야기한 적이 있답니다.

레기네가 다양한 경험을 할 수 있도록 도와주신 많은 분들께도 감사드립니다. 쿼트 페스티벌, 라우마록까지의 헬기 여행, 릴레함메르에서 열린 울버 콘서트, 카 롤리네 영화관에서의 영화 관람, 수르나달에서 열린 〈노르딕 라이트〉사진전 참가 등은 모두 레기네에게 커다란 기쁨을 선사해 주었답니다. 레기네를 위한 자선공연 에 참여해 주신 분들, 그리고 11월 26일 레기네를 위해 횃불 행진을 준비해 주신 분들께도 감사의 마음을 전합니다. 메탈리카 콘서트 관람과 관련해 여러 모로 준 비해 주신 Norway Inc.의 얀 에릭 하글룬드(Jan Erik Haglund)님께도 깊은 감사 를 전합니다. 레기네가 갈 수 없는 상황이었던 게 안타깝습니다. 레기네를 '2009 년의 인물'로 선정해 준 〈다그블라데〉지와 구독자 여러분들에게도 감사드립니다.

최종적으로 모든 블로그 독자들에게도 크나큰 감사의 마음을 전합니다. 레기

왼쪽부터: 율리안네, 레기네, 라세.

네와 개인적으로 아는 사이가 아님에도 블로그를 통해 깊은 배려와 온정을 보내 주신 분들이 헤아릴 수도 없이 많았습니다. 여러분들은 레기네의 중요한 지원군이 었답니다! 레기네는 가장 힘든 시기에 여러분이 블로그에 남긴 따뜻한 댓글을 읽으며 커다란 위로를 받았습니다. 레기네가 병을 이겨내고 블로그의 글을 책으로 펴내고자 하는 꿈을 이룰 수 있도록 페이스북 사이트를 마련하고 도움을 주신 분들게도 감사드립니다. 이 사이트를 지원해주신 모든 분들에게도 감사말씀 전합니다.

모금통장을 개설해 주신 분들, 그리고 모금에 동참해 주신 모든 개인 및 기업에게도 감사드립니다. 레기네의 사진에 최초로 주목하고 〈노르딕 라이트〉사진 전 참가 및 사진을 판매할 수 있는 길을 열어 주신 안 울레우 슬라테른(Slatern) 님에게도 특별한 감사를 전합니다. 사진 판매 수익금은 모금통장으로 직접 입금되었습니다. 리네 빅토리아의 청을 받아들여 안네 마르테와 레기네와 함께 특별 의류컬렉션을 제작하고 판매 수익금이 모금통장으로 입금되도록 배려해 주신 Beltespenner 관계자 여러분께도 특별한 감사의 말씀을 전합니다. 우리는 레기네의 치료가 잘 되어서 골수 재이식에 모금액을 사용하게 되기를 마지막까지 바랐지만, 안타깝게도 그 꿈은 이루어지지 않았습니다. 24만 크로네의 모금액은 레기네의 희망에 따라 라디움 병원(Radiumhospitalet)의 혈액암 연구 활동과 오슬로 왕립병원의 골수이식 병동 입원실 시설 확충 및 대형 평면 텔레비전 설치에 쓰였습니다. 개인 비용으로 치료비를 부담해야 하는 에스펜 스텐에게도 2만 크로네가 기부되었습니다. 이렇게 모금액 전액이 유용한 목적에 쓰였습니다.

우리는 힘든 시간을 거쳐 왔고 앞으로도 한동안 힘든 시간을 보내게 될 것입니다. 하지만 우리가 원하든 원하지 않든 세월은 흘러갈 것이고, 힘들어도 우리는 평범한 일상으로 돌아가도록 노력하는 수밖에 없겠지요. 앞으로도 잘 지내겠다고 엘리세와 라세, 그리고 나는 레기네가 숨을 거두기 전에 약속했고, 우린 그 약속을 지켜야 하니까요. 자신의 죽음으로 인해 가족들이 피폐해지지나 않을까 하는 것이 그 아이의 가장 큰 근심거리였습니다. 레기네는 자신이 죽은 뒤에 들어보라며 내 휴대전화 메일박스에 메시지를 남겨 두었답니다. 메시지에서 레기네는 자신이 우리를 얼마나 사랑하는지, 우리는 모든 아이들이 가지고 싶어 할 최고의 부모였으며 자신이 얼마나 멋진 유년기를 보냈는지 이야기하고 있었습니다. 헤아릴 수 없이 많은 아름다운 추억들로 가득한 유년기를 말입니다. 우리가 더 많은 시간을 함께 할 수 없어 아쉽다는 말도 했지요. 그러나 우리 모두가 잘 지내기를, 그리고 삶을 즐길 수 있기를 바란다고도 했습니다. 주어진 나날을 활용하는 건 중요한 일이니까요. 요세피네를 잘 보살펴 달라는 당부도 잊지 않았습니다. 우리 모두는 할 수 있는 한 레기네의 바람대로 살아가도록 노력할 것입니다. 건강하다는 것 하나만으로도 감사하며 우리에게 주어진 하루하루를 최고의 날로 만들어야 합니다. 세상에는 남들이 당연히 누리는 것을 가질 수 없는 사람들이 많답니다. 지금 내 머릿속은 세상 곳곳에서 중병으로 고통 받고 있는 수많은 사람들에 대한 생각으로 가득 차 있습니다. 그분들의 마음이 어떤지, 어떤 사투를 벌이고 있는지도 알고 있으며, 이분들 모두 최후에는 승리를 거두기를 마음 깊이 기원합니다. 여러분은 모두 그럴 자격이 있습니다.

안타까운 사실이지만 가장 아름다운 꽃은 항상 가장 먼저 꺾이는 법입니다. 그럼에도 나는 그 꽃들 중 한 송이의 엄마였다는 사실이 이루 말할 수 없이 자랑스럽습니다.

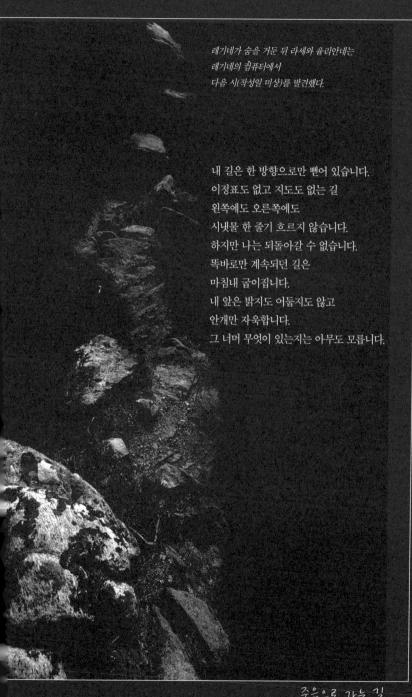

레기네가 숨을 거둔 뒤 라세와 율리안네는
레기네의 컴퓨터에서
다음 시(작성일 미상)를 발견했다.

내 길은 한 방향으로만 뻗어 있습니다.
이정표도 없고 지도도 없는 길
왼쪽에도 오른쪽에도
시냇물 한 줄기 흐르지 않습니다.
하지만 나는 되돌아갈 수 없습니다.
똑바로만 계속되던 길은
마침내 굽이집니다.
내 앞은 밝지도 어둡지도 않고
안개만 자욱합니다.
그 너머 무엇이 있는지는 아무도 모릅니다.

죽음으로 가는 길